EDITORIAL

Ξ Luisa Rolfes und Matthias Micus

Ein Knacken in der Telefonleitung, ein grauer Schlapphut, ein Trenchcoat, eine Miniaturkamera im Knopfloch und Wanzen unter dem Schreibtisch – die Stereotype über Geheimdienste, Spionage, Agent*innen, verdeckte Ermittler*innen und Spitzel sind allgemein bekannt. Über Film, Hörspiel oder Literatur verbreitet, schreiben sie sich munter fort, selbst wenn derart agierende und sich camouflierende Spion*innen wenn überhaupt für die Ära des Kalten Krieges und allenfalls das diese Epoche umrahmende 20. Jahrhundert insgesamt kennzeichnend gewesen sind, aber sehr viel weniger bis gar nicht für die Zeit danach, das Zeitalter der Digitalisierung, oder auch jene davor.

Jedenfalls: Das System der versteckten Augen und Ohren zur geheimen Informationsgewinnung ist mitnichten eine moderne Erscheinung. Kyros der Große, Hieron I. von Syrakus oder Cäsar: Sie alle nutzten Spitzel und Spion*innen, um Informationen über Gegner, Verräter und Vorgänge im eigenen Reich zu sammeln und so die eigene Macht zu sichern. Zunächst noch durch mündliche Übermittlung, dann über Holztafeln, ausgehöhlte Spazierstöcke, Morsezeichen bis hin zu verschlüsselten digitalen Nachrichten – die Informationsweitergabe entwickelte sich immer weiter, wurde moderner und schwerer zu entschlüsseln, ohne dass sich die dahinter stehenden Intentionen grundlegend gewandelt hätten.

Ebenjene durch Spionage gewonnenen Informationen beeinflussen (und beeinflussten) politische Entscheidungen, sie stabilisieren Herrschaft und unterminieren Opposition. »Spionage gehört zu Staaten dazu, egal, ob groß oder klein, diktatorisch, monarchisch oder demokratisch, im Krieg wie im Frieden«, bilanziert der Spiegel-Redakteur Georg Bönisch die machtstützende Funktion von Geheimdienstarbeit. Dabei schürten Geheimdienste in der Vergangenheit wiederholt auch innergesellschaftliche Konflikte, gerade in Phasen innenpolitischer Polarisierung. So förderte beispielsweise das englische Geheimdienstwesen in der Zeit der Glaubenskriege im 16. Jahrhundert das Denunziantentum und säte so das Misstrauen gegen Fremde. »Zu viel Furcht«, meinte der Geheimdienstchef von Königin Elizabeth I., Francis Walsingham, »ist weniger schlimm als zu wenig«. Zugleich wirkten Geheimdienste durch ihre Tätigkeit immer wieder auch konfliktvermeidend, so etwa im Kalten Krieg, als ihre Informationen über das Tun der jeweiligen Gegenseite halfen, »Überreaktionen zu vermeiden und Sicherheit zu schaffen«. »Ich bin überzeugt

INDES, 2019-4, S. 1–3, © Vandenhoeck & Ruprecht GmbH & Co. KG, Göttingen, 2019, ISSN 2191-995X

davon«, zeigte sich denn auch der Chef des DDR-Auslandsgeheimdienstes, Werner Großmann, noch Jahrzehnte nach der Wiedervereinigung wenig reumütig, »dass unsere Arbeit dem Frieden diente. Wir haben dafür gesorgt, dass Konflikte friedlich in Verhandlungen entschärft werden konnten.«

Dennoch schlägt Geheimdiensten weithin Misstrauen entgegen, dies deshalb, weil zwischen ihnen, ihren Aufgaben und den für Demokratien konstitutiven Freiheitsrechten ein kaum auflösbares Spannungsverhältnis besteht. Dies vor allem in Deutschland, wie der Historiker Sönke Neitzel urteilt, wo Geheimdienste aufgrund der Erfahrungen mit Gestapo und Stasi als etwas mit der Demokratie kaum zu Vereinbarendes angesehen würden. Doch auch darüber hinaus kollidieren Geheimdienste schon strukturell mindestens mit dem demokratischen Transparenzgebot, da sie schon dem Namen nach im Geheimen agieren und insofern wesensmäßig verdeckt arbeiten. Ohne Transparenz aber sind sowohl die Gewaltenteilung als auch die Kontrollrechte der Opposition wie ebenfalls die Willensbildung der Bevölkerung – allesamt Bestandteile des Kerngehaltes einer Demokratie – permanent zumindest gefährdet.

Brisant wird das Spannungsverhältnis zwischen demokratischer Öffentlichkeit und geheimdienstlicher Tarnung, wenn die Legitimität von Spionageaktivitäten öffentlich zur Debatte steht. Denn auch wenn man deren grundsätzliche Notwendigkeit anerkennen mag, bleibt doch stets zu fragen, was als hinreichender Anlass gelten kann, wie weit geheimdienstliche Befugnisse reichen sollten und wie streng ihre Kontrolle sein muss. Mit vernichteten NSU-Akten durch Verfassungsschutz-Beamte und den Enthüllungen des ehemaligen NSA-Mitarbeiters Edward Snowden sind nur zwei Ereignisse genannt, die den Geheimdiensten in der jüngsten Vergangenheit mediale Aufmerksamkeit verschafft haben.

Dabei droht der Fokus auf Geheimdienste den Blick für die Vielschichtigkeit, für Zeitspezifika und Strukturgesetzlichkeiten geheimer Informationsgewinnung zu versperren. Gravierende Differenzen gibt es zwischen Geheimdiensten in demokratisch verfassten Staaten und jenen in autoritär durchherrsch-

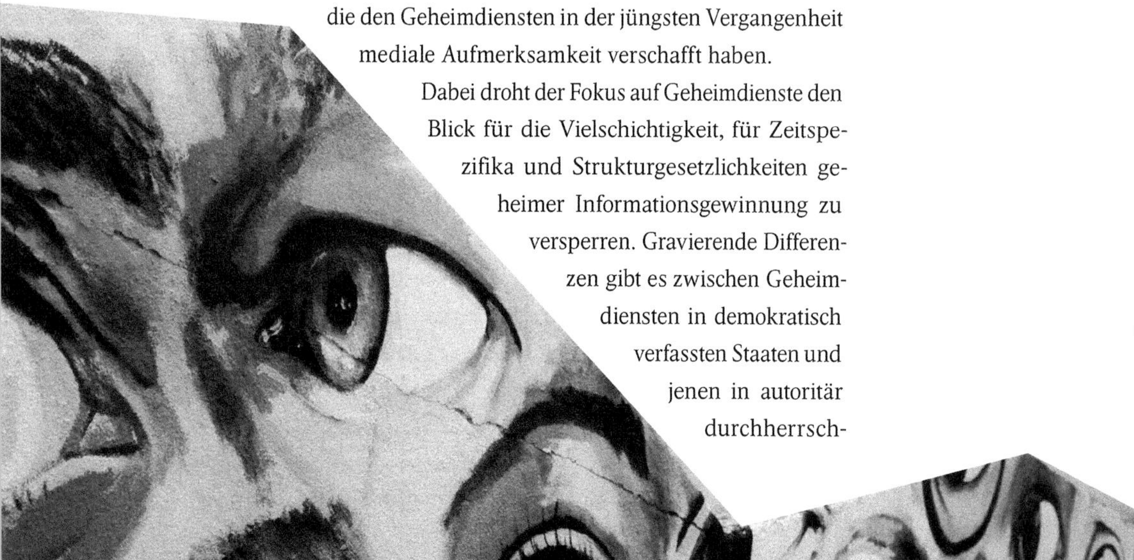

ten Regimen. Offensichtlich ist ebenfalls, dass die konkrete geheimdienstliche Arbeit einem historischen Wandel unterliegt. Auch im Hier und Jetzt finden sich verschiedenste Akteure, Methoden und Motive der Spionage. Was freilich über alle Zeiten hinweg verblüffend gleich geblieben ist, das ist das Schicksal der Spion*innen. Man darf sich den Spitzel nicht als glücklichen Menschen vorstellen. Zwar mag sie oder er den Nervenkitzel, der mit der Spionagetätigkeit verbunden ist, lieben, begierig die im Erfolgsfall gespendeten Komplimente und Lobreden der Auftraggeber*innen aufsaugen oder die finanziellen Gefahrenzulagen zu schätzen wissen. Zugleich aber leiden Spitzel vielfach an Schlaflosigkeit, die enorme nervliche Anspannung, nicht auffliegen zu dürfen, die andauernde Verstellung und der ständige Schwebezustand zwischen richtigem und falschem Leben lasten schwer auf ihnen und lassen sich dauerhaft folgenlos kaum aushalten. Selbst von den Spionagelegenden zeichnen Porträts düstere Bilder. Etwa Richard Sorge, der im Dienste der Sowjetunion im Zweiten Weltkrieg von Japan aus die Nazis ausspionierte, und der innerlich einsam war, sich vollkommen heimatlos fühlte und in Tokio unter extremer Anspannung lebte. Das Klima setzte ihm zu, im Sommer drückend heiß, im Winter nasskalt. Spätestens ab 1935 war er alkoholkrank, soff er, um seinem Dasein wenigstens kurzzeitig zu entfliehen. Und auch Sorges Ende war eher typisch als außergewöhnlich für einen Spitzel: Verhaftung, Folter, Ermordung.

Wer aber sind nun die Spione, Spitzel und Agenten von früher und heute? Auf welchen Annahmen fußen unsere Urteile? Stereotypischen Vorstellungen stehen solche Persönlichkeiten und Spionagefälle gegenüber, die trotz ihrer Bedeutsamkeit erstaunlich unpopulär geblieben sind. Und auch jenes scheinbar abgesicherte Wissen über bekannte Kapitel der Spionagegeschichte erweist sich bei näherem Hinsehen als lückenhaft, dies aus dem schlichten Grund heraus, weil es mindestens in Deutschland bisher veblüffend wenig Forschung zu Geheimdiensten gibt. Mit Blick in die Zukunft schließlich stellt sich nicht zuletzt die Frage, wo sich neue Felder geheimer Informationsgewinnung abzeichnen und vor welchen Herausforderungen die Geheimdienste im 21. Jahrhundert stehen.

Die vorliegende Ausgabe der *INDES* will sich nicht damit begnügen, jene Debatten nachzuvollziehen, die im Zuge brisanter Geheimdienstaffären und Skandale geführt worden sind. Die folgenden Beiträge, die so vielfältig sind wie das Thema selbst, sollen sowohl mit verkürzter Kritik als auch mit einfachem Zuspruch brechen, blinde Flecken aufspüren und neue Fragen aufwerfen. Mindestens aber hoffen wir, interessante Einblicke in die facettenreiche Geschichte und Gegenwart der Spionage zu bieten. Wir wünschen viel Freude bei der Lektüre.

INHALT

1 **Editorial**
Ξ Luisa Rolfes/Matthias Micus

INTERVIEW

7 **»Die Bundesrepublik ist eine ahistorische Veranstaltung«**
Ξ Ein Gespräch mit Wolfgang Krieger über die Geschichte der Geheimdienste, die Wurzeln des BND und die Tücken ihrer Erforschung

23 **»Es lag nicht an mangelnder Information«**
Ξ Ein Gespräch mit Daniela Münkel über das Ende der DDR aus Sicht des MfS, das dortige Berichtswesen und die Verflechtungen zwischen den Geheimdiensten der BRD und DDR

>> ANALYSE

36 **Von Kundschaftern und Drohnen**
Geheimdienste und ihre Strategien im Wandel der Zeit
Ξ Florian Schimikowski

45 **Image eines antifaschistischen Widerstandskämpfers**
Die Aktivitäten des Paul Dickopf (1910–1973) und das BKA
Ξ Imanuel Baumann

51 **Ein Name als Programm: Bond, James Bond**
Eine Rezeptur ohne Verfallsdatum?
Ξ Stefani Brusberg-Kiermeier

61 **Neonazis im Dienst des Staates**
Die Verstrickung des Inlandsgeheimdienstes in rechtsextreme Szenen und Parteien sowie das Umfeld des NSU
Ξ Rolf Gössner

75 **Wer zuletzt lacht?**
Eine Evaluation des Verfassungsschutz-Präventionsprojekts Jihadi Fool vor dem Hintergrund aktueller Radikalisierungsforschung
Ξ Julia Reiter

88 **Atomspionage für Sowjetrussland?**
Der Fall Ethel und Julius Rosenberg
Ξ Sina Arnold/Olaf Kistenmacher

96 **Verdacht und Muster**
Geheimdienstliche Logik und Überwachung im digitalen Alltag
Ξ Nils Zurawski

105 **Nationale Sicherheit vs. IT-Sicherheit**
Ein Kulturkonflikt um die Sicherheit im Digitalen?
Ξ Matthias Schulze/Daniel Voelsen

>> PORTRAIT 114 **Frauensache – streng geheim**
In Krisenzeiten rücken Spioninnen in den Fokus des öffentlichen Interesses
Ξ Gabi Koenig

PERSPEKTIVEN

>> ANALYSE 125 **Demokratie und Herrschaftsverleugnung**
Oder: Plädoyer, die Demokratie zu schätzen, ohne ihre Herrschaftsstrukturen zu verkennen
Ξ Klaus Hofmann

138 **Faktencheck in der Politik**
Ein problematischer Problemlöser
Ξ Philip Larsen

149 **Politischer Höhepunkt einer politikwissenschaftlichen Karriere**
Klaus von Beyme und die Studentenrevolte 1969
Ξ Isabelle-Christine Panreck

EIMDIENSTE

»DIE BUNDESREPUBLIK IST EINE AHISTORISCHE VERANSTALTUNG«

Ξ Ein Gespräch mit Wolfgang Krieger über die Geschichte der Geheimdienste, die Wurzeln des BND und die Tücken ihrer Erforschung

Herr Professor Krieger, Sie haben in der Vergangenheit, etwa anlässlich der NSA-Affäre 2013 und der Wikileaks-Enthüllungen über CIA-Spionageaktivitäten vor zwei Jahren, häufig vor einem allzu moralisierenden Umgang der politischen Öffentlichkeit mit der Geheimdienstarbeit gewarnt. Würden Sie sagen, dass diese Neigung zur Moralisierung ein Spezifikum der deutschen Debatte ist?

Absolut. Vor allem bei den Medien, aber auch anderen Personen, die sich damit intensiver beschäftigen. Es gibt natürlich ein paar Ausnahmen, z.B. den Forschungsbereich im Stasi-Unterlagen-Archiv. Da sind sehr gute Arbeiten gemacht worden. Aber diese sind spezialisiert auf die DDR und die Stasi – viel weiter blicken sie nicht, die sehen nicht einmal die anderen kommunistischen Staaten. Nur in die Stasi-Akten zu schauen, ist aber eigentlich nicht zulässig, denn die Stasi ist ja nichts anderes als ein reduzierter Klon der sowjetischen Staatssicherheit, in jeder Hinsicht und in völliger Abhängigkeit, bis zum Schluss.

Worauf führen Sie die Tendenz zur Moralisierung im Zusammenhang mit Geheimdienstaktivitäten zurück?

Weitverbreitet ist die Auffassung, dass dies vor allem auf die traumatisierenden Erfahrungen mit den beiden deutschen Diktaturen zurückzuführen ist und auf die bedeutende Rolle, die die Gestapo und das MfS bei der Stabilisierung dieser Regime gespielt haben. Ich finde diese These allerdings nicht plausibel, denn die meisten Menschen beschäftigen sich überhaupt nicht mit der Gestapo, haben keine Ahnung davon und von der DDR-Staatssicherheit ebenso wenig. Es steckt etwas anderes dahinter, aber um das zu verstehen, muss man den historischen Zusammenhang herstellen. Spionage galt bis zum Zweiten Weltkrieg als etwas Schlechtes, Böses, Schmutziges. Niemand wollte etwas damit zu tun haben. Dennoch wurde Spionage natürlich ebenso betrieben, wie sie geleugnet wurde. Spionage, so der seinerzeitige Duktus, das macht nur der »böse Nachbar«. Und dann kam der Zweite Weltkrieg, in dem Geheimdienste eingesetzt wurden zur Unterstützung der Befreiungsbewegungen in den von Deutschland besetzten Ländern: Niederlande, Belgien, Frankreich, Italien. Die verschiedenen Widerstandsgruppen wurden durch angloamerikanische Geheimdienste unterstützt. Dadurch wechselten die Geheimdienste nun auf die gute Seite, schließlich kämpften sie für die Freiheit, für den Erhalt oder die Wiederherstellung der Demokratie. Das ist ein interessanter Vorgang. Die Geheimdienste verwandeln sich im Kampf gegen Hitler mit einem Schlag von einer unanständigen Agentur zu einem Akteur der nationalen Befreiungsgeschichte. Sie werden zu einem Teil der Demokratiegeschichte. Zu Ende gedacht heißt das, die Demokratie kann nur überleben bzw. verteidigt werden, weil die Geheimdienste ihren Anteil daran haben. Über diese Erzählung werden die Geheimdienste in der angelsächsischen Welt zu einem selbstverständlichen Bestandteil der Demokratieverteidigung und entsprechen damit in etwa dem, was wir im Deutschen die »wehrhafte Demokratie« nennen.

Damit entsteht ein neues, wirksames Narrativ: Geheimdienste sind erforderlich, um die Freiheit zu schützen. Dieses Narrativ zieht sich durch bis zum heutigen Tag, etwa wenn es um die Bekämpfung des Islamismus geht. Wenn Sie an Präsident Obama denken oder auch an Donald Trump heute: Es klingt immer durch, es brauche die Geheimdienste und deren Aktivitäten, bis hin etwa auch zu gezielten Tötungen – die übrigens nicht immer von den Geheimdiensten ausgeführt werden, sondern zumeist vom Militär. Es brauche die Geheimdienste aber auch, um die eigene Freiheit, die eigene Demokratie zu verteidigen. Das ist eine Aussage, zu der die Deutschen nie finden würden – sie hätten zumindest große Schwierigkeiten damit. Weil sie diese dramatische Wende – ich nenne sie die »heroische Wende« – des Zweiten Weltkriegs nicht mitgemacht haben. Dieses Narrativ existiert also auf der deutschen Seite nicht. Und auch die sechzig oder siebzig Jahre Demokratieerfahrung seit 1945 haben offensichtlich nicht ausgereicht, um das zu verändern.

Und das hat sich auch nicht verändert durch die Tatsache, dass gerade das Bundesamt für Verfassungsschutz (BfV) ja durchaus Erfolge hatte bei der Aufdeckung von islamistischen Anschlagsplänen?

Darauf werde ich nie angesprochen. Ich werde immer angesprochen auf die Fehlleistungen, die Versäumnisse bei der Aufdeckung der NSU-Verbrechen oder auf Anschläge, die man hätte verhindern müssen. Die Erfolge kommen selten zur Sprache. Das hat natürlich einen systemischen Grund: Weil Geheimdienste ihre technischen Zugänge und Quellen nicht gefährden oder verbrennen wollen, können sie ihre Erfolge nicht so einfach offenlegen. Das ist ein Problem. Das erklärt die seltenen, dafür groß und fast schon feierlich zur Schau gestellten Erfolge, etwa die Tötung von Osama Bin Laden oder jüngst der Tod Abu Bakr al-Baghdadis. Es ist eigentlich etwas Ungewöhnliches, dass solche Vorgänge öffentlich werden; dass nachzuverfolgen ist, wie Kommandotruppen dort mit Hubschrauber eingeflogen sind, sogar mit Kameras ausgerüstet. Natürlich kennen wir nicht die ganze Geschichte, aber dennoch ist das neu, wenngleich erklärbar: In der Mediendemokratie werden solche vorzeigbaren Triumphe und Erfolge honoriert.

Der Begriff der Spionage ist im öffentlichen Bewusstsein sehr stark von den Geheimdienstpraktiken während des Kalten Krieges und von deren literarischer Verarbeitung geprägt. Dabei ist die Spionage eigentlich schon sehr viel älter.

Richtig, wir können Spionageaktivitäten in schriftlichen Dokumenten ungefähr 3500 Jahre zurückverfolgen. Bei den ägyptischen Pharaonen finden sich die ersten schriftlichen Niederschläge, von denen wir sagen können: Was sie dort tun, ist Spionage. Nun gibt es aber Geheimdienste, wie wir sie heute kennen, gerade erst – und teilweise noch nicht einmal – seit einhundert Jahren. Wie lässt sich diese Entwicklung begrifflich erfassen? Ich habe den Vorschlag gemacht, zu trennen zwischen dem Geheimdienst als bürokratischer Organisation modernen Zuschnitts und der geheimdienstlichen Tätigkeit, der Spionage. Letztere hat es immer schon gegeben und sie hat sich in drei Bereichen entwickelt, die noch heute eine Rolle spielen: Der erste Bereich umfasst die Gegner des Regimes. Das können Gegner im Innern des Landes sein, das können Minoritäten oder Dissidenten sein, es können aber auch von außen her operierende Gegner, Regimegegner, sein. Der zweite Bereich ist der militärische, er betrifft die Kriegführung. Es lässt sich kein Krieg führen, ohne zu wissen, wo der Gegner steht, mit wie vielen Kämpfern und wie er bewaffnet ist. Diese taktische Militäraufklärung hat es immer schon gegeben, darunter Klassiker wie die Kriegsgefangenen- oder Flüchtlingsbefragung. Auch heute befragen wir etwa die Flüchtlinge, die aus Syrien kommen, ebenso wie Kriegsgefangene. Der dritte Bereich ist die Absicherung des Herrschaftsapparates. Hier geht es darum, festzustellen, ob der Herrscher – ein Fürst, Pharao, König oder moderner Regierungschef – von loyalem Personal umgeben ist. Wenn er das nicht ist, kann er keine Politik machen. Die Loyalitätsprüfung des Staatspersonals ist also absolut wichtig.

Diese drei Felder existieren, wenn auch in etwas gewandelter Form, auch heute noch. Wie aber passiert Spionage, wenn es keine Geheimdienste gibt? Die Antwort lautet: Sie ist versteckt in den verschiedenen Teilen des Herrschafts- oder Staatsapparates, in der näheren Umgebung des Herrschers. Bei den Fürsten war meist ein Familienangehöriger der Geheimdienstchef – um einmal die moderne Begrifflichkeit zu verwenden –, weil auf der Basis von familiären Bindungen ein höheres Maß an Loyalität vorausgesetzt werden kann. In der Diplomatie, die sich im Mittelalter entwickelt, sind die meisten Diplomaten im Nebengeschäft Spionagechefs. Sie haben ihre Spitzel, die ausgeschickt werden, etwa in die Hauptstadt eines benachbarten Fürsten – heute würden wir von Botschaften sprechen. Dort fangen sie an, ihre Netze aufzubauen, sich weitere Spitzel zu organisieren, sie zu bezahlen usw. Die Spionage ist also mit der Diplomatie verwoben. Erst im 20. Jahrhundert wird ein Stück weit getrennt zwischen geheimdienstlicher Arbeit – in der Diplomatie sind natürlich die Auslandsgeheimdienste gemeint – und klassischer Diplomatie, also verhandeln, Verträge entwerfen und dergleichen. Eine völlige Trennung gibt es aber selbst heute nicht überall. Der britische Außenminister ist gleichzeitig der Chef des britischen Auslandsnachrichtendienstes MI6. Dieser hat natürlich einen Direktor, doch der politisch Verantwortliche ist der Außenminister. Dort hat man also noch diese unmittelbare Verbindung von Diplomatie und geheimdienstlicher Tätigkeit. Ich will damit sagen: Die grundlegende Bedeutung der Spionage für den modernen Staat entwickelt sich sehr früh und bleibt mehr oder weniger die gleiche.

Und was verändert sich durch die Institutionalisierung der Spionage durch Geheimdienste?

Das Problem war lange, dass es keine Kontinuität, also relativ wenig Lerneffekte gab. Wenn wir einmal annehmen, ein Botschafter oder ein Militärführer hat ein gut funktionierendes Spitzelnetzwerk, dann fällt dieses Spitzelnetzwerk in den meisten Fällen wieder auseinander, wenn er in Pension geht oder stirbt. Sein Nachfolger muss wieder von vorne anfangen. Dann aber kommt die Bürokratie, der Apparat. Man sammelt Informationen im Apparat, mit Karteikarten oder Journalen, sodass sich der Nachfolger informieren kann, was vorher gelaufen ist. Er kann also vom aufgesammelten Wissen profitieren. Das ist etwas, das die Diplomatie seit jeher macht. Berichte, Verträge und dergleichen werden dort schon immer in gut gesicherten Archiven aufgehoben. Die modernen Staaten machen das in etwa ab der Mitte des 19. Jahrhunderts, angefangen mit Österreich, das ein sogenanntes Evidenzbüro im Militärapparat aufbaut, wo nicht nur militärische Informationen gesammelt werden, sondern auch solche über Minoritäten im Habsburger Reich, über verschiedene Eliten usw. Andere kommen dann sehr viel später. Die Deutschen bauen in ihrem Großen Generalstab ab 1889 eine eigene Abteilung auf, die sogenannte IIIB. Mit zunächst wenig Personal fangen sie an, Informationen systematisch zu sammeln und an die jeweiligen Amtsnachfolger weiterzugeben. Die Briten gründen 1909 ihre Inlands- und Auslandsdienste, die es beide heute noch gibt. Die CIA wird erst 1947 gegründet, ist aber beileibe nicht der erste US-Geheimdienst. Der Institutionalisierungsprozess vollzieht sich also erst spät, verglichen mit der Spionage als Staatstätigkeit. Hier spielt der Erste Weltkrieg eine große Rolle, denn hier erleben wir einen absoluten Einschnitt: Zum ersten Mal werden Tausende von Personen in diesem Beschaffungs- und Verarbeitungsprozess eingesetzt. Das hängt vor allem mit technischen Entwicklungen zusammen, denn hier beginnt das Abhören von Telegrafen- und Telefonleitungen sowie von Funkverkehr. Die Kriegsflotten der großen Mächte werden auf Funkverkehr umgestellt – das betrifft den Funkverkehr der Schiffe untereinander wie auch die Operationszentrale zu Hause. Dieser Funkverkehr kann abgehört werden – und damit beginnt das große Wettrennen um die Verschlüsselung. Im Ersten Weltkrieg werden also die zuvor sehr marginalen Geheimdienststrukturen plötzlich aufgebläht und Tausende von Leuten rekrutiert, übrigens hauptsächlich Frauen, weil die Männer an der Front gebraucht werden.

Kriege waren also ein Motor der Intensivierung und Professionalisierung von Geheimdienstaktivitäten?

Ja, aber sie haben nur etwas bereits Existierendes groß aufgeblasen. Der eigentliche Treiber ist die Technologie. Jedes Mal, wenn es irgendeine Information zu beschaffen oder einen Übertragungsweg anzuzapfen gibt, geschieht Spionage. Und jedes Mal, wenn neue Übertragungswege gefunden werden – in unserer Zeit Mobiltelefonie und Internet –, wird angezapft, mitgelesen, mitgehört, mitgeguckt. Nach dem Ersten Weltkrieg passiert aber etwas Bemerkenswertes. Die Riesenapparate werden plötzlich wieder auf ein sehr kleines Maß zusammengeschrumpft – mit Ausnahme der Sowjetunion. Die neuen Kremlherren erfinden jetzt etwas ganz Neues, nämlich den Einsatz von Geheimdiensten für die totalitäre Kontrolle. Damit entstehen neuartige Geheimdienste, die nicht nur Informationen beschaffen, sondern auch repressiv tätig sind. Es werden also Informationen auch erfunden, Personen beschuldigt für Dinge, die sie gar nicht getan haben. Und es gibt eine Verquickung von

Geheimdienst, Polizei und Justiz. Diese drei unter einem Dach zu vereinen, das ist das Instrument, das den totalitären Staat überhaupt erst ermöglicht. Meist gestaltet es sich so, dass der Geheimdienst eine exekutive Befugnis hat, also Leute verhaften kann – wie auch die Staatssicherheit der DDR. Die Justiz bleibt hier meist ein bisschen außerhalb. Dem Schein nach hat sie noch eine gewisse Autonomie, de facto aber nicht mehr. Kein Richter kann jetzt noch ein abweichendes Urteil fällen.

Während also die demokratischen Staaten ihre Geheimdienste nach 1919 abrüsten, baut die Sowjetunion sie aus, andere totalitäre Regime folgen. Und dann kommt der Zweite Weltkrieg, in dem sich praktisch das wiederholt, was im Ersten Weltkrieg passiert: der Aufbau riesiger Organisationen. Rekrutiert werden, weil es kein geschultes Personal gibt, Leute aus den Colleges und Schulen – und auch hier wieder zu einem erheblichen Teil Frauen. Nach 1945 passiert jedoch etwas anderes als 1919: Die Geheimdienste werden, wenn überhaupt, nur geringfügig geschrumpft. Die amerikanischen, britischen, französischen, auch die sowjetischen Armeen werden sehr stark verkleinert, die Geheimdienste aber nicht oder jedenfalls viel weniger.

Warum nicht?

Da durch die nukleare Abschreckung weder die Kernwaffen noch die großen Armeen einsetzbar sind, jedenfalls nicht in der Auseinandersetzung zwischen den Großmächten, wird der Kalte Krieg zu einem erheblichen Teil mithilfe der Geheimdienste geführt. Damit kommt den Geheimdiensten im Kalten Krieg eine ganz neue, nämlich pseudomilitärische Aufgabe zu. Sie operieren anstelle des Militärs. Sie werden in den klassischen Zonen des Kalten Krieges, aber auch in der Dritten Welt, eingesetzt, um eigene Einflussmöglichkeiten zu erweitern oder die Einflussmöglichkeiten des jeweils anderen zurückzudrängen. Nach dem Kalten Krieg gibt es heute zwar die große Konfrontation zwischen Ost und West nicht mehr, die Geheimdienste aber sind immer noch groß. Ursprünglich sollten sie 1990/91 sehr stark eingedampft, in manchen Fällen sogar abgeschafft werden. Es gab etwa Anträge von den Grünen, den BND abzuschaffen und in den USA gab es solche Anträge für die CIA. Das passierte aber nie. Und dann kommen zwei völlig neue Themen auf: der islamistische Terrorismus durch 9/11 sowie die Digitalisierung und mit ihr die Datenökonomie. Dadurch eröffnen sich, wie schon angedeutet, neue Felder, um die sich zwar auch andere bewerben – Polizei und Militär betätigen sich im Kontext der Digitalisierung und bei der Bekämpfung des islamistischen Terrorismus –, aber die Hauptlast bleibt bei den Geheimdiensten. Die Erfolge sind allerdings nicht sonderlich groß. Zwar werden Geheimdienste, manchmal auch das Militär, zur Bekämpfung des islamistischen Terrorismus eingesetzt, aber bisher gibt es sehr gemischte Erfahrungen. Die Sowjets müssen aus Afghanistan abziehen, weil sie ihre Ziele nicht erreicht haben, und die westlichen Mächte sind noch nicht abgezogen, haben es aber auch nicht geschafft, das Land zu stabilisieren. Und nun haben wir diese offenen Wunden in Syrien, in Libyen, in verschiedenen Gegenden der Südsahara, in Afghanistan, in Pakistan – und niemand weiß, wie es weitergehen soll.

Im Rahmen des kürzlich an der Bundeswehr-Universität München eingerichteten Studiengangs »Intelligence and Security Studies« unterrichten Sie die Geschichte der Geheimdienste. Welches historische Rüstzeug brauchen die zukünftigen Agenten?

Die Geschichte spielt in diesem Studiengang leider nicht die Rolle, die ich mir wünsche. Die Juristen, manchmal auch die Politologen und noch ein paar andere, sind nicht davon überzeugt, dass Geschichte überhaupt gebraucht würde. In den deutschen Geheimdiensten, insbesondere auf der Führungsebene, dominieren die Juristen. Dabei hat die Geschichte für meinen Begriff einen ganz besonderen Nutzen: Sie zeigt, natürlich, wie Dinge sich in der Vergangenheit entwickelt haben, damit aber auch, wie Dinge sich künftig entwickeln können. Und es geht um Erfolge und Misserfolge: Was funktioniert und was funktioniert nicht? Wäre das Wissen um die sowjetischen Afghanistan-Erfahrungen größer gewesen, wäre man im Deutschen Bundestag vielleicht nicht so optimistisch gewesen, zu sagen: Wir gehen dahin, bauen ein paar Brunnen, reparieren die Schuldächer und dann kommt die Demokratie. Den Grund für solche Fehleinschätzungen sehe ich auch darin, dass die Bundesrepublik eine sehr ahistorische Veranstaltung ist. Wir Deutschen wollen von der Geschichte nichts wissen. Wir haben als Alibi unsere Gedenkstätten, aber sie dienen eigentlich dazu, die Sache von uns wegzuschieben nach dem Motto: Wir haben die Gedenkstätten, uns kann niemand mehr Antisemitismus-Vorwürfe machen. Und wenn dann rechtsextreme Gewalttaten zunehmen, dann heißt es: Warum haben die Schulen dem nicht vorgebeugt? Es wird gern ein Schuldiger gesucht, statt sich selbst damit zu beschäftigen. Ich hingegen halte es für wichtig und nützlich, die größeren Zusammenhänge zu sehen und auch zu sehen, wie schwierig es für Geheimdienste ist, im modernen liberalen Verfassungsstaat einen angemessenen Platz zu finden. Wir können natürlich – und das ist, was auch ich mache – die Budgets und Personalzahlen vergleichen und dann feststellen, dass wir in Deutschland, absolut und relational, sehr viel weniger für unsere Geheimdienste ausgeben als die Franzosen, Briten oder Amerikaner. Die Amerikaner geben relational zur Bevölkerungszahl ungefähr dreieinhalbmal so viel für ihre Geheimdienste aus wie wir, die Franzosen und die Briten anderthalb- bis zweimal so viel. Das lässt zumindest den Gedanken zu: Warum tun sie das? Geben wir zu wenig aus oder sie zu viel? Wie lässt sich das messen? Interessant ist in diesem Zusammenhang auch, dass die Zahl der Polizisten, anteilig zur Bevölkerung, anders als bei den Geheimdiensten kaum differiert. Letztere werden also in anderen Ländern für wichtiger gehalten, die Gefahren als größer eingeschätzt, der Wille – etwa im Kontext der Cyberentwicklung – aktiver zu sein, scheint ausgeprägter, auch und gerade hinsichtlich folgender Frage: Wollen wir uns nur vor Angriffen schützen oder wollen wir eine aktive Cyberkompetenz entwickeln, um Angreifern Schaden zufügen und sie abschrecken zu können? Damit tut sich die deutsche Debatte schwer.

Sind die geringen Ausgaben im Vergleich zu anderen westlichen Staaten Teil dessen, was sie Deutschlands »geheimdienstpolitischen Sonderweg« genannt haben?

Das ist ein Teil davon. Dazu gehört auch das Verständnis, Geheimdienste hätten in der Demokratie eigentlich keinen Platz. Sie sind zwar als notwendiges Übel da, aber weil sie potenziell eine Gefahr für die Demokratie darstellen, bedürfen sie einer entsprechend starken Kontrolle. Das ist ein Diskurs, den es anderswo in dieser Form nicht gibt, auch wenn die Geheimdienste natürlich in allen Demokratien parlamentarisch kontrolliert werden.

In vielen westlichen Ländern gibt es aber erst seit den 1970er Jahren eine parlamentarische Kontrolle der Geheimdienste. Warum hat sich diese eigentlich erst so spät entwickelt?

Auf diese Frage habe ich selbst noch keine schlüssige Antwort gefunden. In den USA wird erst Mitte der 1970er Jahre ein spezielles Gremium für die Geheimdienstkontrolle eingerichtet, als Reaktion auf Medienberichte, die die illegale Telefonüberwachung von Gegnern des Vietnamkrieges aufgedeckt haben. Ziemlich zeitnah, 1978, wird auch in Deutschland das erste Gesetz zur parlamentarischen Kontrolle verabschiedet. Vorher findet die parlamentarische Kontrolle praktisch *ad hoc* statt. Es gibt bis 1978 das sogenannte Vertrauensmännergremium, bestehend aus den Vorsitzenden der Fraktionen und ein paar weiteren Parlamentariern, die der Bundeskanzler bei Bedarf zusammenruft. Oder aber die Mitglieder beantragen eine Sitzung beim Bundeskanzler. Ein parlamentarisches Kontrollgremium auf gesetzlicher Grundlage gibt es dann erstmals 1978. Dieses Gesetz wird 2016 novelliert und die Befugnisse werden ausgeweitet.

Bräuchte es Ihrer Meinung nach eine stärkere Kontrolle der Geheimdienste und müssten sich andere Länder hinsichtlich der Kontrollbefugnisse stärker an deutschen Maßstäben orientieren?

Im parlamentarischen Verfassungsstaat macht das Parlament die Gesetze. Wenn dem Parlament die Kontrolle nicht stark genug ist, kann es ein anderes Gesetz verabschieden. Das machen die Abgeordneten aber nicht, weil sie es nicht wollen. Wenn das Parlament stark kontrolliert, dann wird es auch stark in die Verantwortung genommen. Das sieht man bei den Amerikanern. Bestimmte Arten von Auslandsoperationen müssen dem Geheimdienstausschuss vorab vorgelegt werden. Dadurch trägt der Ausschuss eine Mitverantwortung. Wenn eine Operation schiefgeht oder entgleist, kann er sich nicht empören, denn er hat ja davon gewusst und das Risiko mitgetragen. Das wollen die Parlamentarier aus verständlichen Gründen nicht. Und auch in Deutschland wollte man ursprünglich kein BND-Gesetz – obwohl es vor dem ersten Gesetz von 1990 bereits Gespräche darüber gegeben hatte. Wir haben in der unabhängigen Historikerkommission die Widerstände untersucht und herausgefunden, dass schlicht unklar ist, was in einem solchen Gesetz stehen soll. Um es zu verdeutlichen: Es gibt einen Bundesnachrichtendienst, der im Ausland auf dort illegale Weise Informationen beschafft, indem Leute zu Straftaten ermutigt werden. Der iranische Beamte, der dem deutschen BND eine Information gibt, begeht damit eine schwere Straftat, für die er möglicherweise zum Tode verurteilt wird. Eine Person zu einer Straftat zu verleiten, ist bekanntlich nicht erlaubt. Wie also soll man das in einem deutschen Gesetz ausdrücken?

Das Problem ist also, dass Geheimdienstaktivitäten generell im extralegalen Bereich stattfinden und daher unklar ist, wie sich das gesetzeskonform regulieren ließe?

Im ersten BND-Gesetz wird das dergestalt gelöst, dass nur gesagt wird: Der BND beschafft im Ausland Informationen, die für die Sicherheit der Bundesrepublik von Bedeutung sind, und wertet sie aus. Ergänzt wird dies durch einen sehr allgemeinen Paragraphen, wonach bei der Wahl der Mittel dasjenige zu wählen sei, das den Betroffenen voraussichtlich am wenigsten beeinträchtigt und nicht unverhältnismäßig ist. Ausgefertigt wird das BND-Gesetz 1990 unter dem Zwang der Datenschutzgesetzgebung. Hiernach muss nämlich jede staatliche Behörde, die Daten sammelt und aufbewahrt, eine Gesetzesgrundlage dafür haben. Und niemand zweifelt daran, dass der BND Daten sammelt: Also bedarf es eines Gesetzes, in das möglichst wenig reingeschrieben werden soll. Erst 2016 wird dieses Gesetz stark aufgebläht und in allen Einzelheiten festgelegt, welche Telefonverbindungen und Internetanschlüsse im Ausland angezapft werden dürfen und wer darüber bestimmt. Da wird nun im Einzelnen aufgezählt: Es muss ein hinreichender Verdacht vorliegen, es muss sichergestellt werden, dass kein Unschuldiger erwischt wird und so fort. Und es wird ein unabhängiges Gremium aus Bundesrichtern und Bundesanwälten eingeführt.

Das Problem ist aber: Die Personen, die etwa in Syrien oder im Irak gesucht werden, lassen sich schwer identifizieren, sie haben meist verschiedene Namen, die Aufenthaltsorte sind unklar. Trotzdem müssen deren Telefonverbindungen und Kontakte geprüft werden, um herauszufinden, ob diese Leute gefährlich sind oder nicht. Das heißt, unter bestimmten Voraussetzungen haben die Terroristen vom IS oder von Al-Quaida praktisch eine Garantie, dass der BND ihnen nichts tun wird – weil er es nicht darf. So weitgehend schränken die Franzosen, Briten oder Amerikaner ihre eigene Arbeit nicht ein. Sie schützen hauptsächlich ihre eigenen Bürger. Wenn vom Schutz der Bürgerrechte die Rede ist, dann sind dabei immer die eigenen Bürger gemeint. Hier haben sich die Deutschen völlig vergaloppiert, weil es hier um Dinge geht, die im Einzelnen nicht festlegbar sind und wo auf Ad-hoc-Weisungen vertraut werden sollte. Priorität sollte der Schutz der Bundesrepublik haben.

Sie konstatieren eine Auflösung der institutionellen Trennung zwischen militärischer und ziviler Geheimdiensttätigkeit, zwischen Inlands- und Auslandsgeheimdiensten, aber auch zwischen Geheimdienst und Polizei. Kann man das überall beobachten? Und sehen Sie darin eine gefährliche Entwicklung – gerade mit Blick auf die Tatsache, dass sich totalitäre Staaten durch eine Verschmelzung dieser Instanzen kennzeichnen?

Diese Tendenz beobachten wir überall. Die strikte Trennung hat es in anderen demokratischen Staaten nie in der Form gegeben wie bei uns. Die Franzosen und Briten haben Geheimdienst und Polizei nie komplett getrennt. Und die gezielten Tötungsoperationen unter Obama sind in den meisten Fällen nicht von der CIA, sondern vom Militär ausgeführt worden. Der Grund ist ein einleuchtender: Wenn so etwas in der Regie der Geheimdienste läuft, dann unterliegt es der parlamentarischen Kontrolle der Geheimdienste, bis in alle Einzelheiten, während es für das Militär zwar auch einen Kontrollausschuss gibt, aber dort wird weniger streng und nach anderen Verfahren geprüft. Die Exekutive hat sich dort also ein wenig Freiraum geschaffen – wohlgemerkt unter Obama. Unter Trump haben die Meldungen über Drohnen-Einsätze und Tötungen stark abgenommen, obwohl zu vermuten ist, dass er das weiterführt.

Es ist davon unbenommen natürlich sinnvoll, Geheimdienst, Polizei und Militär voneinander zu trennen, aber es braucht zugleich einen stärkeren Informationsaustausch. Hier hat es in der deutschen Gesetzgebung erhebliche Fortschritte gegeben. Der Informationsaustausch zwischen Polizei und Geheimdienst ist heute viel besser geregelt als früher. Diese Verbesserungen haben sich seit 9/11 – und ich denke, Otto Schily hat als Innenminister das Eis gebrochen – in kleinen Schritten vollzogen. Es ist doch unerträglich, dass ein staatlicher Akteur Informationen hat und sie dem anderen nicht geben darf. Normalerweise haben wir ja im Verfassungsstaat, und auch im föderalen Staat, das Gebot der Zusammenarbeit. Es müssen alle staatlichen Behörden zusammenarbeiten. Warum sollte das bei den Sicherheitsbehörden nicht auch möglich sein? Ein Teil des behördlichen Versagens im Fall des NSU speiste sich auch daraus, dass an einer Stelle Informationen vorhanden waren, die an anderer Stelle fehlten.

Als 2013 die Enthüllungen von Snowden bekannt wurden, gab es hierzulande eine große Empörung, gerade mit Blick auf das Abhören deutscher Politiker, weil dieses von einer befreundeten Nation ausging. Dabei leuchtet Spionage auch unter befreundeten Staaten unmittelbar ein, da diese in einem ständigen ökonomischen Wettbewerb stehen. Ist der Begriff des Freundes oder des befreundeten Staates auf dem Gebiet der Geheimdiensttätigkeiten überhaupt eine sinnvolle Kategorie? Anders gefragt: Spielt es beim Ausspionieren anderer Länder überhaupt eine Rolle, ob diese »Freunde« oder »Feinde« sind?

Wahrscheinlich hat der syrische staatliche Geheimdienst dazu beigetragen, dass man al-Baghdadi gefunden hat. Das heißt, es wurde mit den Syrern kooperiert. Kurzum: Man kooperiert mit jedem, sofern man sich etwas davon verspricht. Ich denke aber schon, dass es so etwas wie befreundete Staaten gibt. Es gibt die geheimdienstliche Kooperation, aber in einer Menge von Abstufungen: In einer schwachen Kooperation werden Informationen eher punktuell, beschränkt auf bestimmte Themen ausgetauscht. In stärkerer Kooperation werden indes gemeinsame Operationen durchgeführt, es existieren gemeinsame Einrichtungen, etwa Abhöreinrichtungen, kostenbedingt gemeinsame Satelliten, die zusammen betrieben werden. Vor allem im Cyber-Bereich gibt es sehr enge Kooperationen. Eine interessante Entdeckung, die ich gemacht habe: Fast die gesamte internationale Zusammenarbeit unter Geheimdiensten findet auf der Basis von Verträgen statt – sofern es nicht ohnehin internationale Abkommen dazu gibt. Das heißt also, wenn irgendwo eine Lauschantenne aufgestellt und diese gemeinsam betrieben wird, dann gibt es dazu in der Regel einen Vertrag, in dem genau festgelegt wird, wer wie viel zahlen muss, wer welche Daten bekommt und was er damit machen darf. All das muss vertraglich geregelt werden, denn im Strafrecht ist es deutschen Geheimnisträgern verboten, einer ausländischen Person Geheiminformationen des eigenen Staates zu übermitteln. Wenn nun der Beamte X im BND oder im BfV ein Dokument oder eine Information an den amerikanischen Geschäftsträger weitergibt, macht er sich strafbar – es sei denn, es gibt eine Rechtsgrundlage, die es ihm erlaubt. Diese Rechtsgrundlage ist ein solcher Vertrag. Er dient damit dem Schutz des eigenen Personals. Es ist natürlich für den Historiker oder auch für einen Untersuchungsausschuss interessant zu wissen, dass es Verträge geben muss. Man muss sie nur finden oder die Behörde muss sie herausgeben.

Im Anschluss an die Snowden-Affäre gab es eine Debatte darüber, ob unter befreundeten Staaten Verträge darüber abgeschlossen werden sollten, sich nicht gegenseitig auszuspionieren.

So etwas wie ein *No-Spy*-Abkommen gibt es nicht. Die Amerikaner haben damals sehr höflich klargestellt, dass sie mit keinem Staat – nicht einmal mit den Briten, mit denen sie am engsten zusammenarbeiten – solch ein Abkommen abschließen würden. Das könne allenfalls mündlich zugesichert werden und es gab angeblich auch eine Weisung des Präsidenten, dass das Regierungspersonal nicht abgehört werden dürfe, aber ob es diese Anweisung wirklich gab, wissen wir nicht genau und wir wissen auch nicht, ob sie immer befolgt wird. Es gibt auch Verhaltensweisen, die sich herausgebildet haben, ohne dass sie vertraglich oder gesetzlich festgeschrieben sind. Dass man vertraulich miteinander umgeht und Dokumente nicht an Dritte weitergibt, dazu gibt es meist schriftliche Festlegungen. Hier stellt sich die Frage, wer die Dritten sind. Dritte sind nämlich nicht nur Geheimdienste anderer Länder, sondern auch andere Behörden im eigenen Staat. Das heißt, wenn der BND etwas in die Hände bekommt, darf er das nicht an den Verfassungsschutz weitergeben und auch nicht an das Parlament. Es ist jüngst in einem Urteil des Bundesverwaltungsgerichts höchstrichterlich bestätigt worden, dass die vertrauensvolle Zusammenarbeit mit ausländischen Nachrichtendiensten ein so hohes Rechtsgut ist, dass es Vorrang hat gegenüber der Informationspflicht des Parlaments. Das tragen natürlich das BfV und der BND vor sich her, und es stellt die parlamentarische Kontrolle vor ein Riesenproblem. Je stärker die Zusammenarbeit und der Austausch sind, desto größer ist die Menge dessen, was durch das Parlament nicht kontrollierbar ist. Was nicht vorgelegt wird, kann auch nicht kontrolliert werden.

Sie waren Mitglied der unabhängigen Historikerkommission zur Erforschung der Geschichte des BND von 1945–1968. Vor welchen Hürden steht der Geheimdienstforscher generell mit Blick auf die meist sehr begrenzte Akteneinsicht? Und vor welchen speziellen Hürden standen Sie bei der Erforschung des BND?

Wir haben zu Beginn unseres Forschungsprojekts einen Vertrag mit dem BND darüber abgeschlossen, dass wir ausnahmslos alle Akten und Dokumente für den genannten Zeitraum einsehen dürfen, dass unsere schriftlichen Arbeiten allerdings eine Prüfung durchlaufen müssen, ehe sie publiziert werden. Dort gibt es natürlich eine Menge Dinge zu beachten – nicht nur BND-spezifische, sondern auch Persönlichkeitsrechte und Vorschriften, welche die Offenlegung von Methoden und Quellen der Geheimdienste einschränken. Die Verschlusssachenanweisung der Bundesregierung, die für den ganzen Staatsapparat gilt, verbietet es, eine ganze Reihe von Dingen zu publizieren. Zudem war dort, wo es eine internationale Zusammenarbeit gab, mit den Partnern abzugleichen, ob sie die Offenlegung von Informationen gestatten. Das ist in sogenannten *Third Party Agreements* festgelegt und hat die Sache zusätzlich verkompliziert. Allerdings haben diese Regelungen etwa bei der Aufdeckung von Nazipersonal im BND keine Rolle gespielt. Das ist eine rein deutsche Angelegenheit. Aber bei dem, worüber ich geforscht habe – den Auslandsoperationen und den Partnerbeziehungen nach Westen, vor allem mit Amerikanern, Briten und Franzosen – gilt das Prinzip, dass wir in Deutschland keine Informationen offenlegen dürfen, welche die befreundeten Dienste in ihrem eigenen Land nicht offenlegen, zum Teil noch nicht einmal ihrem eigenen Parlament gegenüber. Am einfachsten waren die Franzosen. Sie haben meine Manuskripte gesehen und haben gesagt, es gebe drei Punkte, denen sie nicht zustimmen können. Die habe ich rausgenommen und dann war das Manuskript von französischer Seite freigegeben. Bei den Briten und Amerikanern ist das schwieriger gewesen.

Zugleich aber hatten wir die komplette Akteneinsicht. Das hat es noch nie gegeben und so wollte man uns das bei den Dienststellen des BND zuerst gar nicht glauben. Ein Problem war, dass sie ihre Akten teilweise selbst nicht kannten und manches nicht oder erst nach zwei- oder dreijähriger Suche gefunden haben. Ich glaube, das war kein böser Wille. Sie haben sich einfach nicht damit befasst, was dort im eigenen Keller steht. Erst durch die Projektarbeit kamen sie nun dazu, ihre alten Akten ordentlich zu sortieren und archivmäßig zu lagern. Angesichts vieler Gerüchte über vernichtete Akten, waren wir erstaunt, wie viele Akten aufbewahrt wurden. Nur ein kleiner Teil davon war entsorgt worden aufgrund der deutschen Archivgesetze. Im

Zuge dessen waren auch Akten von einigen Nazi-Größen vernichtet worden. Aber in anderen Behörden, etwa im BfV, waren alle Personalakten vernichtet worden. Was die dortigen Forscher deshalb machen mussten, ist abenteuerlich. Jemand vom BfV sagte ihnen, er habe da etwas gefunden. Früher mussten alle Beamten im öffentlichen Dienst geröntgt werden, zur Tuberkulose-Vorsorge. Dafür gab es im BfV eine eigene Dienststelle, die separat Akten geführt hat, und dadurch existierte noch eine Namensliste des Personals, die weitere Rekonstruktionen zuließ.

Was haben Sie über die NS-Vergangenheit des BND herausfinden können? Wie hoch war der Anteil ehemaliger NS-Beamter im BND im Verhältnis zu anderen Institutionen und Behörden?

Man muss sich klarmachen, dass es diese Kontinuitäten überall gab: an den Universitäten, Gerichten, Postämtern, Schulen, überall – in der gesamten öffentlichen Verwaltung. Der BND steht im Verhältnis zu anderen Ämtern gar nicht so schlecht da. Im Bundeskriminalamt zum Beispiel gab es sehr viel mehr schwer NS-belastetes Personal, teilweise auch in höheren Rängen. Und es ist ein Unterschied, ob ein alter SS-Mann Hausmeister oder Abteilungsleiter wurde. Aber natürlich hat es auch im BND eine ganze Reihe solcher Leute gegeben. Wenn ich keine Personen dazuzähle, die nur Parteimitglieder waren oder irgendwann in die SA eingetreten sind und dort Karteileichen blieben, sondern nur jene berücksichtige, die mindestens aus dem mittleren Nazi-Apparat kamen, dann liegt der Anteil bei ungefähr 15 Prozent. Wobei sich sagen lässt, die Führung des Dienstes lag in den Händen des Militärs, also ehemaliger Wehrmachtsoffiziere. Das betrifft General Gehlen selbst, der eine klassische Militärkarriere durchlaufen hatte, und es trifft auf seine nähere Umgebung zu. Insgesamt waren schätzungsweise dreißig bis fünfzig solcher Personen in Führungs- und Schlüsselpositionen. Aber wir haben ein Problem, wenn wir diese Wehrmachtsleute auf ihre schuldhafte Nazivergangenheit hin untersuchen wollen, weil sie im NS-Staat weder Partei- noch SS-Mitglieder sein durften. Das heißt aber nicht, dass sie keine Kriegsverbrechen begangen haben. Man tut sich also schwer mit der Definition von »schwerer NS-Belastung«.

Die frühe Entwicklung des BND, vor allem der Aufbau seines Vorläufers, der »Organisation Gehlen«, ist eng mit dem amerikanischen Geheimdienst CIA verbunden. Gibt es Bereiche, in denen der BND in methodischer und organisatorischer Hinsicht von der Operationsweise der CIA besonders stark beeinflusst wurde?

Ja, da gibt es eine ganz starke Verbindung. Erst einmal muss man sich klarmachen, was der BND geworden ist: ein Auslandsdienst mit militärischer Komponente – das hatte es in Deutschland zuvor nicht gegeben. Es gab keinen zivilen Auslandsdienst vor dem Zweiten Weltkrieg. Das Rad musste also neu erfunden werden und dabei haben Gehlen und seine Leute zunächst zehn Jahre lang für die Amerikaner gearbeitet. Von 1946 bis 1956 war die Organisation den Amerikanern unterstellt, zunächst, bis 1949, dem amerikanischen Militär und anschließend der CIA. Und natürlich haben die Amerikaner, die ja auch bezahlt haben, vorgegeben, was gemacht wird, wie und mit welchem Personal. Dieser Einfluss ist geblieben, auch nach der Gründung des BND. Die Organisation Gehlen wurde weitgehend in den deutschen Staatsapparat übernommen und hieß ab 1956 Bundesnachrichtendienst – mit demselben Personal, denselben Methoden und Verbindungen. Der amerikanische Einfluss blieb dabei sehr stark, im Prinzip bis heute. Die personellen Verflechtungen dauerten fort, bis die Gründergeneration weg war. Der letzte BND-Präsident, der noch in der Organisation Gehlen tätig war, ging 1985 in Pension. Damit ist der BND ein reines Produkt der Organisation Gehlen. Dieser Einfluss zieht sich fast vierzig Jahre lang durch. Und natürlich hatten die Amerikaner ihre Vertrauensleute im BND – was sie nicht offen zugeben würden, was aber nicht schwer herauszufinden ist.

Wo sehen Sie die größten Herausforderungen für die Geheimdienste heute?

Der Einfluss des radikalen Islamismus ist noch gar nicht ausgestanden. Wir wissen nicht, ob wir den Höhepunkt überhaupt schon erreicht haben. Das spielt sich auf verschiedenen Ebenen ab. Da sind einmal die Konflikte innerhalb des Islam – vor allem Schiiten gegen Sunniten, Radikale gegen westlich Orientierte. Wir haben aber auch machtpolitische Auseinandersetzungen um die Vorherrschaft zwischen dem Iran und Saudi-Arabien. Auch die Türkei erhebt inzwischen Ansprüche und nicht zuletzt will Ägypten gehört werden. Wir haben es hier mit einer Art Großmachtpolitik zu tun, und wir werden wohl noch Jahrzehnte damit zu kämpfen haben, deren Auswirkungen zu begrenzen. Und im Kontext von Digitalisierung und *Cyberwarfare* haben wir ein Riesenproblem in der Abgrenzung zwischen staatlichen und privaten Nutzern und Betreibern. Ich stelle mal die These in den Raum, dass heute Amazon und Google sehr viel mehr private Daten über uns haben als Verfassungsschutz, BND, Polizei und andere staatliche Institutionen zusammen. Und die staatlichen Organe können wir kontrollieren, aber auf die Daten, die von Amazon, Google und Co. gespeichert werden, können wir nicht zugreifen. Die lagern irgendwo in der amerikanischen

Wüste, wo unsere Rechtsvorschriften auch künftig nicht gelten werden. Die private Datenökonomie, an der wir alle teilhaben, indem wir E-Mails oder Google-Anfragen schreiben, läuft völlig ins Unkontrollierte. Natürlich schwören die amerikanischen Konzerne, diese Daten nicht an die NSA weiterzugeben. Aber das brauchen sie gar nicht, denn das Personal ist sowieso miteinander verflochten. Die jungen Leute gehen erst zur NSA. Dort lernen sie das Handwerk, weil sie dort mit den neuesten Computern und der neuesten Software arbeiten können. Und nach ein paar Jahren gehen sie in die Privatwirtschaft, wo sie deutlich mehr Geld verdienen. Und sie bringen ihr Wissen mit, haben noch Freunde in der NSA sitzen. Mehr muss ich doch gar nicht wissen.

Unsere Geheimdienste scheinen bei der Digitalisierung ziemlich hinterherzuhinken. Lässt sich das historisch auch für andere technische Errungenschaften feststellen?

Es ist sehr aufwändig und kostenintensiv, mit den neuen Kommunikationsmöglichkeiten Schritt zu halten. Wer hätte gedacht, dass Hard- und Software ständig erneuert werden müssen? Und diese Veränderungen vollziehen sich immer schneller und sind ein enormer Kostenfaktor. Zudem ist die Personalbeschaffung ein großes Problem. Vor ein paar Jahren hat der Bundestag mehrere hundert neue Stellen bei BfV und BND geschaffen. Aber mit den Gehältern des öffentlichen Dienstes sind sie nur schwer mit qualifizierten Leuten zu besetzen. Das ist ein kaum zu lösendes Problem, nicht nur bei uns und nicht erst seit heute. Ich habe bereits Anfang der 1980er Jahre erlebt, wie in Harvard, trotz des Prestiges und überdurchschnittlicher Gehälter, mehrere Professuren für Computer Science unbesetzt blieben, weil die Gesuchten in der Privatwirtschaft deutlich mehr verdienten. Geheimdienste haben das zusätzliche Problem, dass die Leute sich schwer an einen solchen Apparat anpassen, inklusive der Geheimhaltung. Heute werden auch Personen rekrutiert, die man früher aus Sicherheitserwägungen nie genommen hätte. In Amerika sind etwa sechzig Prozent der Absolventen in Computer Science chinesischer Herkunft. Im Wissen um Verwandtschaften, um chinesische Einflussnahmen, um reale Verratsfälle wird die Rekrutierung also schwierig. Vorteile, wie chinesische Sprachkenntnisse, erweisen sich zugleich als Gefahren. Der Kampf im Cyber-Bereich hängt also nicht zuletzt am Geld, in erster Linie aber am fehlenden Personal.

Das Gespräch führten Luisa Rolfes und Danny Michelsen

Univ.-Prof. Dr. Wolfgang Krieger, geb. 1947, studierte Geschichte, Anglistik und Politikwissenschaft an der Universität München und war Fellow in Oxford und Harvard. Er lehrte Neuere Geschichte und Geschichte der internationalen Beziehungen an den Universitäten München und Marburg sowie als Gastprofessor in Bologna (Johns Hopkins University), Princeton, Toronto und Paris (Institut d'Études Politiques). Zuletzt war er Mitglied der Unabhängigen Historikerkommission für die Geschichte des BND (2011–2018).

»ES LAG NICHT AN MANGELNDER INFORMATION«

Ξ Ein Gespräch mit Daniela Münkel über das Ende der DDR aus Sicht des MfS, das dortige Berichtswesen und die Verflechtungen zwischen den Geheimdiensten der BRD und DDR

2019 haben wir dreißig Jahre »Mauerfall« gefeiert, wobei die Dimension der Revolution, die zu diesem Ereignis führte, hierbei ins Hintertreffen geraten ist. Wie war es möglich, dass in einem »durchherrschten« Staat wie der DDR diese Revolution möglich war? Haben die Sensoren, also etwa das Ministerium für Staatssicherheit, versagt? Oder hat das womöglich greise Politbüro die Warnungen nicht ernstgenommen? Anders gefragt, welches Lagebild zeichnete das MfS im Herbst 1989 – mit welchem Blick schaute die Stasi im Jahr 1989 auf die DDR?

Das Jahr 1989 fing für die Staatssicherheit relativ unspektakulär an. Es gab zwar einzelne Demonstrationen, in Leipzig oder Ostberlin, aber noch mit wenigen Teilnehmern. Das wurde natürlich zur Kenntnis genommen. Das Berichtswesen der Staatssicherheit jedoch, das dazu gedacht war, die engere Partei- und Staatsführung darüber zu informieren, was wirklich los war und nicht darüber, was man hören wollte, lief relativ normal weiter. Es wurde über die Kirchen berichtet, auch darüber, dass mancherorts die Stimmung nicht so gut sei oder über Wirtschaftshavarien und Versorgungsengpässe, aber das lief im Wesentlichen in bekannten Bahnen ab. Das erste Mal, dass dies ein bisschen durchbrochen wurde, war im Kontext der Kommunalwahl am 7. Mai 1989. Es wusste zwar jeder, dass die Wahlen gefälscht waren, aber dadurch, dass Wahlbeobachter vor Ort waren, konnte man das erstmals nachweisen und veröffentlichen. Im Nachhinein erscheint diese Situation als die erste im Jahr 1989, in der die DDR-Regierung öffentlich delegitimiert wurde. Dies führte auch zu einer anderen Sichtbarkeit der Opposition. Erstmalig gab es breitere, öffentliche, wenn auch immer noch begrenzte, Unterstützung für sie. So fanden danach an jedem Siebten des Folgemonats kleine Demonstrationen in Berlin auf dem Alexanderplatz statt. Das nahm die Staatssicherheit sehr wohl wahr, ging auch dagegen vor, aber das war alles noch überschaubar.

Dennoch, was an diesem 7. Mai passierte, änderte die Berichtslage des MfS schon. Am 1. Juni 1989 schrieb das MfS einen langen, durchaus kenntnisreichen Bericht über die Opposition und die Oppositionsgruppen in der DDR – möglicherweise der Selbstvergewisserung wegen, man habe alles im Griff. Im Nachhinein wirkt es dabei durchaus so, als ob sie jeden Oppositionellen kannten. So schrieb das MfS, es habe ca. 150 bis 160 Gruppen gegeben, häufig unter dem Dach der Kirche, 2500 Sympathisanten, davon wurden 600 Personen zum harten Kern gezählt und 60 zu den Führungspersönlichkeiten – den vermeintlich wahren »Feinden des Sozialismus«. Angesichts dieser Überschaubarkeit und der genauen Niederschriften glaubte man, der Dinge Herr zu sein. Und dieser Eindruck wurde dementsprechend auch der Partei- und Staatsführung vermittelt.

Dieser Eindruck blieb dann bestehen?

Nein. Mit dem Gründungsaufruf des Neuen Forums vom 9./10. September und dem folgenden Antrag auf Zulassung setzte sich im Spätsommer 1989 eine Dynamik in Gang, die weder von den Initiatoren noch vom Staat, noch vom MfS oder von irgendwem sonst vorausgesehen worden war. Innerhalb kürzester Zeit erhielt das Neue Forum massiven Zuspruch. Immer mehr Menschen unterschrieben den Gründungaufruf, Versammlungen wurden quasi überrannt und es folgten weitere Gründungen von Gruppen und Parteien: Demokratischer Aufbruch, Sozialdemokratische Partei der DDR usw. – auch all das wurde zur Kenntnis genommen, akribisch protokolliert und nach oben weitergegeben. In dieser Zeit begann die Staatssicherheit, sich zum Chronisten des Untergangs zu entwickeln. Und im Hintergrund stand stets die Frage, wie der Staat und die Staatssicherheit damit umgehen sollten. Gewaltsam oder nicht gewaltsam? Im September und Oktober demonstrierten immer mehr Menschen in immer mehr Städten und Orten der DDR. Und mit dem 9. Oktober, der großen Demonstration in Leipzig, die erstmals friedlich und ohne brutalen Eingriff des Staates vonstattenging, erlebte man einen Wendepunkt, der letztlich über die Alexanderplatz-Demonstration zum Mauerfall führte. Die Staatssicherheit hat das also alles wahrgenommen. Sie hat akribisch aufgeführt, was die Oppositionsgruppen wollten und wie viele Menschen aktiv waren. Es wurde auch registriert – und als besonders gefährlich erachtet –, dass nicht nur Oppositionelle, sondern immer mehr Träger des Staates, SED-Mitglieder, unzufrieden waren. Der Punkt ist also eher, dass die Staatsführung das Ganze nicht wahrnehmen wollte, vielleicht auch nicht wahrnehmen konnte. Es lag nicht an mangelnder Information über die Situation, sondern es lag an Ignoranz und Starrköpfigkeit.

Hätte die Staatssicherheit mit ihrer Personenstärke und dem Anspruch, tief in die Bevölkerung hineinzuhorchen, nicht viel stärker Seismograph anstatt Chronist des Untergangs sein müssen? Hätte ein funktionierender Sicherheitsapparat nicht in der Lage sein müssen, die Brisanz der unterschwelligen Stimmungen erfassen müssen, anstatt Entwicklungen bloß nachzuvollziehen und niederzuschreiben?

Das MfS spürte diese Unzufriedenheit schon, wusste um deren Brisanz. Aber das, was im September passierte, hat niemand vorausgesehen. Und wir blicken jetzt nur auf die Situation in der DDR. Parallel dazu gab es ja auch noch die Ausreisewelle über Ungarn, die Flüchtlingszüge aus Prag. Der DDR liefen die überwiegend jungen Menschen weg. Auch diese existenzbedrohenden Ereignisse wurden registriert. Aber nochmals, die Dynamik, die dann einsetzte, hätte meiner Einschätzung nach kein Geheimdienst und keine Geheimpolizei voraussehen können. Auch die Akteure der Opposition nicht, die waren selbst von den Reaktionen auf die Zusammenkünfte und von der Resonanz, welche etwa der Aufruf des Neuen Forums fand, derartig überrascht, dass sie es gar nicht fassen konnten. Sie waren mitnichten darauf vorbereitet. Auch in der Bundesrepublik hatte niemand, mag er noch so gut informiert gewesen sein, vorausgesehen, was da passieren würde. Ich glaube, das war ein Prozess, der sich so schnell dynamisierte, dass er in der Form schwer überhaupt voraussehbar war.

Dabei setzen die Geschehnisse alte Traumata frei. Als man sich zur Besprechung im September zusammensetzte, fragte Erich Mielke, ob nun ein neuer 17. Juni bevorstünde. Die Erinnerung an den Volksaufstand berührte schließlich den Kern des MfS, war es 1953 doch das Ministerium für Staatssicherheit, das verantwortlich gemacht wurde, diesen Volksaufstand nicht vorausgesehen zu haben. Das Berichtswesen des MfS, über das wir hier sprechen, war ja seine direkte Folge – man wollte so etwas in Zukunft vermeiden. Aber Mielke suchte nicht den Konflikt, er war bereits seit 1957 Minister für Staatssicherheit, auch weil er ein Gespür dafür hatte, wie mit den Machtkonflikten innerhalb der SED umzugehen war. Und man merkte im September, dass sich dieses Politbüro wahrscheinlich nicht mehr halten würde – und dass der neue Mann nicht mehr Erich Honecker war. Das wirkte sich nun auch auf das Berichtswesen aus, mit dem man sich nun offensiver gegen »die Alten« wandte.

Richten wir den Blick, etwas weiter, auf die letzten Jahre der DDR. Der Historiker Stefan Wolle sagt, nur wenige Perioden der DDR-Geschichte sind so widersprüchlich und gesichertem Wissen entzogen wie diese letzten Jahre. Da passierte etwas mit den Menschen – auch mit denen, die berichteten. Kommen Ende der 1980er Jahre auch diese Personen ins Zweifeln? Und lässt sich auch dadurch erklären, dass zum Ende alles so schnell zusammenbrach?

Den Berichten entnehmen wir – vor allem 1989 –, dass mehr, häufiger und deutlicher wirkliche Verbesserungsvorschläge vom MfS gemacht wurden, wie die Situation womöglich wieder in den Griff zu bekommen sei, obwohl das nicht zum Aufgabebereich dieser Berichte gehörte. Was aber blieb, war der

Glaube, es reiche aus, wenn an ein paar Schrauben gedreht würde: die wirtschaftlichen Bedingungen verändern, die Versorgungslage verbessern und den Leuten etwas mehr Informationen geben, etwas freiere Medien und mehr Dialog mit den Menschen. Letzteres war überhaupt das große Thema: Mit den Leuten reden, weil sich nur so die Situation retten ließe. Der Glaube, es noch im Griff zu haben, war in den späten 1980er Jahren noch sehr stark. Schließlich blieb die Opposition, die sich in den 1980er Jahren langsam Räume schuf, bis zum Herbst 1989 sehr überschaubar. Bis heute kennen sich die wenigen der damals Aktiven sehr gut. Der Fokus richtete sich also auf Einzelne, Bärbel Bohley etwa oder Wolfgang Templin, von denen man wusste, dass sie sehr aktiv waren, die man loswerden wollte. Sie wurden dann erstmal in den Westen geschickt, damit sie nicht weiter für Unruhe sorgen konnten. Parallel liefen teils erfolgreiche Versuche, Oppositionelle durch Zersetzungsmaßnahmen zu zermürben. Das MfS saß ja in all den Gruppen dabei, der Informationsfluss funktionierte und ermöglichte durchaus, Personen aus diesen Gruppe mit dem ganzen Repertoire an repressiven Maßnahmen, das zur Verfügung stand, zu bearbeiten, bisweilen auch zu isolieren. Die Staatssicherheit agierte hier also keineswegs passiv und sie ging auch nicht davon aus, dass sich das mittelfristig totlaufen würde, weshalb sie die Optionen durchspielte und auch umsetzte, missliebige Oppositionelle zur Not auch außer Landes bringen. Nur die Bevölkerung, die konnten sie nicht außer Landes bringen. Aber binden konnte man die Bevölkerung auch immer schlechter, denn was beim Blick auf das Wirken des MfS nicht vergessen werden darf: Auch die SED verlor zusehends an Bindungskraft. Auch das dynamisierte sich 1989 unter Kenntnisnahme der Staatssicherheit.

Wenn wir in die Jetztzeit gehen, gibt es eine intensive Debatte um ein Rechtsextremismus-Problem, das mutmaßlich ein spezifisch ostdeutsches ist und das spätestens in der zweiten Hälfte der 1980er Jahre erkennbar gewesen sein muss. Findet sich dazu etwas in den MfS-Berichten – womöglich kodiert und verklausuliert?

In den Berichten wurde natürlich nicht von Rechtsextremismus gesprochen. Gleichwohl, wenn irgendwo Schmierereien mit Nazi-Symbolen gefunden wurden, fand dies schon Eingang in die Berichte. Das spielte aber eher in der Frühzeit und, überraschenderweise, bis in die 1970er Jahre hinein eine große Rolle. Wenn Menschen etwas an der SED und an der DDR nicht passte, wurden nicht selten Nazi-Parolen reaktiviert. Das wurde dann eben registriert und weitergemeldet. Aber ein grundlegendes Problem wurde darin nicht gesehen, sondern solche Vorfälle als verwirrte Einzelereignisse abgetan.

Wie stand es eigentlich um die NS-Vergangenheit des eigenen Personals? Dem BND, zu dem Sie auch geforscht haben, wird vorgeworfen, in den 1950er und 1960er Jahren eine Anlauf- und Versorgungsstelle für ehemalige Nazis gewesen zu sein. Wie ist das beim MfS gewesen?

Die Staatssicherheit hatte im Gegensatz zu anderen Ministerien kein Nazi-Problem. Die fingen sehr dilettantisch an und professionalisierten sich dann unter Anleitung Russlands. Bei den Sicherheitsapparaten wurde – gemäß der antifaschistischen Staatsdoktrin – wirklich darauf geachtet, dass das nicht passiert. Alt-Nazis dürften also die absolute Ausnahme gewesen sein. Gerade die Älteren haben schon in der NS-Zeit und in der Weimarer Republik Widerstand geleistet. Der zweite Minister für Staatssicherheit, Ernst Wollweber, war während der NS-Zeit quasi in Guerilla-Kämpfe involviert gewesen, hat ebenfalls Sachen in die Luft gesprengt. Und der erste Minister, Wilhelm Zaisser, war in den 1930er Jahren sehr aktiv im Widerstand. Das sind die Traditionen, aus denen dann junge Leute rekrutiert wurden.

Der BND hatte hingegen ein Nazi-Problem, und zwar bis zum Ende der Ära Gehlen im Jahr 1968. In den 1960er Jahren geschah nochmal eine systematische Überprüfung und irgendwann erledigte sich das Problem mit dem Generationenwechsel. Als die Organisation Gehlen 1956 als Bundesnachrichtendienst in die Sicherheitsarchitektur der Bundesrepublik überführt wurde und viele Mitarbeiter aufgrund ihrer nationalsozialistischen Vergangenheit nicht für ein Beamtenverhältnis geeignet waren, wurden irgendwelche Posten für eben jene Leute gefunden, die dann unter einen Sonderstatus fielen, um sie weiter beschäftigen zu können. Die Zahl des Personals mit NS-Vergangenheit stieg damals zwischenzeitlich sogar noch einmal an.

In den letzten Jahren ist die Kritik laut geworden, dass man beim Lesen der Stasi-Akten eine Unterdrückungsgeschichte der DDR nachzeichne, die einer Gesellschaftsgeschichte im Wege stehe, in der sich die Menschen in Ostdeutschland wiederfinden könnten. Kommt das Berichtswesen näher an die Realität heran?

Man muss da mit einem Urteil vorsichtig sein, schließlich haben sich auch die Berichte im Laufe der Zeit verändert. Die Berichte von 1953 sind anders als die von 1989, und auch zwischendurch veränderte sich das. Was man vorfindet, sind immer auch die dechiffrierbaren ideologischen Überformungen und Floskeln. Einleitend stehen unisono zwei, drei Sätze darüber, wie gut diese oder jene Maßnahme der Partei ankomme oder wie euphorisch der letzte Parteitag aufgenommen wurde und dass die sogenannten progressiven Kräfte das alles unterstützen. Und auf die Eingangsfloskel folgen dann fünf Seiten darüber, was alles nicht funktioniert, was kritisiert wird, von wem und von wie vielen. Das muss immer ins Kalkül einbezogen werden und so sollte das Geschriebene, gerade im Hinblick auf ideologische Überformungen, immer an die Zeit rückgekoppelt werden. Und natürlich wird das Bild nur dann rund, wenn, wie bei jeder Quellenarbeit, auch andere Quellen hinzugezogen werden. Wer sich nur auf MfS-Quellen stützt, arbeitet aus meiner Sicht nicht auf einer soliden historischen Basis. Wenn aber die Berichte durch weitere Quellen ergänzt werden, lässt sich aus diesen durchaus ein relativ breites und authentisches Bild gewinnen. Schließlich war es der Sinn dieser Berichte, die Staatsführung darüber zu informieren, wie es wirklich aussah, damit rechtzeitig gegengesteuert werden konnte. Der Empfängerkreis der Berichte war ja auch sehr klein. Nicht so sehr am Anfang, aber über die Jahrzehnte sind die Berichte, auch abhängig vom Thema, einer eher kleinen Runde zur Verfügung gestellt worden. Das waren dann letztlich der Staatschef und einige ausgewählte Leute.

Sicherlich hat die Fixierung auf die Staatssicherheit in der DDR-Forschung ein verzerrtes Bild wiedergegeben. Wenn man aber diese Quellen nicht nur als Quellen der Repression liest, sondern auch als Quellen der Alltagsgeschichte, dann finden sich dort auch Informationen, die sonst nicht überliefert sind. In den Berichten der Inoffiziellen Mitarbeiter (IM) steht beispielsweise nicht selten, was zu Abend gegessen, worüber sich unterhalten wurde und vieles mehr. Das muss zwar nicht immer stimmen, aber es liefert doch einen Einblick in die Alltagswelt. Damit soll nichts beschönigt oder verniedlicht werden, aber wir können mit diesen Quellen noch viel mehr beschreiben als wir es bis jetzt getan haben.

Ein anderer kritischer Aspekt der Aufarbeitung, so wichtig die Aufarbeitung der DDR unter dem Blickpunkt des Wirkens des MfS auch sein mag: Bleibt nicht, wie Ilko-Sascha Kowalczuk kritisiert hat, die Aufarbeitung blind für die eigentlichen Verantwortlichen, also die SED, deren Schild und Schwert das MfS ja sein sollte?

Das begann ja schon 1989, dass die SED versuchte, die Verantwortung und die Schuld auf die Staatssicherheit abzuwälzen. Dann gab es den Kampf um die Akten und letztlich den Erfolg, dass sie offenblieben. Das war ja lange nicht klar. Um das zu gewährleisten, kam es im Zuge der Verhandlungen um den Einheitsvertrag im September noch einmal zur Besetzung der Stasi-Zentrale. Und dann war man fasziniert, diese Akten zu haben, schließlich war das historisch relativ einmalig. Es hat sich also alles darauf gestürzt – und das rächt sich meines Erachtens. Aber diese Einsicht kristallisiert sich heute erst heraus. Damit spreche ich politische Gemengelagen im Osten an, die vor allem darin bestehen, dass viele Leute sich nicht ernstgenommen fühlen mit ihrer Biographie. Denn die Anzahl derjenigen, die wirklich oppositionell tätig waren und von der Staatssicherheit ernsthaft bedrängt worden sind, war ja, wie gesagt, eher überschaubar. Der normale DDR-Bürger hatte eben nicht permanent und direkt mit der Staatssicherheit zu tun. Dass das zunächst ausgeblendet worden ist, sehe ich als folgenreichen Fehler an, den es nun auszubügeln gilt. Und was das Verhältnis des MfS zur SED und dem gesamten Herrschaftsgefüge angeht, da ist in der Forschung der letzten Jahre schon einiges nachgeholt worden.

Mit Blick auf die BND-Geschichte wird erkennbar, dass dieser ein Teil des Kampfes zwischen verschiedenen Machtgruppen war. Besonders deutlich ist dies mit dem Regierungswechsel hin zur sozialliberalen Koalition geworden, als die CDU einen eigenen Informationsdienst bildete und versuchte, ihre eigenen Zuträgernetzwerke zu knüpfen. Ist diese Rolle des Geheimdienstes bei machtinternen Kämpfen auch auf die DDR übertragbar?

Das gilt nur für die frühe Zeit. Der von Walter Ulbricht als Trotzkist und Volksfeind diffamierte Wilhelm Zaisser fiel infolge des 17. Juni – der Volksaufstand und dass er nicht vorhergesehen worden war, wurde ihm, der von der Sowjetunion protegiert wurde und dem Ulbricht misstraute, letztlich zum Verhängnis. Und auch Ernst Wollweber wurde 1956 ein Opfer SED-interner Machtkämpfe. Danach aber passierte das nicht mehr. Die Staatssicherheit wurde, wenn es Auseinandersetzungen gab, jedenfalls nicht von Einzelnen als Apparat eingesetzt. Erich Mielke selbst hielt sich aus solchen Kämpfen heraus, nicht umsonst hat er sich so lange an der Spitze des Ministeriums für Staatssicherheit gehalten. Man könnte auch sagen, er hielt, auch aufgrund des Schicksals seiner beiden Vorgänger, sein Fähnchen nach dem Wind. So hielt Mielke sich etwa beim Umsturz von Ulbricht auf Honecker heraus. Was natürlich nicht heißt, das MfS hätte gar nicht in Machtfragen agiert. Auch unter Mielke wurden beispielsweise, wenn auch nicht flächendeckend und eigentlich nicht zulässig, Informationen über Amtsträger gesammelt, die in kleineren Machtkämpfen durchaus zum Einsatz kamen: Wenn etwa ein Amtsträger aus irgendwelchen Gründen in Ungnade fiel, konnte es schon passieren, dass bestimmte Dinge aus der Schublade geholt wurden. Es gibt also sehr wohl Berichte über Minister, die gar nicht hätten bespitzelt werden dürfen, die dann bisweilen bis ins kleinste Detail deren Verfehlungen oder intime Verhältnisse beschrieben, um den wackelnden Sessel umzustoßen.

Beim BND ist ein solches Agieren indes noch besser zu erkennen. Es gab ja, neben der Organisation Gehlen, durchaus andere Organisationen, die Nachrichtendienst der Bundesrepublik hätten werden können. Konrad Adenauer

und Hans Globke aber legten sich relativ schnell fest, dass es die Organisation Gehlen werden sollte, auch weil sie diese instrumentalisieren konnten. Die Organisation Gehlen agierte schließlich, obwohl so nicht vorgesehen, auch als Inlandsgeheimdienst, dies vor allem in der Ära Adenauer, aber auch darüber hinaus. Sie bespitzelte all die vermeintlichen oder wirklichen politischen Gegner Adenauers, ob sie in der eigenen Partei waren oder nicht, und legte entsprechende Dossiers an. Und Globke managte das alles, um Druckmittel in der Hand zu haben. Das endete im Prinzip erst mit der sozialliberalen Koalition. Als Horst Ehmke Kanzleramtsminister wurde und damit die Zuständigkeit für den Nachrichtendienst erhielt, ordnete er die Verhältnisse insofern neu, als der BND fortan aufhören musste, in der bisherigen Form im Inland aktiv zu sein. Bedauerlich ist diesbezüglich aus der Sicht der Forschung allerdings, dass Ehmke die Dossiers alle hat vernichten lassen – weil uns damit heute sicherlich hochinteressante Quellen über die Politiker fehlen.

Wenn wir nun auf markante Aspekte der miteinander verflochtenen Geschichte der BRD und der DDR blicken – Stichworte: den Stimmenkauf beim Misstrauensvotum gegen Willy Brandt 1972 oder die Ermordung Benno Ohnesorgs. Wo ist der Ort der Stasi in der Geschichte der Bundesrepublik? Kann man letztere ohne die Staatssicherheit schreiben? Oder ist die Rolle, die man ihr zuspricht, übertrieben?

Meine These ist, dass die einzige wirklich entscheidende Einflussnahme auf die Geschichte der Bundesrepublik der Stimmenkauf beim Misstrauensvotum gegen Willy Brandt war. Denn wäre dieses erfolgreich gewesen, hätte dies mutmaßlich spürbare Folgen gezeitigt. Darüber hinaus aber hielt sich die Einflussnahme in Grenzen. Benno Ohnesorg ist zwar durch Karl-Heinz Kurras erschossen worden, der für die Staatssicherheit gearbeitet hat, doch es deutet nichts darauf hin, dass dies im Auftrag der Staatssicherheit geschehen ist. Im Gegenteil: Die Stasi war völlig entsetzt und ließ Kurras auch sofort fallen. Es stimmt zwar, dass das MfS mehr in der Bundesrepublik aktiv war als umgekehrt. Und natürlich wussten sie dadurch über viele Entscheidungen und Abläufe Bescheid, aber die Geschicke der Bundesrepublik stark verändern, das konnte die Staatssicherheit nicht. Es dürfte, um es mal vorsichtig zu schätzen, im Jahr 1988 etwa 3.000 Zuträger in der Bundesrepublik gegeben haben. Aber gemessen an der Einwohnerzahl von etwa sechzig Millionen, würde ich davor warnen, Unterwanderungsmythen zu verbreiten – das hielte ich für eine völlige Übersteigerung dieses Aspekts deutsch-deutscher Geschichte.

Gibt es denn eigentlich Konjunkturen der innerdeutschen Spionage, die man wie eine Wellenbewegung beschreiben könnte – oder hat sich die Bespitzelung linear entwickelt, sei es, dass sie konstant ihr Niveau hielt oder gleichmäßig zu- oder abnahm?

Ja, Konjunkturen lassen sich sehr wohl ausmachen. Eine erste datiert auf die 1950er Jahren im Umfeld von 1953. Die Organisation Gehlen baute ein riesiges Spionagenetz in der DDR auf, das nach dem Schneeballprinzip funktionierte. Aber das waren alles keine Großspione, eher, um es mal etwas zuzuspitzen, kleine Wald- und Wiesenagenten, die zum Teil gar nicht wussten, dass sie für die Organisation Gehlen arbeiteten. Die schrieben denn auch eher auf, was »die Russen« so machten, übermittelten Autonummern von russischen Truppenfahrzeugen und Kennungen von Militärflugzeugen, beobachteten Flughäfen und den Bahnverkehr. Die Angst, es könne wieder Krieg ausbrechen, dürfte wohl das Erkenntnisinteresse weitgehend umreißen. Das endete aber, nachdem im Herbst 1953 die Staatssicherheit selbst diesem Treiben ein Ende setzte, auch weil sie Informationen von Überläufern auswerten konnte. Im Verlauf der sogenannten »Aktion Feuerwerk« verhaftete die Stasi in einer Nacht über 200 Personen, bis Ende des Jahres kamen noch einige weitere dazu, denen dann auch der Prozess gemacht wurde. Die Verhaftungswelle setzte sich noch bis 1955/56 fort. Die DDR-Spionage der Organisation Gehlen bzw. des BND hat sich davon nie wieder erholt. Es gelang nie wieder, ein annäherndes Netz an Informanten aufzubauen, was natürlich auch damit zusammenhing, dass die Festgenommenen zu sehr hohen Strafen verurteilt werden: Selbst für eher nichtige Dinge wurden Todesurteile gefällt und auch eine fünfzehnjährige DDR-Zuchthausstrafe dürfte eine ausreichende Abschreckung dargestellt haben. Zu diesem Aspekt liegen inzwischen ausreichend gesicherte Erkenntnisse vor, auch weil infolge der Wiedervereinigung die Akten zweier Geheimdienste abgeglichen und so auch bisherige Annahmen widerlegt werden konnten. Ging die Forschung bisher davon aus, dass die Festgenommenen nichts mit der Organisation Gehlen zu tun hatten, sondern unschuldige »heroische« Widerstandskämpfer waren, auch Opfer der DDR-Propaganda, so können wir inzwischen nachweisen, dass diese tatsächlich bei der Organisation Gehlen registriert waren. Das wurde dann von der DDR-Propaganda aufgebauscht in dem Sinne, den Nachweis zu erbringen, die Festgenommenen seien Nazis. Dies entsprach natürlich nicht immer der Realität, doch es war eben auch keine reine DDR-Propaganda. Der Mauerbau war dann eine Zäsur für beide Seiten, weil die geschlossenen Grenzen natürlich auch für Agenten ein Hindernis darstellten.

Ein Blick auf die Amtszeit Brandt zeigt, dass es in der DDR am Anfang ein großes Misstrauen bezüglich der neuen Ostpolitik, der Annäherung der Bundesrepublik nicht zuletzt an die Sowjetunion gab, weil befürchtet wurde, die Stellung der DDR würde dadurch destabilisiert werden. Gab es deshalb am Anfang eine so starke Bespitzelungsneigung – Stichwort: Günter Guillaume –, die dann später, weil womöglich Ungewolltes wie der Abgang Brandts folgte, überdacht wurde?

Aus Ost-Berliner Sicht sollte Brandt, nach anfänglicher Skepsis, auf jeden Fall im Amt bleiben. Die anfänglichen Auseinandersetzungen innerhalb des Politbüros, in welche Richtung Brandts Ostpolitik, insbesondere die bilaterale Annäherung an die Sowjetunion, gehen würde, wichen letztlich der Erkenntnis, dass die Vorteile überwogen. Im Kampf um internationale Anerkennung und wider die noch in Kraft befindliche Hallstein-Doktrin – nach der die Aufnahme diplomatischer Beziehungen mit der DDR durch Drittstaaten als unfreundlicher Akt gewertet wurde – galt Brandt als Verbündeter. Auch deswegen erfolgte schließlich der Stimmenkauf, mit dem das Misstrauensvotum gegen Brandt abgewehrt werden konnte. Sein zwei Jahre später erfolgter Rücktritt – unter anderem aufgrund der Guillaume-Affäre – sorgte beim MfS und vor allem bei der SED eher für panikartige Zustände, da nicht kalkulierbar schien, wie es unter einem Kanzler Helmut Schmidt diesbezüglich weitergehen würde. Dies war für das MfS im Übrigen auch deshalb ärgerlich, weil Guillaume eigentlich keine sonderlich gute Quelle gewesen ist. Er war erst Verbindungsmann zu den Gewerkschaften, dann zur Partei. Von den Meldungen, die er machte, wurden nur sehr wenige vom MfS als brauchbar bewertet. Guillaume war in erster Linie interessant, weil er der Macht so nah war, durch seine Nähe zu Brandt eher ein Seismograph denn eine abschöpfbare Quelle. Aber auch die Unruhe um die Personalie Helmut Schmidt legte sich, abgesehen von begrenzten Störungen im Verhältnis der SED zur Sowjetunion, bald. Zunächst schrieb Markus Wolf, der ehemalige Chef der Auslandsspionage, einen sehr langen Rechtfertigungsbericht, in dem er die

Gründe für den Rücktritt Brandts thematisierte und mutmaßte, wie es unter Schmidt weitergehen könnte. Und als sich relativ schnell herausstellte, dass Schmidt im Feld der Deutschlandpolitik und der Ostpolitik nicht viel zu ändern gedachte, wurde Entwarnung gegeben. Was blieb, war für die DDR die Ambivalenz der deutsch-deutschen Annäherung. Zwar gewann die DDR immer stärker internationale Anerkennung, aber zugleich wurden die Grenzen durchlässiger und das beförderte die tiefsitzende Angst vor politisch-ideologischer Diversion. Das Eindringen westlichen Gedankenguts in die DDR, das sich in dieser Zeit verstärkte, wurde als Gefahr für die innere Stabilität angesehen. Nicht zufällig fiel in diese Phase daher auch ein massiver personeller Ausbau der Staatssicherheit.

Machen wir nun einen Zeitsprung in die 1990er Jahre, die Jahre der vor allem im Osten stattfindenden Regelüberprüfungen, die zu einem massiven personellen Wechsel im öffentlichen Sektor führten. Viele Personen mussten aufgrund ihrer (Zuliefer-)Tätigkeiten für das MfS ihren Platz räumen. Ist das im Nachhinein, insbesondere der apodiktische Umgang mit den so Belasteten, auch ein Problem gewesen?

Ich glaube, es gibt nicht wenige Menschen, die das als Ungerechtigkeit empfinden. Es hat natürlich auch im Westen zahlreiche Ermittlungsverfahren gegeben, aber eben nur wenige Prozesse. Dies auch, weil die Rechtslage sehr schwierig war. Verurteilungen waren letztlich nur möglich auf Grundlage des DDR-Rechts. Der prominenteste Fall dürfte hier Erich Milke sein, der gerade nicht dafür anklagt und verurteilt worden ist, weil er jahrzehntelang Minister für Staatssicherheit und damit auch für viele Verbrechen verantwortlich war, sondern wegen der Polizistenmorde aus dem Jahr 1931. Das war natürlich eine, wenn man so will, juristische »Krücke«, um ihn überhaupt verurteilen zu können. Ein Problem, welches wir in diesem Zusammenhang nicht unterschätzen dürfen, ist, dass die Hauptverwaltung A, also der Auslandsgeheimdienst der Staatssicherheit, seine Akten nach Beschluss des *Runden Tisches* selbst vernichten durfte. Insofern können wir nur vermuten, wie viele Personen etwa im Westen unentdeckt blieben und auch Historiker und Historikerinnen dürften hier nicht mehr viel finden – auch nicht in den 15.000 Säcken zerrissenen Materials, das noch der Rekonstruktion harrt.

Bevor wir in die Gegenwart kommen, nochmal eine generelle Frage zur Rolle des MfS am Ende der DDR. War die Stasi als Inlandsgeheimdienst, im Angesicht der revolutionären Dynamiken, einfach nicht geschaffen dafür, die Revolution zu verhindern? War sie angesichts der durch ihre Sammelwut selbstverschuldeten

Massen vielfach unwichtiger Informationen unfähig für das intuitive Erfassen noch undeutlicher Stimmungstrends? Oder spielten Opportunitätsgründe die entscheidende Rolle bei dem Versagen der Stasi, weil sie etwa nicht wagte, den Mächtigen offen und unverblümt zu berichten?

Letzteres sicherlich nicht, schließlich wurde aller vorhandener Vorsicht zum Trotz ein relativ ungeschminktes Bild der Lage übermittelt. Gerade in den letzten Jahren der DDR wurde die Stasi zeitweise sogar wieder »mutiger«, schrieb die Dinge so auf, wie sie waren, mit den erwähnten Empfehlungen, wie man die Situation retten könnte. In Mielkes unmöglicher Rede vor der Volkskammer am 13. November 1989 sagte er neben vielem anderen auch, man habe doch alles berichtet, nur die Staats- und Parteiführung habe es nicht wahrgenommen. Genau in dieser Unwilligkeit der engeren Führungsgruppe, bestimmte Dinge wahrzunehmen, liegt meiner Meinung nach der Kern. Dass die DDR nicht zuletzt auch wirtschaftlich am Ende war, auch das war so bekannt wie öffentlich nicht kommuniziert. Der engste Machtzirkel war schlicht nicht mehr reformfähig.

Das Feld, auf dem die Staatssicherheit mit vereinten Kräften hätte agieren können, wäre jener mit Sicherheit blutige Versuch gewesen, die Revolution mit Gewalt niederzuschlagen. Und solche Debatten gab es auch, es war keineswegs von Anfang an klar, dass das Ganze friedlich vonstattengehen würde – die chinesische Lösung stand durchaus auf der Tagesordnung. Und infolge der massiven Auseinandersetzungen am 7. Oktober 1989 in Berlin sowie am 7. und 8. Oktober in Leipzig war auch den Demonstrierenden nicht klar, wie die Sache ausgehen würde. Und wenn wir uns nun den 9. Oktober in Leipzig als Wendepunkt anschauen, können wir nicht außer Acht lassen, dass Russland angekündigte hatte, nicht eingreifen zu wollen. Die internationale Konstellation spielte also auch immer eine Rolle. 1953 hatte Russland eingegriffen, ebenso 1956 in Ungarn und 1968 in Prag. Wenn Gorbatschow 1989 die Unterstützung einer Niederschlagung zugesagt hätte, wäre die Geschichte womöglich anders ausgegangen.

Wie veränderte der 9. Oktober 1989, aber auch die Grenzöffnung einen Monat später, das Berichtswesen des MfS? Und, damit zusammenhängend, wann erschien der letzte Bericht?

Als die Grenze geöffnet worden ist, war das MfS völlig überfordert. Was zu tun sei, war niemandem mehr so recht klar, also tat das MfS, was es immer tat: es berichtete. Das ging dann soweit, was vollkommen irrational erscheint, dass es, inzwischen unter dem Namen Amt für nationale Sicherheit firmierend, akribisch aufschrieb, wann und wo seine Zentralen besetzt und Bezirksämter erstürmt wurden, was da genau passierte und welche schrecklichen Folgen das zeitigen würde. Der letzte Bericht erschien dann am 8. Dezember 1989 und enthielt vor allem das soeben Beschriebene. Dann bricht das Berichtswesen ab, auch weil Hans Modrow mit dem Versuch scheitert, die Staatssicherheit als Amt für nationale Sicherheit, also eine Art kombinierter Verfassungsschutz und Auslandsgeheimdienst entsprechend des BND, in die Neuzeit zu retten.

Das Nachleben der Akten ist eng verbunden mit der Stasiunterlagenbehörde und der Besonderheit, dass dort der Zugriff auf die Akten vor Ort möglich ist. Diese aber werden nun ins Bundesarchiv überführt. Was bedeutet das für Fragen des räumlichen Zugangs, der persönlichen Akteneinsicht, der weiteren Erforschung?

Zunächst: Es ist ein Archivzentrum auf dem ehemaligen Stasi-Gelände geplant, also die Akten gehen nicht physisch ins Bundesarchiv. Die bleiben da, wo sie sind und das ist auch wichtig, dass sie so an einem authentischen Ort lagern. Das ist ja auch ein Symbol der friedlichen Revolution. Geplant ist, in diesem noch umfassend zu errichtenden Archivzentrum alle ehemaligen DDR-Bestände zusammenzuführen. Auch das Stasiunterlagengesetz wird an das Bundesarchivgesetz angehängt, was aber, etwa in Bezug auf den Aktenzugang, im Grunde nichts ändern dürfte. Und da muss ich auch als Historikerin sagen: Es macht schon Sinn, nicht immer zu den verschiedenen Archivstandorten fahren zu müssen, weil dadurch auch erleichtert wird, was wir vorhin diskutiert haben – nicht die Akten des MfS isoliert zu betrachten, sondern so viele Aktenbestände wie möglich einzubeziehen. Wenn ein solcher Ort dann noch eine große Bibliothek vorhält, erscheint das insgesamt recht sinnvoll.

Prof. Dr. Daniela Münkel, geb. 1962, Forschungsprojektleiterin in der Abteilung Bildung und Forschung des Bundesbeauftragten für die Unterlagen des Staatssicherheitsdienstes der ehemaligen DDR; u. a. Herausgeberin der Reihe »Die DDR im Blick der Stasi. Die geheimen Berichte an die SED-Führung 1953–1989« und Leiterin des Bereichs: »Das MfS im deutsch-deutschen Systemkonflikt«. Zahlreiche Veröffentlichungen zur deutschen Geschichte des 20. Jahrhunderts besonders des Nationalsozialismus, der Bundesrepublik und der DDR.

Noch eine nachgerade klassische Frage zum Schluss, jene nach Forschungsdesiderata: Wo geht es noch hin? Was dürfen wir noch erwarten?

Ich denke, es wird in Zukunft, was die DDR-Forschung insgesamt angeht, stärker die Alltagsgeschichte bzw. mehr das Alltägliche, das Leben der »normalen« Bevölkerung in den Fokus kommen, auch das Verhältnis zwischen der Partei und den einfachen Bürgern. Darüber hinaus müssen stärker als bisher die stabilisierenden Aspekte der DDR-Herrschaft in den Blick genommen werden. Und es wird mehr um eine deutsch-deutsche Verflechtungsgeschichte gehen. Auch da gibt es noch Desiderata. Was die Forschung in der Stasiunterlagenbehörde angeht, die soll sich weiterhin und in Zukunft noch stärker mit den Quellen und der Grundlagenforschung beschäftigen.

Das Gespräch führten Michael Lühmann und Matthias Micus

VON KUNDSCHAFTERN UND DROHNEN

GEHEIMDIENSTE UND IHRE STRATEGIEN IM WANDEL DER ZEIT

Ξ Florian Schimikowski

Spionage ist ein sehr altes Geschäft. Seit der Antike lassen Herrscher nicht nur Informationen sammeln, sondern nutzen Spione auch für aktive Maßnahmen, um ihre Ziele zu erreichen. Mehr als einmal veränderten sie damit den Lauf der Geschichte. Doch es war ein langer Weg von den ersten Kundschaftern der antiken Großreiche bis zu den Geheimdiensten der Gegenwart.[1]

DIE ANTIKEN ANFÄNGE DER SPIONAGE: AUGEN UND OHREN ÜBERALL

Frühe Spionagearbeit vollzog sich weniger strukturiert und institutionalisiert als in heutiger Zeit. Dennoch wussten die Herrscher der frühen Großreiche sehr genau, auf welchen Wegen sie Informationen sammeln und auswerten konnten. Schon die altägyptischen Reiche verfügten über gut ausgebildete Verwaltungsnetzwerke, die sich für diese Zwecke nutzen ließen. Beamte und Boten, die Aufgaben im Reichsgebiet wahrnahmen, sammelten Informationen über den Zustand und die Stimmung in den verschiedenen Reichsteilen. Dabei ging es sowohl um Besitzerfassungen und Abgaben als auch um Loyalitäten, politische Unruheherde und fremde Reiche.

Über das System wachten unter der Herrschaft von Pharao Ramses II. (1279–1213 v. Chr.) die »Augen und Ohren des Pharaos«, ein enger Zirkel hoher Beamter, die niedere Beamte und die Boten kontrollierten. Auch über die Regierungszeit des persischen Königs Kyros II. (559–530 v. Chr.) berichten Quellen von zahlreichen »Augen und Ohren«, die er für wertvolle Informationen reich belohnte.[2] Ähnliche Netzwerke gab es in allen frühen Großreichen; das Bewusstsein für die Vorteile eines funktionierenden Nachrichtenwesens war bereits früh ausgeprägt.

1 Aufgrund der Kürze des Beitrags ist ein Anspruch auf Vollständigkeit illusorisch. Lesenswerte umfassende Überblicksdarstellungen: Christopher Andrew, The Secret World. A History of Intelligence, New Heaven 2018; Wolfgang Krieger, Geschichte der Geheimdienste, Von den Pharaonen bis zur NSA, München 2014.

2 Vgl. Krieger, Geschichte, S. 21 ff.

Neben diesen zivilen Informationsnetzwerken finden sich auch im militärischen Bereich frühe Hinweise zum Einsatz geheimdienstlicher Mittel. Mit gezielten Fehlinformationen durch angebliche Überläufer wäre es den Gegnern von Ramses II. vor der Schlacht von Kadesh (1275 v. Chr.) beinahe gelungen, diesen in eine Falle zu locken. Erst durch die Befragung zweier gefangener Spione erfuhr Ramses II. von dem Hinterhalt.[3] Diese und andere Berichte verweisen auch auf die Gefahren der Branche: Die Befragung der Spione durch Ramses II. wurde sicherlich unter Folter durchgeführt. Solche Methoden der Wahrheitsfindung und weitere wenig zimperliche Taktiken des Geheimschutzes finden sich immer wieder in der Spionagegeschichte. Ein Brief des ägyptischen Generals Paianch aus dem Jahr 1080 v. Chr. berichtet vom Geheimnisverrat zweier Polizisten[4] – er weist an, die beiden ohne Aufsehen zu töten und verschwinden zu lassen.

Welche Bedeutung Spionage im militärischen Bereich hatte, zeigt sich in dem Buch »Die Kunst des Krieges«, das der chinesische General Sunzi um 500 v. Chr. verfasste. Dabei behandelte er unter anderem den Einsatz von Spionen. Das Spektrum geheimdienstlicher Arbeit umfasste laut Sunzi Informationssammlung, Einsatz von Doppelagenten, Verbreiten von Desinformation bis hin zu aktiver Einflussnahme durch Sabotage, Erpressung und Mord.[5] Diese Aufgabenbereiche veränderten sich in den folgenden Jahrhunderten im Prinzip kaum, sie wurden lediglich – vor allem hinsichtlich der technischen Möglichkeiten – modifiziert.

Die Effektivität solcher Taktiken wurde zum Beispiel im Punischen Krieg (218–201 v. Chr.) deutlich, als es dem karthagischen Feldherrn Hannibal gelang, das überlegene Römische Reich an den Rand einer Niederlage zu bringen. Hannibal nutzte dabei nicht nur Kommunikationsnetzwerke, welche den Karthagern schon bei ihren ausgedehnten Handelsbeziehungen wertvolle Dienste erwiesen hatten. Einige seiner Spione saßen sogar in den römischen Heerlagern, mitten im Fleisch des Gegners. Durch gezielte Desinformations- und Propagandamaßnahmen – unter anderem fälschte er Dokumente mit dem erbeuteten Siegelring eines römischen Konsuls – gelang es ihm, die Eintracht der römischen Verbündeten zu stören sowie römische Truppen zu demoralisieren und irrezuführen.[6]

Die Römer hatten bis zu diesem Zeitpunkt nur wenig geheimdienstliche Fähigkeiten entwickelt und nahmen sich die Lektion zu Herzen. Julius Caesar setzte als Feldherr im Gallischen Krieg (58–50 v. Chr.) auf ein ausgedehntes Kundschafter-System und verschlüsselte seine Kommunikation.[7] Im 2. Jahrhundert gehörte es zu den Aufgaben spezieller Beamter, der *frumentarii*, im ganzen Reich und unter den Soldaten zu spionieren sowie bei Bedarf Personen

3 Vgl. John A. Wilson, The Texts of the Battle of Kadesh, in: The American Journal of Semitic Languages and Literatures, Jg. 34 (1927), H. 4, S. 266–287.

4 Das Dokument findet sich unter Ident.Nr. P 10488 in der Sammlung des Ägyptischen Museums und der Papyrussammlung der Staatlichen Museen zu Berlin.

5 Vgl. Samuel B. Griffith, Sun Zi. Die Kunst des Krieges, Wien 2005, S. 230–239.

6 Ausführlich zur Taktik Hannibals: Pedro Barceló, Hannibals Geheimdienst, in: Wolfgang Krieger (Hg.), Geheimdienste in der Weltgeschichte. Von der Antike bis heute, Köln 2007, S. 34–50.

7 Vgl. Rose M. Sheldon, Tinker, Tailor, Caesar, Spy. Intelligence in Ancient Rome, in: American Intelligence Journal, Jg. 7 (1986), H. 4, S. 4.

zu inhaftieren und sogar zu liquidieren. In der Spätantike wurden sie von den *agentes in rebus,* einer Art militärische Spezialeinheit, abgelöst.[8] Von einem reinen Geheimdienst lässt sich in beiden Fällen aber noch nicht sprechen, die Aufgabenbereiche umfassten auch gewöhnliche Boten- und Kurierdienste.

Ein Aspekt der Arbeit von Spionen, die Wirtschaftsspionage, blieb bisher unbeachtet, obwohl auch sie schon immer einen hohen Stellenwert einnahm. Der berühmteste Fall früher Wirtschaftsspionage spielte sich im 6. Jahrhundert im Byzantinischen Reich ab: Um das persische Handelsmonopol für Seidenprodukte zu umgehen, schickte Kaiser Justinian I. zwei Mönche nach China. Diese schmuggelten die Eier der Seidenraupe nach Europa und schufen so die Grundlage für die byzantinische Seidenproduktion.[9] Auch wenn die Forschung heute davon ausgeht, dass es sich um einen Propagandabericht mit geringem Wahrheitsgehalt handelt, stellt doch die prominente Erwähnung in den Quellen die Bedeutung der Wirtschaftsspionage heraus.

Die Beispiele zur frühen Spionagegeschichte machen deutlich, dass sich die Arbeitsbereiche der antiken Spione – Wirtschafts- und Militärspionage sowie Spionage gegen andere Herrscher und die eigene Bevölkerung – kaum von heutigen Einsatzgebieten unterschieden.

GEHEIMDIENSTE IN DER FRÜHEN NEUZEIT: DIE ERSTEN PROFIS

Ab dem 15. Jahrhundert kam es zu einer Weiterentwicklung der Geheimdienstwelt im Sinne einer zunehmenden Professionalisierung und Systematisierung. Unter der Herrschaft der englischen Königin Elisabeth I. (1558–1603) baute Staatssekretär Francis Walsingham ein Spionagenetzwerk auf, das sich als wertvolle Stütze der Königin erwies. Das weitverzweigte Netzwerk warnte auf geheimen Kommunikationswegen vor Invasionen, Kryptologen entzifferten die verschlüsselten Nachrichten von Verschwörern, Doppelagenten infiltrierten die Reihen von Elisabeths Gegnern. Zu diesen zählten auch hochgestellte Persönlichkeiten, unter anderem wurde die schottische Königin Maria Stuart durch Walsingham eines Komplotts gegen Elisabeth I. überführt und deswegen hingerichtet.[10] Geheimdienstarbeit zeigt sich hier bereits auf einem hochspezialisierten Niveau, mit Walsingham als Dreh- und Angelpunkt. Es gelang nach Walsinghams Tod allerdings nicht, dieses hohe Maß an Professionalisierung aufrechtzuerhalten und einen dauerhaften Geheimdienst zu etablieren.

Spionagearbeit muss sich stets an neue technische Entwicklungen anpassen. Aufgrund der Erfindung des Buchdrucks und der zunehmenden Alphabetisierung der Bevölkerung kam es in der Renaissance und Frühen Neuzeit zu einer »Informationsexplosion«. Immer mehr schriftliche Kommunikation

8 Vgl. Ernst Künzl, Achtung Lebensgefahr! Die Legende von der inneren Sicherheit im antiken Rom, Mainz 2016, S. 60 ff.

9 Vgl. Henry D. Dewing (Hg.), Procopius, Volume V, History of the Wars VII and VIII, Cambridge 1928, S. 227–228.

10 Robert Hutchinson, Elizabeth's Spy Master: Francis Walsingham and the Secret War that Saved England, New York 2007, S. 130 ff.

bedurfte der Auswertung. Zu diesem Zwecke entstanden damals die Urformen jener Geheimdienste, die sich auf das Ausspionieren von Kommunikationsnetzwerken spezialisierten und bis heute zu den wichtigsten Instrumenten in der Spionagewelt zählen: die Schwarzen Kammern *(Cabinet Noir)*. Zu finden sind sie zuerst im 17. Jahrhundert in Frankreich, später in ganz Europa.[11]

Die Schwarzen Kammern waren geheime Einrichtungen in Postämtern mit der Aufgabe, den Briefverkehr auszuspionieren. Geschulte Mitarbeiter öffneten versiegelte Briefe mit Spezialwerkzeug, ohne das Siegel zu zerstören und kopierten den Briefinhalt, während Kryptologen chiffrierte Briefe entschlüsselten. Die Mitarbeiter mussten rasch und umsichtig vorgehen, damit der Empfänger weder aus dem Zustand des Briefs noch durch eine Verlängerung der Zustellungszeit Verdacht schöpfte.

Die Tradition dieser Einrichtungen lebt bis heute fort: 1919 wurde in den USA das *Cipher Bureau* begründet, welches auch unter dem Namen *Black Chamber* bekannt war. Es war eine Vorläuferorganisation der 1952 gegründeten NSA, die das Aufgabengebiet mit modernen Mitteln abdeckt. Ebenfalls 1919 entstand das britische Pendant: die *Government Code & Cipher School* (GC&CS), der unmittelbare Vorgänger des heutigen GCHQ.

11 Vgl. Simon Singh, Geheime Botschaften. Die Kunst der Verschlüsselung von der Antike bis in die Zeiten des Internets, München 1999, S. 81–80.

SPIONAGEMYTHOS UND WIRKLICHKEIT IN DEN WELTKRIEGEN

Mit den einschneidenden politischen, technischen und gesellschaftlichen Veränderungen im 19. Jahrhundert vollzog sich schließlich der Wechsel hin zu den modernen Geheimdiensten. Anfang des 20. Jahrhunderts kam es in Großbritannien zu mehreren Ausbrüchen von Spionagehysterien. Die politischen Spannungen im europäischen Mächtesystem sowie reißerische Presseberichte und Spionageromane erzeugten in der Bevölkerung das Gefühl, das Land sei durch (deutsche) Agenten unterwandert. Die aufgepeitschte Stimmung sorgte schließlich dafür, dass die britische Politik reagierte und 1909 das *Secret Service Bureau* als Geheimdienst gründete, aus dem sich die heutigen Geheimdienste MI5 und MI6 entwickelten.[12]

Im Ersten Weltkrieg stellte sich jedoch heraus, dass diese Ängste kaum eine reale Grundlage hatten. Noch heute denken viele Menschen bei Spionage im Ersten Weltkrieg zuerst an legendäre Agenten wie Margaretha Geertruida Zelle, die als Nackttänzerin Mata Hari berühmt und als deutsch-französische Doppelagentin hingerichtet wurde, oder den Archäologen T. E. Lawrence, der als Lawrence von Arabien in die Geschichte einging. Tatsächlich aber wurde der Krieg weniger durch menschliche Agenten, sondern vielmehr durch technische Spionage beeinflusst. Schon bei dem Anwerbungsgespräch mit Mata Hari zeigte sich Walter Nicolai, der Leiter des deutschen militärischen Geheimdienstes, wenig begeistert und charakterisierte die berühmte Tänzerin in seinen Aufzeichnungen als »ungebildet und dumm«.[13] Die heute wohl berühmteste Agentin der Welt lieferte keine Information, die Einfluss auf den Verlauf des Krieges genommen hätte.

Ganz anders sah es mit der technischen Spionage aus. Die Funktechnik ermöglichte einen schnelleren Austausch militärischer Informationen als je zuvor, eröffnete wiederum aber auch neue Möglichkeiten der Spionage. Ein bedeutendes Beispiel unter vielen ist das Abfangen eines verschlüsselten Telegramms des Staatssekretärs des deutschen Auswärtigen Amtes, Arthur Zimmermann, im Jahr 1917 durch den britischen Marine-Geheimdienst, in dem Zimmermann Mexiko ein Bündnis gegen die USA vorschlug. Die Veröffentlichung des Telegramms in den US-Medien beeinflusste die Stimmung der amerikanischen Bevölkerung zu Ungunsten Deutschlands und leistete so einen Beitrag zum späteren Kriegseintritt der USA.[14]

Das deutsche Auswärtige Amt war im Krieg an weiteren Fronten aktiv und übernahm in Ermangelung eines richtigen Auslandsgeheimdienstes viele geheimdienstliche Aufgaben. Um das Russische Kaiserreich als Kriegsgegner zu schwächen, unterstützte es die revolutionären Bestrebungen der Bolschewiki. Zu diesem Zweck wurde der im Schweizer Exil lebende Bolschewikenführer

12 Vgl. Christopher Andrew, MI5. Die wahre Geschichte des britischen Geheimdienstes, Berlin 2010, S. 19–50.

13 Michael Epkenhans u. a. (Hg.), Geheimdienst und Propaganda im Ersten Weltkrieg. Die Aufzeichnungen von Oberst Walter Nicolai 1914 bis 1918, Berlin 2019, S. 224.

14 Ausführlich dazu: Thomas Boghardt, The Zimmermann telegram. Intelligence, diplomacy, and America's entry into World War I, Annapolis 2012.

Lenin per Geheimtransport quer durch das Deutsche Reich zurück nach Russland geschleust.[15] Für die deutsche Seite war dies ein voller Erfolg: Kurz nach der erfolgreichen Oktoberrevolution 1917 beendete Lenin den Krieg mit dem Deutschen Reich. Solche heute als »Regime Change« bezeichneten Aktionen waren auch im Kalten Krieg ein beliebtes geheimdienstliches Mittel.

Hatten die Geheimdienste im Ersten Weltkrieg durch den Einsatz modernster Technik an Bedeutung gewonnen und erhebliche Wirkung auf den Kriegsverlauf gehabt, sollte diese Entwicklung sich im Zweiten Weltkrieg noch verstärken. Im berühmtesten und folgenreichsten Kapitel der Geheimdienstarbeit im Zweiten Weltkrieg gelang es der britischen Government Code & Cipher School, die Chiffriermaschine Enigma und weitere Verschlüsselungsmaschinen der Deutschen zu knacken. Der dafür betriebene Aufwand war auf britischer Seite immens. In einer streng geheimen Abteilung in Bletchley Park nahe London kamen tausende Mitarbeiter sowie modernste Technik zum Einsatz. Es lohnte sich: Die erfolgreiche Entschlüsselung deutscher Funksprüche leistete einen entscheidenden Beitrag zum Sieg der Alliierten.[16]

Das war jedoch nicht die einzige geheimdienstliche Aktion, die den Krieg veränderte. Im Rahmen der großangelegten Täuschungsoperation *Fortitude* schafften es die Briten, bis zuletzt den geplanten Angriffspunkt der alliierten Streitkräfte in der Normandie geheim zu halten. Einen wichtigen Beitrag dazu leistete der MI5, indem er zahlreiche in Großbritannien eingesetzte deutsche Agenten enttarnte und »umdrehte«, damit diese als Doppelagenten Falschmeldungen ins Deutsche Reich sendeten.[17]

Neben der technischen Spionage gab es auch wichtige Aktionen einzelner Agenten. Der Journalist Richard Sorge spionierte für die Sowjetunion hohe diplomatische und militärische Kreise im mit dem Deutschen Reich verbündeten Japan aus.[18] Er berichtete von Hitlers geplantem Angriff auf die Sowjetunion sowie von Japans Absicht, nicht die Sowjetunion zu attackieren, sondern sich auf den Kampf mit den USA zu konzentrieren. Stalin ignorierte zwar die erste Meldung, die zweite aber ermöglichte es der Sowjetunion, große Truppenkontingente, die zum Schutz vor Japan im Osten positioniert waren, abzuziehen und gegen die heranrückende deutsche Armee zur Verteidigung Moskaus einzusetzen.

Während die Geheimdienste und Agenten der Alliierten erheblichen Anteil am Ausgang des Krieges hatten, waren die deutschen Geheimdienste weniger erfolgreich. Sie erkannten weder die Fortschritte, die von der Gegenseite bei der Entschlüsselung deutscher Kommunikation gemacht wurden, noch gelang es ihnen, den Ort der alliierten Invasion herauszufinden. Oft kamen sie als Repressionsorgan gegen die Bevölkerung und als Instrument

15 Vgl. Catherine Merridale, Lenin on the Train, New York 2017, S. 176 ff.

16 Zu Enigma und Bletchley Park ist mittlerweile eine unüberschaubare Menge an Literatur erschienen. Zum Überblick empfiehlt sich Ted Enever, Britain's Best Kept Secret: Ultra's Base at Bletchley Park, Stroud 1999. Zur Enigma immer noch maßgeblich: David Kahn, Seizing the Enigma: The Race to Break the German U-boat Codes, 1939–1943, Boston 1991.

17 Vgl. Terry Crowdy, Deceiving Hitler: Double-Cross and Deception in World War II, Oxford 2011, S. 31 ff.

18 Vgl. Robert Whymant, Stalin's Spy: Richard Sorge and the Tokyo Espionage Ring, London 1996, S. 129 ff.

bei der »Endlösung der Judenfrage« zum Einsatz. Vielleicht ist in dieser Tatsache der Grund dafür zu sehen, dass einige hochranginge Mitarbeiter der Abwehr, dem deutschen Militärgeheimdienst, aktiv den Widerstand gegen Hitler unterstützten.[19] Aber auch in dieser Hinsicht ist es deutschen Geheimdienstlern nicht gelungen, den Kriegsverlauf entscheidend zu beeinflussen.

DER KALTE KRIEG: EIN KRIEG DER GEHEIMDIENSTE?

Der ideologische Konflikt zwischen Kommunismus und Kapitalismus und die Gefahr einer militärischen Eskalation sorgten dafür, dass die im Zweiten Weltkrieg angewachsenen Geheimdienstapparate im Kalten Krieg weiter ausgebaut wurden. 1947 legten sich die USA in Gestalt der CIA einen reinen Auslandsnachrichtendienst zu und konnten dabei auf Personal und Ressourcen aus dem Krieg zurückgreifen. Die deutsche Geheimdienstlandschaft wurde komplett neugestaltet. Dabei wirkten sowohl die USA als auch die Sowjetunion maßgeblich mit. Die CIA baute mit Personal, das im Zweiten Weltkrieg nachrichtendienstlich in der Heeresabteilung »Fremde Heere Ost« tätig war, den westdeutschen Bundesnachrichtendienst (BND) auf. Unter Regie des sowjetischen Geheimdienstes entstand im Osten Deutschlands das Ministerium für Staatssicherheit (MfS).

In Friedenszeiten musste jedoch vorsichtiger agiert werden als im Krieg. Aufgedeckte Spionagefälle wirkten sich oft unmittelbar auf das internationale politische Klima aus. Igor Gusenko, Offizier des sowjetischen Militärgeheimdienstes GRU, wechselte 1945 die Seiten und legte Details zur sowjetischen Atomspionage in den USA und Kanada offen. Im Rahmen einer Zusammenarbeit britischer und amerikanischer Geheimdienste zur Entschlüsselung von Geheimnachrichten, dem VENONA-Projekt, kamen weitere Netzwerke der sowjetischen Atomspione ans Licht.[20] Die USA verloren durch die Atomspionage der Sowjetunion den unschätzbaren militärischen Vorteil, als einzige Nation Atomwaffen zu besitzen. Die Enthüllungen belasteten die diplomatischen Beziehungen zwischen den USA und der Sowjetunion stark.

Auch die Arbeit von Geheimdiensten während der Zeit des Kalten Krieges ging weit über das Sammeln von Informationen hinaus. In vielen Ländern wurden Inlandsgeheimdienste auch als Instrumente gegen oppositionelle Bevölkerungskreise eingesetzt. Dies beschränkt sich nicht nur auf die im öffentlichen Bewusstsein sehr präsenten Tätigkeiten des sowjetischen KGB und des Ministeriums für Staatssicherheit der DDR.[21] In den USA ging das FBI von den 1950er bis in die 1970er Jahre gegen Aktivisten der schwarzen Bürgerrechtsbewegung vor, indem es Abhörmaßnahmen durchführte sowie Personen öffentlich durch Propaganda zu demontieren versuchte. Im

19 Eine differenzierte Sichtweise dazu bietet: Michael Mueller, Canaris. Hitlers Abwehrchef, Berlin 2006.

20 Vgl. Alexander Vassiliev, Allen Weinstein, The Haunted Wood: Soviet Espionage in America – The Stalin Era, New York 2000, S. 49 ff.

21 Ausführlich dazu: Ilko-Sascha Kowalczuk, Stasi konkret. Überwachung und Repression in der DDR, München 2013.

Nordirland-Konflikt kam es in den 1970er und 1980er Jahren unter Beteiligung des MI5 zu zahlreichen Rechtsverstößen wie Folter, Abhörmaßnahmen oder Erpressungen.[22]

Auslandsgeheimdienste wurden im Kalten Krieg oft eingesetzt, um die Ausbreitung des Einflusses der gegnerischen Seite zu verhindern und die eigene Machtposition zu festigen. Geheimoperationen in Ländern, die den eigenen ideologischen oder wirtschaftlichen Vorstellungen zuwiderliefen, ersetzten so die Notwendigkeit militärischer Einsätze. Die Bandbreite dieser Operationen reichte von Propagandamaßnahmen über die Unterstützung von Untergrundgruppen bis hin zum operativen paramilitärischen Einsatz.

Berühmte Beispiele sind der Sturz des iranischen Premierministers Mohammad Mossadegh durch den MI6 und die CIA im Jahr 1951 (Operation »Ajax«), der Sturz des guatemaltekischen Präsidenten Jacobo Árbenz Guzmán 1954 (Operation »PBSUCCESS«) durch die CIA oder die Ermordung des afghanischen Präsidenten Hafizullah Amin durch Spezialeinheiten des KGB im Rahmen der Operation »Schtorm-333« im Jahr 1978.[23] Gerade der Nahe Osten entwickelte sich zum indirekten Austragungsort der Rivalitäten der Supermächte. Die Folgen etwa der Unterstützung radikal-islamischer Gruppen, welche die CIA für den Kampf gegen sowjetische Einflussnahme mit Waffen und Geld ausstattete, wirken bis heute nach.[24]

Während die Sowjetunion beim Sammeln von Informationen vor allem auf *HUMINT* (Human Intelligence = menschliche Agenten) setzte, bevorzugten Amerikaner und Briten den Einsatz von *SIGINT* (Signal Intelligence = das Erfassen von Signalen elektromagnetischer Wellen) und *IMINT* (Imagery Intelligence = das Erfassen von Bildmaterial). In enger Kooperation bauten GCHQ und NSA Netzwerke auf, um weltweit Daten zu sammeln. Technische Weiterentwicklungen im Flugzeugbau, die zu Spionageflugzeugen wie der Lockheed U-2 führten, und die Satellitentechnik eröffneten neue Möglichkeiten der Bilderfassung. Ein weltweites Netz aus Abhöranlagen diente dem Zugang zu gewaltigen Mengen an Kommunikationsdaten. Der Ausbau dieser Spionagenetzwerke setzt sich bis heute fort.

DAS 21. JAHRHUNDERT: NEUE HERAUSFORDERUNGEN

Nach dem Ende des Kalten Krieges entwickelte sich in den 1990er Jahren eine Art »Identitätskrise« der Geheimdienste. Braucht es überhaupt noch die klassischen Geheimdienste, wenn keine Konfrontation der Supermächte mehr droht? Tatsächlich müssen sich Geheimdienste in der globalisierten Welt neu orientieren. Neben den bekannten *Big Playern* treten gerade im Hinblick auf die Cyberspionage neue Akteure wie der chinesische Geheimdienst auf den

22 Vgl. Krieger, Geschichte, S. 325–336.

23 Vgl. Tim Weiner, CIA. Die ganze Geschichte, Frankfurt a. M. 2008, S. 141 ff. u. S. 227 ff.

24 Vgl. Andrew, Secret World, S. 701–730.

Plan. Auch die Gegner stellen sich weniger klar dar als früher. Viele Geheimdienste haben nach den Anschlägen am 11. September 2001 im Rahmen der Terrorismusbekämpfung weitgehende Befugnisse erhalten; Überwachungsnetzwerke wurden ausgebaut, um der neuen Situation gerecht zu werden.

Die Cyberwelt ist das neue Operationsgebiet. Die Enthüllungen des ehemaligen Geheimdienst-Mitarbeiters Edward Snowden 2013 machten deutlich, dass Geheimdienste heute in der Lage sind, Daten in einem Umfang abzugreifen, der früher undenkbar gewesen wäre.[25] Altbekannte Taktiken wie Desinformation, Erpressung, Propaganda und Sabotage gewinnen an neuer Bedeutung. Hackerangriffe können private Korrespondenzen offenlegen und diese strategisch einsetzen, wie es mit den Mails von Hillary Clinton im US-Wahlkampf 2016 geschehen ist, oder kritische Infrastrukturen angreifen, wie ein Hackerangriff auf ein saudi-arabisches Kraftwerk 2018 demonstrierte. Geheimdienste kommen dabei oft nicht nur zum Schutz eines Staates, sondern auch als seine Waffe zum Einsatz.

Der Fall Snowden und andere Enthüllungen signalisieren aber auch, dass Geheimdienste angreifbarer geworden sind. Noch nie war es derart einfach, aufgedeckte Operationen oder Agentenidentitäten über Enthüllungsplattformen einer großen Öffentlichkeit bekannt zu machen. Selbst kleine Hackergruppen können große Geheimdienste angreifen, so geschehen 2016 bei der NSA oder 2019 beim russischen FSB. Zudem müssen Geheimdienste stärker als früher den Gang an die Öffentlichkeit wagen, um in Konkurrenz zu den verlockenden Angeboten der freien Wirtschaft gut geschultes IT-Personal anzuwerben. Die Aura des Geheimen ist ein gutes Stück verschwunden.

Die Herausforderungen für die Arbeit von Geheimdiensten sind dadurch vielfältiger geworden, obsolet sind die Institutionen sicher nicht. Neben allen neuen Aspekten gibt es zudem immer noch die klassische Agentenarbeit, wie unter anderem die Vergiftung des Doppelagenten Sergei Skripal 2018 in England zeigte. Doch auch hier bahnt sich ein Wandel an: Ferngesteuerte Drohnen könnten immer öfter die Aufgaben von Spezialeinheiten übernehmen. Das neue Kapitel der Spionagegeschichte hat gerade erst begonnen.

25 Glenn Greenwald, Die globale Überwachung. Der Fall Snowden, die amerikanischen Geheimdienste und die Folgen, München 2014.

Florian Schimikowski, geb. 1978, studierte Mittlere und neue Geschichte, Alte Geschichte und Archäologie an der Universität zu Köln. Er arbeitet als Historiker und Sammlungsleiter für das Deutsche Spionagemuseum in Berlin.

IMAGE EINES ANTIFASCHISTISCHEN WIDERSTANDSKÄMPFERS

DIE AKTIVITÄTEN DES PAUL DICKOPF (1910–1973) UND DAS BKA

Ξ Imanuel Baumann

Die außerordentliche Karriere des Kriminalisten Paul Dickopf bis an die Spitze des Bundeskriminalamts und der Internationalen Kriminalpolizeilichen Kommission (Interpol) nahm im Juni 1937 ihren Anfang. Der Sohn eines Lehrers hatte als Gasthörer zunächst einige Semester an den Universitäten Frankfurt am Main und Wien verbracht, ehe er in Frankfurt im Jahr 1932 ein reguläres Jurastudium aufnahm. Paul Dickopf schloss sich 1933, bevor er sein Studium abbrach, dem Nationalsozialistischen Deutschen Studentenbund an, um sich für ein Jahr zum Militär zu melden. Dann bewarb er sich als Kriminalkommissar-Anwärter und trat 1937 in den Dienst der Kriminalpolizei in Frankfurt am Main.[1]

Dickopf absolvierte den 13. Kriminalkommissar-Anwärterlehrgang an der Führerschule der Sicherheitspolizei in Berlin-Charlottenburg (1938/1939), wurde in die SS aufgenommen und nach bestandener Abschlussprüfung zum SS-Untersturmführer ernannt.[2] Als Kriminalkommissar-Anwärter begleitete er 1938 einmal »einen der Transporte nach dem damals neu errichteten Konzentrationslager in Buchenwald«, wie er 1949 in einem Lebenslauf unbefangen darlegte.[3] Seit Juli 1939 arbeitete Dickopf zunächst als Kriminalkommissar auf Probe bei der Kriminalpolizeistelle in Karlsruhe, bis er im Oktober des gleichen Jahres zur Abwehrstelle beim Generalkommando des V. Armeekorps in Stuttgart abgeordnet wurde.

AGENT FÜR SCHWEIZER, AMERIKANER UND DEUTSCHE?

Seit Juli 1943 hielt sich Paul Dickopf in der Schweiz auf. Die Gründe für diesen Schritt sind mythenumweht. Er selbst will vor dem Sicherheitsdienst der SS (SD) geflohen sein, der ihn seit Mai 1942 genauer unter die Lupe genommen habe.[4] Nach den detaillierten Studien von Dieter Schenk ist er hingegen im Auftrag der Abwehr in die Schweiz gegangen, um dort für »NS-Dienststellen« Informationen zu beschaffen; als Doppelagent habe er aber auch mit dem Schweizer Nachrichtendienst kooperiert.[5]

1 Dieser Aufsatz beruht auf meinen Abschnitt: Paul Dickopf (1910–1973): Geheimagent, Spin Doctor und BKA-Präsident, in: Imanuel Baumann u. a., Schatten der Vergangenheit. Das BKA und seine Gründungsgeneration in der frühen Bundesrepublik, hg. v. Bundeskriminalamt, Köln 2011, S. 69–78.

2 BArch (ehem. BDC), SSO, Dickopf, Paul (09.06.1919); SS-Nr. 337259.

3 Paul Dickopf, Lebenslauf vom 23. November 1949, in: BArchN1265/11.

4 Vgl. den ausführlichen Lebenslauf von Paul Dickopf vom 21. Februar 1945, in: National Archives and Records Administration (NARA), RG 263, Entry ZZ18, Box 24, File »Paul Dickopf«, vol. 1 (1 of 2), Bl. 28; oder das Memorandum vom 29. Juni 1948, in: NARA, RG 263, Entry ZZ18, Box 24, File »Paul Dickopf«, Vol. 2 (1 of 2).

5 Dieter Schenk, Die braunen Wurzeln des BKA, Frankfurt a. M. 2003, S. 84.

Möglich ist freilich auch, dass Dickopf die Schweiz schon vorher beliefert hat. Nach Kriegsende gab er in einer Befragung gegenüber einem Special Agent des CIC (US Army Counterintelligence Corps) an, schon seit 1941 für die Schweiz gearbeitet zu haben. Dickopf habe sich absetzen können, so heißt es in dem Geheimdienstbericht, als der SD Untersuchungen gegen ihn einleitete: »In 1941, Subject started to work for Swiss intelligence. He was suspected by the SD and investigations were begun.« Bereits in seinem Lebenslauf für den amerikanischen Geheimdienst OSS hatte sich Dickopf am 21. Februar 1945 in dieser Richtung geäußert.[6]

Während sich seine Tätigkeit für den Schweizer Dienst zumindest seit 1943 belegen lässt, gilt seine fortdauernde Aktivität für deutsche Dienststellen aufgrund von Indizien zumindest bis 1944 als wahrscheinlich: Im Januar 1944 überwies die Karlsruher Dienststelle letztmalig seine Bezüge als Kriminalkommissar auf das Konto seiner Ehefrau.[7] Im Oktober meldete die Karlsruher Kriminalpolizei an das SS-Personalhauptamt, dass gegen Dickopf, »der als vermisst gemeldet ist, […] z. Zt. Haftbefehl« besteht.[8] Indessen saß Paul Dickopf zwischen August und November 1944 wegen Spionageverdachts bereits in der Schweiz in Haft. Fest steht außerdem, dass er gegen Kriegsende mit dem amerikanischen Geheimdienst OSS (Office of Strategic Service) in Kontakt trat. In amerikanischen Geheimdienstquellen wird die Zusammenarbeit mit Dickopf auf das Jahr 1944 datiert.[9]

Schlussendlich muss offen bleiben, zu welchem Zeitpunkt Paul Dickopf vor 1945 nun für welche Dienste gearbeitet hat – Armand Mergen war in seiner »BKA-Story« sogar davon ausgegangen, dass Paul Dickopf »als Agent gleichzeitig für Schweizer, Amerikaner und Deutsche« gearbeitet habe.[10] Seine Verbindungen zum amerikanischen Geheimdienst sollten das Kriegsende überdauern, auch wenn seine geheimdienstlichen Aktivitäten nach gegenwärtigem Forschungsstand weniger schillernd waren als diejenigen eines anderen ehemaligen »Charlottenburgers«: Heinz Felfe, der den Bundesnachrichtendienst für den sowjetischen Geheimdienst KGB ausspionierte.[11]

NEUORGANISATION DER KRIMINALPOLIZEI IN DEUTSCHLAND

Seit Februar 1948 kooperierte Paul Dickopf nachweislich eng mit dem amerikanischen Geheimdienst CIA. Die Nachfolgeorganisation des OSS schickte sich an, Dickopf als »nützlichen Agenten« aufzubauen. So heißt es in einem CIA-Dokument vom Mai 1948, dass der Kontakt vor drei Monaten wieder aufgenommen worden und es zu Treffen in etwa wöchentlichem Turnus gekommen sei: »and it should be possible to develop him into an exceptionally trustworthy and useful agent.«[12]

6 Memorandum (29. Juni 1948): Interrogation of Paul Dickopf, in: NARA, RG 263, Entry ZZ18, Box 24, File »Paul Dickopf«, Vol. 2 (1 of 2).

7 Schenk, S. 100.

8 Schreiben der Kriminalpolizeistelle Karlsruhe an das SS-Personalhauptamt – Amt I, vom 23. Oktober 1944, in: BArch (ehem. BDC), SSO, Dickopf, Paul (09.06.1919).

9 Vgl. etwa die Angaben in der Kurzbiografie vom 16. März 1950, in: NARA, RG 263, Entry ZZ18, Box 24, File »Paul Dickopf«, vol. 1 (1 of 2).

10 Armand Mergen, Die BKA Story, München 1987, S. 87.

11 Vgl. Bodo Hechelhammer, Spion ohne Grenzen. Heinz Felfe – Agent in sieben Geheimdiensten, München 2019; ders., Doppelagent Heinz Felfe entdeckt Amerika. Der BND, die CIA und eine geheime Reise im Jahr 1956, Paderborn 2017.

12 »Monthly Progress Report« an den »Chief, Foreign Branch ›M‹« des »Acting Chief of Station, Karlsruhe« vom 25. Mai 1948, in: NARA, RG 263, Entry ZZ18, Box 24, File »Paul Dickopf«, vol. 1 (1 of 2).

Nachdem Dickopf in den Dienst des BKA getreten war, setzte er seine Kooperation mit der CIA fort. Bis mindestens Ende der 1960er Jahre wurde er von der CIA als bezahlter Agent geführt; er galt dem amerikanischen Geheimdienst als »window into the German security scene«. Die im Jahr 2007 auf Grundlage des »Nazi War Crime Disclosure Act« freigegebenen Unterlagen der National Archives in Washington belegen, dass Dickopf noch im Dezember 1968 Gehalt von der CIA bezogen hat. Zu diesem Zeitpunkt war er bereits drei Jahre Präsident des Bundeskriminalamts und hatte, im Oktober 1968, darüber hinaus die Interpol-Spitze erklommen.[13]

Doch der Reihe nach. Bereits in den Nachkriegsjahren hatte sich Dickopf intensiv mit der Neuorganisation der Kriminalpolizei in Deutschland beschäftigt. Sein Ehrgeiz bestand darin, die Installation einer zentralen kriminalpolizeilichen Struktur in Westdeutschland zu ermöglichen und er arbeitete auf drei Ebenen auf dieses Ziel hin:

Erstens begann er, enge Kontakte zu dem Kriminalpolizeiamt für die Britische Zone Hamburg aufzubauen. Eine besondere Arbeitsfreundschaft verband ihn rasch mit Rolf Holle, der als Leiter der dortigen Geschäftsstelle eine Schlüsselposition innehatte. Dickopf kannte ihn bereits aus dem Kriminalkommissar-Anwärterlehrgang. Gemeinsam mit Holle arbeitete er später Pläne und Skizzen eines Bundeskriminalamts aus. Zweitens nutzte er seine persönlichen Kontakte sowie die Denkschriften, die er für den amerikanischen Geheimdienst verfasste, um Einfluss auf die künftige Polizeistruktur in Deutschland zu nehmen. Drittens beriet er, zusammen mit Rolf Holle, ab Ende 1949 das Bundesinnenministerium, wo Geheimrat Dr. Max Hagemann als Referent für die Kriminalpolizei zuständig war. Er nahm Paul Dickopfs Expertisen in den folgenden Monaten in Anspruch, noch ehe dieser zum 15. Mai 1950 offiziell als Sachbearbeiter im Ministerium eingestellt wurde und Tür an Tür mit ihm arbeitete.[14]

Wie sehr diese drei Ebenen zusammenwirkten, zeigt die Entstehungsgeschichte des BKA-Gesetzes: Paul Dickopf gelang es, den amerikanischen Geheimdienst von der Notwenigkeit einer kriminalpolizeilichen Zentralstelle in Westdeutschland zu überzeugen. Die CIA machte sich für dieses Anliegen beim amerikanischen Militärgouverneur stark, welcher wiederum dieses Interesse gegenüber den Franzosen und Briten behaupten konnte. Auf der anderen Seite betrieb das Hamburger Kriminalpolizeiamt Lobbyarbeit beim Parlamentarischen Rat, der das alliierte Zugeständnis in das Grundgesetz einband. Schließlich konnte das darauf basierende BKA-Gesetz in Kraft treten, ohne dass die Hohe Kommission von ihrem Vetorecht Gebrauch machte.

Mit Recht beanspruchte die CIA für sich, Geburtshelferin des Bundeskriminalamtes gewesen zu sein. Sie hielt 1952 in einem geheimen Bericht

13 »Memorandum for the Record« (30. Dezember 1968), »Subject: Meeting with Caravel«, in: NARA, RG 263, Entry ZZ18, Box 24, File »Paul Dickopf«, vol. 2 (1 of 2).

14 Vgl. das Schreiben der Unterabteilung IC an den Leiter der Abteilung Z vom 30. Juni 1950, in: BArch 106/15652 und den »11. Nachtrag zum Verzeichnis der in das Bundeskriminalamt des Innern einberufenen Abteilungsleiter, Unterabteilungsleiter u. Referenten […]« vom 27. Mai 1952, in: BArch B 106/15652.

fest: »During the many months of the build-up of the BKA, Caravel's [Kryptonym für Paul Dickopf] superiors constantly called on him to intervene with ›the Americans‹ to get the BKA law approved, despite its centralistic character, which ran directly counter to existing tri-partite Allied directives. The law passed and was approved by the Allied High Commission, despite some last minute objections by US and French representatives. In the eyes of the ministry of the Interior, it was Caravel's contact with US Public Safety which accomplished this miracle. Actually, Caravel had no contact with the Public Safety Division after 1948; his contact was with us.«[15]

Bald spielte Paul Dickopf, der mit Max Hagemann von Bonn aus die Fäden des BKA in der Hand hielt, auch innerhalb der Behörde eine zentrale Rolle: Im November 1951 erfolgte zunächst seine Ernennung zum Regierungskriminalrat im Bundesinnenministerium.[16] Ein Jahr später wurde er zum Bundeskriminalamt versetzt, als Abteilungsleiter bedienstet und zum Oberregierungs- und Kriminalrat befördert. Bereits 1953 avancierte Dickopf zum Stellvertreter des BKA-Präsidenten (wofür es im Organigramm bis 1968 keine Entsprechung gab; erst dann wurde ein »Vizepräsident« ausgewiesen) und wurde zum Regierungs- und Kriminaldirektor ernannt. 1961 zum Leitenden Regierungskriminaldirektor befördert, trat er im Januar 1965 schließlich auch nominell in die vorderste Reihe, als er zum Präsidenten des Bundeskriminalamts berufen wurde; dieses Amt übte er bis 1971 aus.

STRIPPENZIEHER IM HINTERGRUND

Seinem Eintritt in das Bundeskriminalamt stand weder seine frühere SS-Mitgliedschaft im Weg noch seine Mitwirkung an polizeilichem Unrecht wie der oben erwähnten KZ-Einweisung von Verhafteten. Das verweist auf einen größeren fachinternen und gesellschaftlichen Zusammenhang. Polizeiangehörige vermochten sich nach 1945 als Opfer der SS-Rekrutierungspraxis darzustellen: Sie seien ab einem bestimmten Dienstrang automatisch in die SS überführt worden. Tatsächlich wurden Polizeiangehörige auf individuellen Antrag in die SS aufgenommen, dann erst erhielten sie einen ihrem polizeilichen Dienstgrad entsprechenden SS-Rang. Dieser Vorgang (»Dienstgradangleichung«) wurde später fälschlicherweise – auch von Paul Dickopf – als eine Art nominelle Übernahme von Polizisten in die SS ohne eigenes Zutun dargestellt.

Paul Dickopf und seine Kollegen haben an dieser Stelle somit etwas verborgen oder verschleiert; nicht immer bewusst war ihnen aber offenbar, wie sehr sie auch als Angehörige der Kriminalpolizei im Nationalsozialismus an Unrecht und Verbrechen beteiligt gewesen waren. So war in Polizei, Wissenschaft und Strafjustiz in den 1950er Jahren beispielsweise die Sichtweise

15 Übersetzung der Redaktion: »Während der vielen Monate des BKA-Aufbaus forderten Caravels [Kryptonym für Paul Dickopf] Vorgesetzte ihn ständig auf, bei den »Americans« einzugreifen, um das BKA-Gesetz zu verabschieden, trotz seines zentralistischen Charakters, der direkt gegen die bestehenden trilateralen alliierten Richtlinien verstieß. Das Gesetz wurde verabschiedet und vom Alliierten Hochkommissariat genehmigt, trotz einiger Einwände von US-amerikanischen und französischen Vertretern in letzter Minute. In den Augen des Innenministeriums war es der Kontakt von Caravel mit der US-Dienststelle für Öffentliche Sicherheit, der dieses Wunder vollbrachte. Tatsächlich hatte Caravel nach 1948 keinen Kontakt mehr mit der Abteilung für Öffentliche Sicherheit; sein Kontakt war mit uns.«, Bericht des »Chief of Station, Frankfurt« an den »Chief« vom 1. April 1952, in: NARA, RG 263, Entry ZZ18, Box 24, File »Paul Dickopf«, vol. 1 (1 of 2).

16 Vgl. den »11. Nachtrag zum Verzeichnis der in das Bundeskriminalamt des Innern einberufenen Abteilungsleiter, Unterabteilungsleiter u. Referenten […]« vom 27. Mai 1952, in: BArch B 106/15652; Helmut Prante, Paul Dickopf oder die Gründungsgeschichte des Bundeskriminalamtes. Versuch einer Lebensbeschreibung aufgrund von Selbstzeugnissen, Briefen und Berichten (eine zeitgeschichtliche Studie). Der »Prante-Bericht« wird als Teil des Nachlasses von Paul Dickopfs aufbewahrt in: BArch N 1265/69, Bl. 219.

verbreitet, sogenannte Berufs- und Gewohnheitsverbrecher seien zu Recht in den nationalsozialistischen Konzentrationslagern inhaftiert worden – und insofern auch keine entschädigungswürdigen NS-Opfer.

Deshalb hatte Paul Dickopf auch ganz unbefangen von seiner Beteiligung an einer KZ-Deportation berichten können (versehen mit dem Hinweis, es habe sich bei den Inhaftierten durchweg um »Kriminelle« gehandelt). Und 1948 schwadronierte er in einem Bericht, »dass der auch in den Konzentrationslagern Himmlers nicht ausgestorbene Stamm von Kriminellen erheblichen Zuzug aus den Reihen asozial gewordener Jugendlicher, aus den Zentralen des Schwarzhandels, von der Seite der in einer neuen politischen Illegalität Lebenden und nicht zuletzt aus dem in Deutschland verbleibenden Abfall der DP-Heere er-

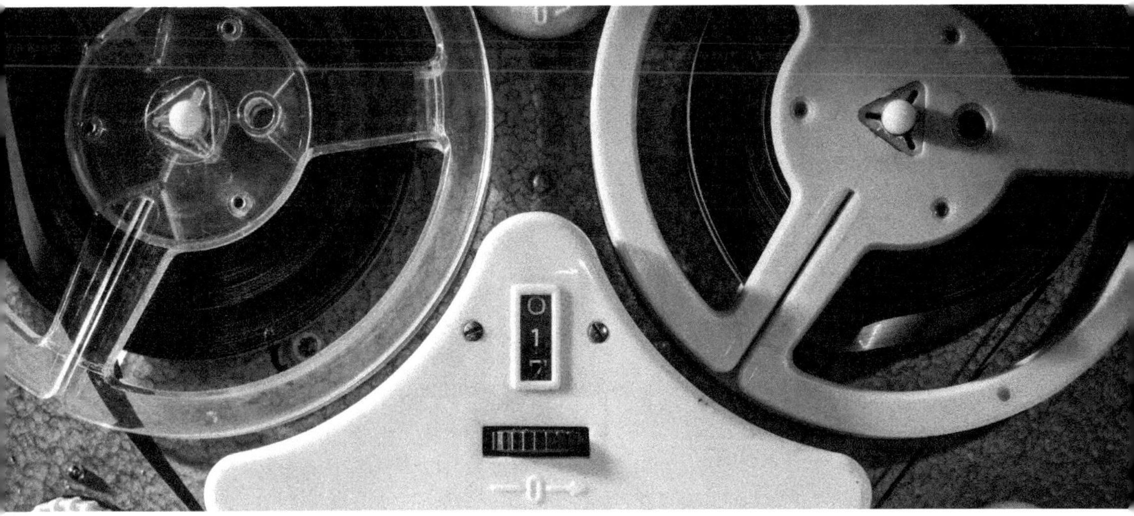

halten wird«.[17] Mit dem Kürzel »DP« waren »Displaced Persons« gemeint, befreite KZ-Häftlinge oder Zwangsarbeiter und Zwangsarbeiterinnen, die nach ihrer Befreiung noch nicht in die Heimatländer hatten zurückkehren können.

Bei der Personalrekrutierung des BKA war Dickkopf ein Strippenzieher im Hintergrund. Von der allgemeinen Personalüberprüfung, die das Bundesinnenministerium Anfang der 1960er Jahre anordnete, um das nationalsozialistische Belastungspotential der Belegschaft zu erkennen, war er nicht betroffen. Als er 1965 zum BKA-Präsidenten aufstieg, wusste Dickopf diese Überprüfung aber zu nutzen, um seinen patriarchalischen Status im BKA zu unterbauen. So zeigte er in einer Betriebsversammlung für »alte Vollzugsbeamte« im Jahr 1965 einerseits Verständnis für deren Widerwillen gegen

17 Paul Dickopf, Die deutsche Kriminalpolizei (Kurzbericht), in: BArch N 1265/32.

die Überprüfungsmaßnahmen, signalisierte den betroffenen Beamten andererseits aber auch, dass ihm die Hände gebunden seien, da er die Beamten nicht vor ständigen Nachfragen zu ihrer Vergangenheit schützen könne. Dabei half Dickopf, dass er weder in der SS-Hierarchie einen besonders exponierten Rang eingenommen hatte, noch, soweit bekannt, in die seit den 1960er Jahren zunehmend thematisierten und strafrechtlich verfolgten Massenverbrechen in den besetzten Gebieten involviert gewesen war, dies im Unterschied zu anderen ehemaligen NS-Polizisten, auch innerhalb des BKA.

Zu diesem Zeitpunkt, Mitte der 1960er Jahre, hatte der Stern von Paul Dickopf aber bereits zu sinken begonnen: Im Zuge der aufkommenden Automatisierung und elektronischen Datenverarbeitung litt sein Image, weil er mit seinen konservativen Ansichten als Hemmschuh bei der Modernisierung des BKA betrachtet wurde. Kurz nachdem Paul Dickopf aus seinen Ämtern als Präsident des Bundeskriminalamts und der Internationalen Kriminalpolizeiliche Kommission (Interpol) ausgeschieden war, verstarb er im Jahr 1973.

Paul Dickopf hinterließ umfangreiche Papiere. Diese Unterlagen ließ der damalige BKA-Präsident Horst Herold von dem Beamten Helmut Prante sichten, der seine Erkenntnisse in einem internen Bericht darlegte. Nun war allen, die diesen Bericht lasen, klar, dass sich Paul Dickopf das Image eines antifaschistischen Widerstandskämpfers selbst verpasst hatte. Der Bericht wurde nicht veröffentlicht, der Nachlass blieb unter Verschluss.[18]

Es war schließlich der Kriminologe Armand Mergen, der im Jahr 1987 weite Passagen aus dem »Prante-Bericht« abdruckte und das positive Bild von Dickopf regelrecht zerschlug. Doch selbst Horst Albrecht, Oberregierungsrat im Bundeskriminalamt, konnte den Dickopf-Nachlass im Rahmen seiner Studie zur Geschichte des BKA nicht auswerten: Es wurde von der »Verwaltungsabteilung des BKA«, wie er in der Eigenpublikation des BKA 1988 formulierte, »nicht genehmigt«.[19] Erst Dieter Schenk legte im Jahr 2001 eine quellengesättigte Studie vor, in die er, nach Ablauf der vom Bundeskriminalamt auferlegten Sperrfrist im Jahr 2000, den im Bundesarchiv Koblenz aufbewahrten Dickopf-Nachlass und den »Prante-Bericht« mit einbezog sowie weitere, wichtige Quellen einarbeitete und damit das Wissen über den Werdegang von Paul Dickopf erheblich verbreiterte.

18 »Prante-Bericht«, in: BArch N 1265/69.

19 Horst Albrecht, Im Dienst der inneren Sicherheit. Die Geschichte des Bundeskriminalamtes, Wiesbaden 1988, S. 209 (Fußnote).

Dr. Imanuel Baumann, geb. 1974, ist wissenschaftlicher Mitarbeiter für Geschichtsvermittlung (»Hotel Silber«) am Haus der Geschichte Baden-Württemberg. Zuvor hat er an der Martin-Luther-Universität Universität Halle-Wittenberg zusammen mit Andrej Stephan und Dr. Herbert Reinke unter der Leitung von Prof. Dr. Patrick Wagner die Nachwirkungen des Nationalsozialismus im Bundeskriminalamt erforscht.

EIN NAME ALS PROGRAMM: BOND, JAMES BOND

EINE REZEPTUR OHNE VERFALLSDATUM?

Ξ Stefani Brusberg-Kiermeier

Die James-Bond-Filmreihe gehört zu den erfolgreichsten seriellen Phänomenen der Filmgeschichte, begann im Jahre 1962 und zählt bisher 24 Filme. In diesem Jahr feiert der 25. Film der Reihe Premiere. Der Schöpfer der literarischen Figur James Bond, der englische Schriftsteller und Spion Ian Fleming, der zwischen 1953 und 1964 ein Dutzend Romane und neun Kurzgeschichten mit James Bond als Hauptfigur schrieb, konnte den Beginn der Filmserie noch miterleben, ihren langlebigen Erfolg jedoch sicherlich nur erahnen. Mit Werner Greve kann man behaupten, dass der Erfolg der Serie »tatsächlich […] noch größer ist, als Kritiker befürchten«[1]. Dementsprechend muss die Filmreihe also über Attraktionen für die ZuschauerInnen verfügen, die andere, weniger erfolgreiche Filmreihen nicht bieten können.

FACETTEN DES PUBLIKUMSERFOLGES

Umberto Eco nennt verschiedene Voraussetzungen, die ein Film haben muss, um Kult-Status zu erlangen. Eine Bedingung ist, dass ein Film dem Publikum eine »completely furnished world«[2] anbieten muss. Die James-Bond-Filme präsentieren uns eine Welt, die alles zu haben scheint, was das Publikum begehrt: interessante unterschiedliche Charaktere, heldenhafte männliche und glamouröse weibliche Figuren, abwechslungsreiche spektakuläre Schauplätze, spannende Abenteuer, Spionage und aufregende Verfolgungsjagden[3]. Ein wichtiger Aspekt dieser attraktiven fiktiven Welt ist, dass die Figuren eine Art (Ersatz-)Familie für Bond darstellen. Nicht von ungefähr sind zahlreiche Hauptfiguren von Kult-Büchern oder Filmserien Waisen – man denke nur an die Harry-Potter-Reihe –, so dass sie von vornherein auf eine Ersatzfamilie angewiesen sind. Bonds Chef oder Chefin »M« nimmt die Vater- oder Mutterrolle ein, während die attraktive Sekretärin Moneypenny zwischen Schwestern-, Cousinen- und Freundinnen-Status oszilliert. Der onkelhafte, oder neuerdings eher »neffenhafte«, Quartermaster »Q« stattet Bond mit einer raffinierten technischen Ausrüstung aus, die zuerst als übertrieben oder sogar lächerlich erscheint, dann aber (nicht wirklich) überraschenderweise in brenzligen Situationen immer passgenau zum rettenden Einsatz kommen kann.

1 Werner Greve, James Bond 007. Agent des Zeitgeistes, Göttingen 2012, S. 28.

2 Umberto Eco, »Casablanca. Cult Movies and Intertextual Collage«, in: Ders., Travels in Hyperreality, Orlando, FL 1986, S. 197–212, Zitat S. 197.

3 Vgl. Stefani Brusberg-Kiermeier, »'To sleep, perchance to dream – ay, there's the rub': Christopher Nolans Inception und seine Träumer«, in:. Angela Fabris u. Jörg Helbig (Hg.), Science-Fiction-Kultfilme, Marburg 2016, S. 223–240.

Die Familie wird schließlich vervollständigt durch den »Vetter aus Dingsda«, Bonds amerikanisches Gegenstück, den CIA-Agenten Felix Leiter, der ihm brüderlich zur Seite steht, wenn »Not am Mann« ist. Diese Familie bietet James Bond ein emotionales Beziehungsgeflecht, eine moralische Orientierung und insbesondere immer wieder Anlass für Zurechtweisungen wie auch freundliches Geplänkel und freche Scherze. Diese Momente der Besinnung oder Albernheit stellen einen wichtigen Gegenpol zum ansonsten hektischen und nervenaufreibenden Berufsleben des Spions dar. Doch auch die Action der Bond-Serie ist etwas Besonderes, eben britischer als die U.S.-amerikanischer Reihen, und zeichnet sich ebenfalls durch ihren Witz und ihren Pragmatismus sowie häufig auch durch ihre Exzentrik aus.

Ein zentraler Aspekt der Filmreihe ist das wiederkehrende Personal, das immer wieder – mit alten oder neuen SchauspielerInnen besetzt – erscheint und der Reihe somit Kontinuität verleiht. Als erstes müssen in diesem Zusammenhang die Darsteller des Helden genannt werden, die in der Regel viermal und häufiger James Bond spielten oder spielen werden: Roger Moore (7 ×), Sean Connery (6 ×), Daniel Craig (5 ×), Pierce Brosnan (4 ×). Obwohl George Lazenby Bond nur einmal und Timothy Dalton Bond nur zweimal verkörperten, spielten sie jeweils dennoch eine wichtige Rolle für den Fortbestand der Serie. Zu den wiederkehrenden Figuren, die von verschiedenen SchaupielerInnen dargestellt wurden, gehören auch Bonds Familie: »M«, »Q«, Moneypenny und Felix Leiter. Auf diese Weise schafft die Filmreihe ein für die ZuschauerInnen befriedigendes Spannungsverhältnis zwischen Kontinuität und Abwechslung, ähnlich wie bei dem Einsatz von Autos, Drehorten oder Musik innerhalb der Serie.

Dadurch, dass sich im letzten Bond-Film *Spectre* (2015) die wiederkehrende Figur des Bösewichts und Erzrivalen Ernst Stavro Blofeld (hier gespielt von Christoph Waltz) als Franz Oberhauser und totgeglaubter Sohn von Bonds österreichischem Ziehvater herausgestellt hat, ist die Ersatzfamilie nun durch ein tatsächliches – wenn auch feindlich gesinntes – Familienmitglied bereichert worden. In diesem Zusammenhang wird indirekt auf die Tatsache verwiesen, dass Fleming Bond als Sohn eines schottischen Ingenieurs und einer Schweizer Bergsteigerin konzipiert hat.

Zusätzlich zu den wiederkehrenden Figuren, die über die Jahrzehnte hinweg von verschiedenen DarstellerInnen verkörpert wurden, zeichnet sich die Bond-Filmreihe auch durch die Wiederkehr von SchauspielerInnen aus, die mehrmals in der Serie auftraten, z. T. sogar in unterschiedlichen Rollen. So wurden der russische General Gogol und der englische Verteidigungsminister sechsmal von denselben Darstellern verkörpert (Walter Gotell und Frederick Gray), während Maud Adams dreimal unterschiedliche »Bond-Girls« spielen durfte. Richard Kiel durfte zweimal als böser Beißer »Jaws« auftreten, Clifton James zweimal als trotteliger Sergeant Pepper und Eunice Gayson zweimal als »Bond-Girl« Sylvia Trench. Besonders interessante Fälle sind Charles Gray, der einmal als Bösewicht Blofeld, einmal als Verbündeter zu sehen war, und Joe Don Baker, der zuerst als exzentrischer Waffenhändler Whittaker Bond umbringen wollte und ihm dann zweimal als CIA-Mann Jack Wade zur Unterstützung eilte. Dadurch entsteht ein Serieneffekt, den Greve als »hohe Familienähnlichkeit« der Filme bezeichnet[4].

Den wichtigsten Stabilitätsfaktor stellt aber der Held der Serie dar. Wie Leonard Angelstorf und Lydia Schmieder gezeigt haben, vereint die Persönlichkeit des James Bond über die Filmreihe hinweg viele kleine Veränderungen mit stabilen Charaktermerkmalen; sie nennen das »Stabilität durch kontinuierlichen Wandel und stetige Anpassung«[5]. Interessanterweise finden sich diese charakterlichen Übereinstimmungen sogar zwischen den verschiedenen Darstellern unabhängig von ihrer unterschiedlichen Körperlichkeit und Emotionalität. Auch wenn sich z. B. Moden oder Technik konkret verändern, bleibt Bond modebewusst und technikversiert. Außerdem ist Bond durchgehend aktiv, mutig und selbstsicher, offen für neue Erfahrungen, wissbegierig und kreativ, aber auch hart arbeitend, kühl und berechnend.[6] Als Held einer

4 Greve, S. 42.

5 Leonard Angelstorf u. Lydia Schmieder, Die Persönlichkeit des James Bond, in: Stefani Brusberg-Kiermeier u. Werner Greve (Hg.), Die Evolution des James Bond: Stabilität und Wandel, Göttingen 2014, S. 47–61, Zitat S. 53.

6 Vgl. ebd., S. 50f.

Kinofilmreihe muss er für das Publikum wiedererkennbar sein und zuvor etablierten Erwartungen entsprechen, und die ZuschauerInnen müssen sich auf ihn und seinen Erfolg verlassen können.[7]

Neben seinem Humor ist eine Besonderheit, die Bond von anderen Kino-Serienhelden unterscheidet, seine Begeisterung für das Glücksspiel, der er mal aus privaten, mal aus beruflichen Gründen nachgibt. So kann er Arbeit und Freizeit verbinden und schafft einen glamourösen Gegenpol zu seinem häufig gewalttätigen Alltag. Wie Sebastian Weber hergeleitet hat, kann seine Eigenheit als universeller Spieler als die »Quintessenz des Wesens Bonds« bezeichnet werden, und das Kasino wird in den Bond-Romanen und -Filmen zum »Handlungsdrehkreuz«[8]. Bezeichnenderweise beginnt nicht nur Flemings Debütroman mit einer Kasino-Szene, sondern auch generell sind wichtige Attribute und Schlüsselmomente mit Kasino-Aufenthalten verbunden: Zum einen sehen wir ihn in seiner eleganten Abendgarderobe, wie er einen trockenen Wodka-Martini bestellt, zum anderen hat er seinen berühmten Aston Martin DB5 bei einem Spiel gewonnen.[9]

Das Glücks- und andere Spiele, denen Bond sich hingibt, verschaffen ihm nicht nur einen Lustgewinn. Im Kasino kann er zudem sein »Poker-Face« trainieren, sein großes Durchhaltevermögen und seinen cleveren Erfindungsreichtum beweisen und in (scheinbar) spielerischen Auseinandersetzungen die »Spielregeln« akzeptieren lernen. Auch Bonds Gegenspieler zeichnen sich häufig durch ihre Liebe fürs Spiel aus. So wird nicht nur in einigen Kasino-Szenen aus Spiel blutiger Ernst, einige Bösewichte sind sogar Betreiber von Kasinos und in dunkle Machenschaften verstrickt.

»DAS BÖSE IST IMMER UND ÜBERALL«

Diese Zeile des Song-Texters Thomas Spitzer von der Gruppe *Erste Allgemeine Verunsicherung* erscheint mir sehr passend zur Beschreibung des Phänomens Bond. In Bezug auf die Filmreihe lässt sie auf der inhaltlichen Ebene anklingen, dass die Verkörperung des Bösen eine ganz zentrale Rolle einnimmt, als omnipräsent bezeichnet werden kann und in überraschenden Formen zu finden ist. Auf der Ebene ihres Charakters eines Zitats spielt sie nicht nur eine wichtige Bedeutung für den Song (in diesem Fall »Ba-Ba-Banküberfall«), sondern hat darüber hinaus eine Bekanntheit erlangt, die es ihr erlaubt, auch in neuen Zusammenhängen bedeutungsstiftende Funktionen zu übernehmen. Für das Lied kann diese Zeile so einen stellvertretenden Charakter annehmen, ähnlich wie Claude Lévi-Strauss es für »gross constituent units« in Mythen beschrieben hat[10]. Das bedeutet, dass wir sie völlig aus dem Zusammenhang gerissen nur anzusingen zu brauchen, und schon können alle, die

7 Vgl. ebd., S. 59 f.

8 Sebastian Weber, James Bond als Spieler, in: Brusberg-Kiermeier u. Greve, S. 63–73, Zitat S. 72.

9 Vgl. ebd., S. 65.

10 Claude Lévi-Srauss, The Structural Study of Myth, in: ders. Structural Anthropology, London 1968, S. 206–231, siehe S. 210 f.

das Lied gut kennen, zumindest den Refrain vervollständigen und grob die Erzählung des Songs nachzeichnen. Gleichzeitig kann sie aber auch »exportiert«, auf andere Zusammenhänge übertragen werden und auch in solchen neuen Zusammenhängen etwas Besonderes (z. B. ihre Freude am albernen Humor des Quellentextes) durch ihren Ursprung beitragen.

In Hinblick auf Bond und seine Gegenspieler lassen sich diese besonderen Qualitäten und Funktionen auf ihre flotten und häufig knappen Aussprüche übertragen, mit denen sie sich auf der sprachlichen Ebene – mitunter parallel zu einem körperlichen Gefecht – einen Schlagabtausch liefern. Nicht nur Bonds Sprache zeichnet sich durch geistesgegenwärtige Bemerkungen und witzige Einzeiler aus. Auch die Schurken der Filmreihe dürfen durchaus – wenn auch nur mit vorübergehender Wirkung – das letzte Wort in einem Wortgefecht haben. So manches Mal sind es sogar die weiblichen Figuren, insbesondere die weiblichen Bösewichte, die durch ihre sprachliche Schlagfertigkeit in Erinnerung bleiben, mitunter auch die Mitglieder von Bonds Ersatzfamilie. Zahlreiche dieser Aussprüche sind sehr bekannt geworden und haben in der jeweiligen Synchronfassung in die Landessprachen der Fans Eingang gefunden. Als »gross constituent units« können sie so Unterhaltungen über ganz andere Themen bereichern, selbst wenn die SprecherInnen die Bond-Filme nicht kennen – für die Fans beschwören sie jedoch die lustigen Filmmomente oder die Zuneigung für die Figuren herauf, die sie ursprünglich sagten.

Auric Goldfinger, der Namensgeber des Bond-Films von 1964, gespielt von Gert Fröbe, wurde in Umfragen von Bond-Fans mitunter als »Lieblingsbösewicht« genannt. Er eröffnete die Reihe der Schurken, die auf Bonds Spionieren und Töten eher entnervt und melancholisch reagieren. Als Bond gefesselt unter einem Laserstrahl liegt, fragt er Goldfinger: »Do you expect me to talk?« Goldfingers ruhige Antwort gehört zu den berühmtesten Zeilen der Filmgeschichte überhaupt: »Oh no, Mr Bond, I expect you to die.« Ein weiterer solch melancholischer und lebensmüder – und dadurch besonders gefährlicher – Gegenspieler ist Sir Hugo Drax (gespielt von Michael Lonsdale) in *Moonraker* (1979), der mit einer Gruppe ausgewählter (zwangs)heterosexueller Paare zu seiner Raumstation reist, um von dort aus die Welt zuerst mit Hilfe eines Giftgases zu ent- und später neu zu bevölkern. Der zweisprachig aufgewachsene Franzose Lonsdale, der 1973 in *The Day of the Jackal* als Polizist noch ein Attentat verhindern und Edward Foxens »Schakal« aufhalten soll, liefert besonders viele amüsante Textzeilen, wie etwa: »Look after Mr Bond. See that some harm comes to him.«; oder: »Mr Bond, you defy all my attempts to plan an amusing death for you.«

Gerade exzentrische Bösewichte wie Goldfinger oder Drax bleiben dem Publikum lange in Erinnerung. Diese mit ausländischem Akzent sprechenden Bösewichte stehen häufig noch in einer Traditionsreihe mit filmischen Hollywood-Repräsentationen von Nazis. Die Bond-Filmserie wandelt diese Stereotypen aber durchaus auch humorvoll ab, z. B. mit der Figur des Auftragskillers Dr. Kaufman in *Tomorrow Never Dies* (1997), dem aufgetragen ist, Bond zu töten und seinen Tod wie einen Selbstmord aussehen zu lassen. Als Bond anmerkt: »It won't look like a suicide if you shoot me from over there.«, entgegnet Dr Kaufman ruhig: »I am a professor of forensic medicine. Believe me, Mr Bond, I could shoot you from Stuttgart und still create ze proper effect.«

Wie ich an anderer Stelle argumentiert habe, sind aber auch diejenigen Bösewichte besonders wirkungsvoll, die Bond am stärksten ähneln und wie er ihre berufliche Karriere als Agenten des britischen Geheimdienstes begonnen haben, da sie uns eine extreme, aber mögliche Variante von Bond vor Augen führen.[11] Diese ehemaligen MI6-Agenten stellen in *GoldenEye* (1995) und *Skyfall* (2012) die zentralen Bösewichte dar, Alec Trevelyan (Sean Bean) – wie Bond eine Waise – und Raoul Silva (Javier Bardem), der zudem auch noch »M«s Lieblingsspion gewesen sein soll und so auch hinsichtlich seiner »Ersatzmutter« als ein Konkurrent für Bond auftritt. Mit seinem herausnehmbaren Gebiss erinnert Silva einerseits an den Beißer »Jaws«, als Terrorist sieht er sich selbst andererseits eher als Ratte, die gerade bei Vernachlässigung und mangelnder Hygiene eine unheimliche Überlebensfähigkeit entwickelt.

Am Ende erweist sich Bond den Erzschurken und ihren Handlangern gegenüber immer wieder auch mit Hilfe seines größeren Einfallsreichtums oder aufgrund seiner weltmännischen Kenntnisse als überlegen. So überwältigt Bond in *Diamonds Are Forever* (1971) einen Kontrahenten recht unelegant, aber pragmatisch mit einem Feuerlöscher, während er in *From Russia with Love* (1963) über den britischen Handlanger von SPECTRE – Flemings fiktiver Version des sowjetischen Nachrichtendienstes SMERSH – sinniert: »Red wine with fish. That should have told me something.« Hier siedelt sich der Humor gleichzeitig auf drei Ebenen an, denn der Gegenspion heißt zwar Donald Grant, wird aber »Red« genannt; er trinkt Rotwein und offenbart so seine politische Couleur zweifach – wie konnte Bond so blind sein? – und zeigt eben schließlich durch seinen kulinarischen Fauxpas, dass er einfach nicht in denselben gesellschaftlichen Kreisen operieren kann.

BOND UND #METOO

Die Frauenfiguren in den Bond-Filmen waren besonders in den 1960er und 1970er Jahren einem ganzen Spektrum von Diskriminierungen ausgesetzt,

11 Stefani Brusberg-Kiermeier, Stabilität und Wandel am Beispiel von James Bonds selbstverschuldeter Mündigkeit, in: Brusberg-Kiermeier u. Greve, S. 77–95, siehe S. 90.

das von sexistischen Namen, herabwürdigenden Bemerkungen, Bonds Eindringen in ihre Zimmer, über Umarmungen und Küsse gegen ihren Willen bis zu den berüchtigten leichten Schlägen auf das Gesäß reichten. So heißt etwa in *Goldfinger* die zentrale weibliche Hauptfigur Pussy Galore – ein Name, der allein ein Grund für eine Strafanzeige sein sollte. Je genauer man sich allerdings gerade mit dieser Figur befasst, desto stärker erstaunen jedoch die unzeitgemäßen Charaktereigenschaften der Frauenfigur, wie ihre berufliche Expertise und ihre finanzielle Unabhängigkeit. So erklärt Pussy Galore Bond: »I'm Mr Goldfinger's personal pilot.« Auf Bonds tendenziöse Fragen – »You are? And just how personal is that?« – gibt sie entrüstet zurück: »I'm a damn good pilot. Period.« Später, als Auric Goldfinger ihr Avancen macht, weist sie ihn ganz klar in seine Schranken.

Gerade das Verhältnis von Bond und Moneypenny zeichnet sich durch das Spiel mit Rollen- wie auch mit Geschlechterstereotypen aus, in dem Humor eine wichtige Bedeutung hat. Die Filmreihe hat früh den performativen Aspekt der Beziehung zwischen Bond und Moneypenny betont, und der selbstbezügliche Charakter der Serie wird auch gerade hier deutlich. Spätestens seit Caroline Bliss als Moneypenny Timothy Dalton 1987 in *The Living Daylights* anbietet, sie zuhause zu besuchen und mit ihr ihre Barry-Manilow-Platten anzuhören, kann sie nicht mehr als passiver, dienstbarer Geist verstanden werden. In *GoldenEye* (1995) weist Moneypenny (hier gespielt von Samantha Bond) Bond ausdrücklich darauf hin, dass sein Verhalten ihr gegenüber als »sexual harassment« bezeichnet werden könnte. Auf Bonds Fragen: »Really? What‘s the penalty for that?«, antwortet sie jedoch nicht empört, sondern bemerkt eher enttäuscht an: »Some day you'll have to make good on your innuendos.«

Im Zeichen der #MeToo-Debatte soll nun der 25. Film der Reihe – *No Time to Die* (2020) – frei von Übergriffen auf und Herabwürdigungen von weiblichen Figuren sein. Zum einen soll nicht mehr von »Bond-Girls«, sondern nur noch von »Bond Women« gesprochen werden, zum anderen wurde die durch ihre erfolgreiche Bühnenshow und komische Fernsehserie *Fleabag* (2016–2019) bekannt gewordene Autorin und Schauspielerin Phoebe Waller-Bridge für die Überarbeitung des Drehbuchs des neuen Bond-Films hinzugezogen. Laut eines Medienberichts wird die Rolle namens »007« nun sogar von der schwarzen Schauspielerin Lashana Lynch übernommen,[12] die bereits 2019 in *Captain Marvel* als Kampfpilotin überzeugen konnte. Als 007 mag sie den in den Ruhestand getretenen Bond ersetzt haben, doch wird dieser auch sicherlich weiterhin als weißer Mann seinem Motto »Bond will return« treu bleiben. Falls Bond tatsächlich, wie in einigen Medienberichten

12 Vgl. o.V., Wird Lashana Lynch die neue 007-Agentin?, in Spiegel Online, 16.07.2019, URL: https://www.spiegel.de/kultur/kino/james-bond-lashana-lynch-soll-als-neue-007-neben-daniel-craig-spielen-a-1277323.html [eingesehen am 11.11.2019].

behauptet wird, aussteigt und heiratet, so sind dies erneut Plot-Elemente, die sich bereits in früheren Bond-Filmen finden. Dabei wird interessant sein zu sehen, ob sich die Filmreihe ebenfalls verstärkt von zwangsheterosexuellen Vorstellungen freimachen kann. Spätestens seit Daniel Craig als Bond 2006 in *Casino Royale* in einer Orlebar-Brown-Badehose aus dem Wasser steigen musste - wie zuvor Ursula Andress in *Dr No* und Halle Berry in *Die Another Day* (2002) im Bikini - kann man zumindest von einer Art Gleichberechtigung im Hinblick auf die Verwendung von SchauspielerInnen als Sexsymbolen in der Bond-Filmreihe sprechen. In diesem Zusammenhang wurde bezüglich des 25. Bond-Films bereits über Küsse zwischen dem Bösewicht Safin (gespielt von Rami Malek) und Bond in der Presse spekuliert.

Genau genommen lassen sich aber bereits auch für die Filme vor Daniel Craig zahlreiche Beispiele für weibliches proaktives Verhalten in Fällen von erotischer Anziehung diagnostizieren. Bereits in *Licence to Kill* (1989) wurde Timothy Daltons Bond von der selbstbewussten und auch stärker bewaffneten CIA-Agentin Pam Bouvier (gespielt von Carey Lowell) geküsst, woraufhin er sie fragte: »Why don't you wait until you're asked?« In *For Your Eyes Only* (1981) war es die junge Eiskunstläuferin Bibi Dahl (gespielt von Lynn-Holly Johnson), die sich in Bonds Zimmer stahl und nackt in das Bett des dreißig Jahre älteren Bond schlüpfte. Und in seinem einzigen Bond-Film, *On Her Majesty's Secret Service* (1969), wurde George Lazenby in einer Schweizer Klinik gleich von mehreren Teilnehmerinnen eines Anti-Allergie-Programms belästigt, deren übergriffiger Sexhunger allerdings mit den üblen Behandlungsmethoden des Bösewichts Ernst Stavro Blofeld (hier gespielt von Telly Savalas) in Zusammenhang gestanden haben dürfte. Eine extreme Ausformung von sexuellem Missbrauch hat Elektra King (gespielt von Sophie Marceau) in *The World Is Not Enough* (1999) geplant, die auf eine starke Erektion bei Bond als Ergebnis ihrer Folter hoffte. In ihrer einmaligen Kombination von Klugheit, Schönheit, Verführungskunst und Bösartigkeit ist diese Frauenfigur sicherlich auch noch zwanzig Jahre später in der Filmreihe unerreicht.

Wenn man bis zum Anfang zurückgeht, war es sogar eine Frau, welche die berühmte Vorstellung ursprünglich initiierte. In *Dr No* spricht der noch anonyme Baccarat-Spieler die Dame an seinem Spieltisch an und bemerkt: »I admire your courage, Miss ...?« Sie ergänzt: »Trench. Sylvia Trench.« Erst anschließend, wenn sie bemerkt: »I admire your luck, Mr ...?«, nennt er seinen Namen und imitiert dabei ihr Vorstellungsschema. Man muss annehmen, dass sie den attraktiven Mann und erfolgreichen Spieler näher kennenlernen wollte, denn sie hätte ihren Vornamen nicht unbedingt nennen müssen. Andere eindrucksvolle Figuren aus Film und Fernsehen, wie etwa Mrs Robinson in *The Graduate* (1967) oder Lieutenant Columbo, nennen auch nicht offenherzig ihre Vornamen. Interessanterweise taucht die Figur Sylvia Trench dann auch gleich noch im nächsten Bond-Film wieder auf, was ebenfalls für ihren Erfolg auf der Film- wie auf der Meta-Ebene spricht.

Im Zuge der #MeToo-Debatte sind durchaus auch Ängste geschürt worden, die zu Verunsicherungen im zwischenmenschlichen Umgang geführt haben. Wer traut sich noch, anderen im beruflichen Kontext Komplimente zu machen, geschweige denn zu flirten? Wo hören ein selbstbewusstes Auftreten, ein proaktives Verhalten bei erotischer Anziehung oder klare Äußerungen sexueller Präferenzen in Beziehungen auf und wo beginnt die Diskriminierung? Außerdem muss man sich fragen, inwieweit man tatsächlich die Diskussion realer Probleme auf eine fiktive Welt wie die der Bond-Filme übertragen kann. So wird in letzter Zeit allgemein KritikerInnen vermehrt Bodyshaming vorgeworfen, wenn sie tatsächlich nur eine Aufführung beschreiben oder die ästhetische Wirkung, die der Einsatz von besonders großen oder kleinen, von besonders schmalen oder kräftigen DarstellerInnen auf eine Inszenierung hat. Es nimmt absurde Formen an, wenn die durch die RegisseurInnen gewählten stilistischen Mittel oder Rollenfächer nicht mehr als solche benannt werden dürfen, ohne dass die DarstellerInnen sich beleidigt fühlen. Man stelle sich vor, die DarstellerInnen von monströsen bösen Figuren (wie etwa Richard Kiel als Beißer) würden gegen negative Beschreibungen ihrer Figuren rechtlich vorgehen – oder attraktive Bond-DarstellerInnen sich über ihre starke erotische Wirkung beschweren.

Außerdem lassen solche Lesarten häufig die Bedeutung des britischen Humors außer Acht, der nicht nur für freche Scherze innerhalb der Bond-Familie sorgt, sondern auch für die Wortgefechte zwischen Bond und den Bösewichten und für das Spiel mit tradierten Rollen zwischen Bond und den weiblichen Figuren maßgeblich ist. Zusammenfassend lässt sich festhalten, dass sich die Bond-Filmreihe insgesamt – trotz der frauendiskriminierenden Tendenzen der Filme der 1960er und 1970er Jahre – durch ihren humorvollen Umgang mit Geschlechterstereotypen auszeichnet und hoffentlich auch weiterhin auszeichnen wird.

BREXIT BOND?

Barbara Korte und andere Bond-SpezialistInnen haben auf den Zusammenhang zwischen dem Wohlfahrtsstaat und dem Phänomen Bond hingewiesen.[13] Fleming habe Bond sowie auch Blofeld als Kritiker des Englands der späten 1950er und 1960er Jahre konzipiert. Sie implizierten, dass England durch den allgemeinen Wohlstand zu einer entheroisierten Nation geworden

13 Vgl. Barbara Korte, Bond und das Heroische – Von Flemings Romanen zu Skyfall, in: Brusberg-Kiermeier u. Greve, S. 107–125, siehe S. 109f.

sei, die ihren »Biss« und ihre Bedeutung in der Welt verloren habe. Der Heldenstatus sei nun Cricket- und Fußballspielern vorbehalten.[14] Gleichberechtigung und flächendeckende Demokratie seien jedoch weder in Blofelds noch in Bonds Interesse, da sie nach einem besonderen Status und großem Luxus streben würden.

Im Lichte dieses historischen Ursprungs scheint der Engländer Bond hervorragend mit der Gedankenlage vieler englischer PolitikerInnen am Vorabend des Brexits zu harmonieren, so dass man sich fragen muss, wie ein englischer Spion nach dem Brexit noch stellvertretend die westliche Welt retten soll und warum er überhaupt ein Interesse daran haben sollte. Es wird interessant sein zu sehen, wie die Filmemacher der Serie mit diesen neuesten politischen Entwicklungen umgehen und ob ausgerechnet diese Flemings berühmter Figur schließlich den Lebensfaden abschneiden werden.

Es wäre vorstellbar, dass zum Erhalt der Filmreihe – wie tendenziell jetzt schon in den bisherigen Bond-Filmen mit Daniel Craig – Bonds schottisches Erbe, seine biographischen Verbindungen zur Alpenregion und seine inneren Konflikte im Umgang mit seiner gemischten Herkunft betont werden. Bereits der Australier George Lazenby trug einen Kilt und ließ sich sein Wappen anfertigen, und auch in den Craig-Bonds gab es zahlreiche Reminiszenzen an den ersten Bond-Darsteller und einzigen Schotten der Filmreihe, Sean Connery.

Vielleicht begegnen die Bond-Filmemacher den Bedrohungen der Serie durch den Brexit auch mit der erneuten Besetzung von Bond durch einen Schotten? Falls Schottland tatsächlich seine Unabhängigkeit erklärt, um in die Europäische Union zurückkehren zu können, würden sich dadurch jedenfalls neue Handlungsstränge und Spannungen zwischen den Figuren ergeben, die eine Rückkehr des berühmtesten aller Spione der Filmgeschichte ermöglichen würde.

14 Vgl. ebd., S. 109 u. S. 111.

Stefani Brusberg-Kiermeier, geb. 1965, ist seit April 2011 Professorin für Englische Literatur und Didaktik an der Universität Hildesheim. Ihre Arbeits- und Forschungsschwerpunkte sind Shakespeares Werke, die ersten englischen Dichterinnen im Buchdruck, Jane Austen, die Brontë-Schwestern, viktorianische Literatur und Kultur, Oscar Wilde und Fin de Siècle, Krimi, zeitgenössisches Drama und Film, James Bond und unzuverlässiges Erzählen in zeitgenössischer Literatur und Film. Ihr erster James Bond war Roger Moore.

NEONAZIS IM DIENST DES STAATES

DIE VERSTRICKUNG DES INLANDSGEHEIMDIENSTES IN RECHTSEXTREME SZENEN UND PARTEIEN SOWIE DAS UMFELD DES NSU

Ξ Rolf Gössner

Die NSU-Mordserie und ihre ursprüngliche Nichtaufklärung durch staatliche Sicherheitsorgane haben die Bundesrepublik bis heute nachhaltig erschüttert. Die Verbrechen der Nazi-Terrorgruppe NSU, denen zehn Morde und Raubüberfälle zur Last gelegt werden, haben die extreme Gefahr durch rechtsextreme Gewalt endlich in den gesellschaftlichen Fokus gerückt – was allerdings immer wieder in Vergessenheit zu geraten droht.

Mehrere parlamentarische Untersuchungsausschüsse haben sich – gegen viele Widerstände – recht verdienstvoll um Aufklärung bemüht, wenn auch zentrale Fragen bis heute offengeblieben sind. Über fünf Jahre lang mühte sich das Oberlandesgericht München um strafrechtliche Aufklärung und Ahndung. Für Kenner des Milieus war schon frühzeitig abzusehen, dass sich die Mitglieder der parlamentarischen Untersuchungsausschüsse, aber auch Gerichte an dem Verdunkelungssystem vor allem des Inlandsgeheimdienstes »Verfassungsschutz« die Zähne ausbeißen würden. Und genau so ist es gekommen.

DIE »VERFASSUNGSSCHUTZ«-BEHÖRDEN DES BUNDES UND DER LÄNDER …

… sind Institutionen, die offen oder verdeckt Informationen u.a. über Bestrebungen gegen die »freiheitliche demokratische Grundordnung« sammeln und auswerten. Als »Frühwarnsysteme« sollen sie Regierungen und Parlamente über verfassungsfeindliche Bestrebungen frühzeitig informieren, in gewissem Maße auch Polizei und Öffentlichkeit.

Das hört sich zunächst ganz sinnvoll an – doch strenggenommen trägt der »Verfassungsschutz« (VS) einen irreführenden Tarnnamen, hinter dem skandalgeneigte Inlands- und Regierungsgeheimdienste des Bundes und der Länder stecken, ausgestattet mit geheimen Mitteln, Methoden und Strukturen, die gemeinhin als »anrüchig« gelten: Der VS hat die gesetzliche Befugnis, geheime Informanten, V-Leute und verdeckte Ermittler einzusetzen sowie technische Hilfsmittel für Observationen, Lausch- und Spähangriffe.

Damit hat der jahrzehntelang stark ideologisch-antikommunistisch geprägte VS die Lizenz zur Manipulation und Desinformation sowie zur heimlichen Gesinnungsüberprüfung, Infiltration und Ausforschung politisch verdächtiger Gruppen und Parteien, aber auch von Individuen – und zwar weit im Vorfeld eines möglichen Straftatverdachts oder einer messbaren Gefahr. Diese geheimen Mittel, Methoden und Strukturen entziehen sich weitgehend wirksamer rechtsstaatlich-demokratischer Kontrolle. Zugespitzt formuliert: Hier endet der demokratische Sektor – und genau das ist der Kern allen Übels. Was dies für Folgen hat, davon handelt dieser Beitrag.

GEHEIMDIENSTLICHES VERDUNKELUNGSSYSTEM IN AKTION

Nachdem die Sicherheitsbehörden mehr als ein Jahrzehnt lang nicht in der Lage oder willens waren, den rechtsterroristischen NSU-Mördern auf die Spur zu kommen, konzentrierten sich einige Ämter für »Verfassungsschutz« (VS) in Bund und Ländern mit geradezu krimineller Energie darauf, die Spuren ihres Versagens, ihrer Aktivitäten und Unterlassungen zu verdunkeln und zu vernichten; so sind hunderte VS-Akten insbesondere über V-Männer aus Neonazi-Szenen klammheimlich geschreddert und den Untersuchungsausschüssen und Gerichten vorenthalten worden.[1]

Die parlamentarischen Kontrolleure in den Untersuchungsausschüssen des Bundestags und diverser Landtage blickten in unglaubliche Abgründe einer organisierten Verantwortungslosigkeit; entsprechend vernichtend fällt parteiübergreifend ihr Urteil aus: »historisch beispielloses Staats- und Behördenversagen«. Darüber hinaus sind V-Leute und Zeugen auf teils ungeklärte Weise ums Leben gekommen, vor allem im Zusammenhang mit der Aufklärung des Mordes an der Polizistin Michèle Kiesewetter, der ebenfalls dem NSU zugerechnet wird.

Die Behinderungen der Polizeiermittlungen im Fall des hessischen V-Mann-Führers Andreas Temme, alias »Klein-Adolf«, der bei einem der NSU-Morde am Tatort in Kassel war, sind symptomatisch für diese Abschottungsstrategie. Der Fall harrt immer noch der Aufklärung. Nach dem Willen des hessischen Innenministeriums sollten interne Berichte und NSU-Akten des VS 120 Jahre lang als »streng geheim« klassifiziert unter Verschluss gehalten werden. Erst angesichts des Mordes an dem Kasseler Regierungspräsidenten Walter Lübcke, dessen mutmaßlicher Mörder Verbindungen zum NSU gehabt haben soll, ist die Sperrfrist jetzt auf 40 Jahre heruntergestuft worden.[2]

Nachdem die von den mutmaßlichen Tätern weitgehend selbst aufgedeckte NSU-Mordserie mit zehn Mordopfern, zwei Sprengstoff-Attentaten und 15 bewaffneten Raubüberfällen nach 13 Jahren im November 2011 praktisch ohne

1 Vgl. dazu Bodo Ramelow (Hg.), Schreddern, Spitzeln, Staatsversagen, Hamburg 2013; Benjamin-Immanuel Hoff u. a. (Hg.), Rückhaltlose Aufklärung?, Hamburg 2019.

2 o. V., Lambrecht fordert Öffnung aller NSU-Akten, in: welt.de, 27.06.2019, URL: https://www.welt.de/newsticker/news1/article196000649/Parlament-Lambrecht-fordert-Oeffnung-aller-NSU-Akten.html [eingesehen am 01.11.2019].

Zutun der Sicherheitsbehörden als Nazitaten bekannt geworden waren, zeigte sich das offizielle Deutschland bass erstaunt. Doch diese öffentliche Erschütterung über rechten Terror ist ihrerseits erstaunlich angesichts der Tatsache, dass seit 1990, also dem Jahr der deutschen Vereinigung, knapp 200 Menschen von Neonazis und anderen fremdenfeindlich eingestellten Tätern erschlagen, erstochen, aus fahrenden Zügen geworfen, zu Tode gehetzt oder verbrannt worden sind.[3] Mit den NSU-Morden kamen zehn Opfer hinzu, mit dem rassistisch motivierten Amoklauf in München weitere neun und 2019 dann mit dem Mord an dem Kasseler Regierungspräsidenten Walter Lübcke (CDU) und dem antisemitisch-rassistischen Attentat in Halle weitere drei. Die Terrorangriffe gegen Asylbewerber und andere Geflüchtete, gegen Juden, Muslime und Linke gehen weiter.

VERHARMLOSUNG RECHTER UND RECHTSTERRORISTISCHER GEWALT

Das mörderische Phänomen ist also keineswegs neu – auch wenn sich viele Sicherheitspolitiker jedes Mal vollkommen überrascht geben. Die Sicherheitsorgane des Bundes und der Länder – also Polizei, VS und Justiz – haben lange Zeit die rechte Gefahr verharmlost, redeten gerne von Einzeltätern, leugneten organisatorische Zusammenhänge und rechtsterroristische Tendenzen, haben sich oft indifferent oder dilettantisch verhalten und damit schon frühzeitig, aber bis hinein in die jüngere Zeit falsche Zeichen gesetzt. Deswegen ist die Bundesrepublik auch mehrfach von internationaler Seite gerügt worden – so von Amnesty International, der Menschenrechtsorganisation »Helsinki Watch«, vom UN-Ausschuss zur Beseitigung rassischer Diskriminierung und vom UN-Menschenrechtsrat.

Speziell im Fall der Nazi-Mordserie und der Nichtermittlung ihres rassistischen Hintergrunds kann man kaum allein von Unfähigkeit, Pannen oder Konfusion des polizeilichen Staats- und geheimdienstlichen Verfassungsschutzes sprechen. Es muss allerdings zusätzlich von ideologischen Scheuklappen der traditionell antikommunistisch geprägten Sicherheitsorgane ausgegangen werden, von Ignoranz und systematischer Verharmlosung des neonazistischen Spektrums – ja, auch von institutionellem Rassismus, wie die vollkommen einseitigen NSU-Polizeiermittlungen einer »Soko Bosporus« im »migrantischen Milieu« deutlich zeigen, mit denen die Opfer der »Döner-Morde« und ihre trauernden Angehörigen in geradezu rassistischer Weise hartnäckig in schweren Verdacht gebracht und ausgeforscht wurden.

Eine jahrzehntelang einseitig ausgerichtete Politik der »Inneren Sicherheit« begünstigte diese fehlgeleitete Praxis: Terror und Gewalt, Bedrohungen und

3 Anna Brausam, Todesopfer rechter Gewalt seit 1990, URL: https://www.mut-gegen-rechte-gewalt.de/news/chronik-der-gewalt/todesopfer-rechtsextremer-und-rassistischer-gewalt-seit-1990; o. V., Todesopfer rechter Gewalt, URL: https://www.amadeu-antonio-stiftung.de/todesopfer-rechter-gewalt/ [beide eingesehen am 01.11.2019]

Gefahren für Demokratie und Verfassung werden – oft alten Feindbildern folgend – in erster Linie mit »Linksextremismus«, »Ausländerextremismus« sowie mit »Islamismus« assoziiert. In diesen Zusammenhängen werden alle Präventions- und Repressionsregister gezogen, die den Sicherheitsbehörden zur Verfügung stehen und im Zuge eines exzessiven Antiterrorkampfes, besonders seit 9/11, noch erheblich ausgebaut und verschärft worden sind. Ermittlungsbefugnisse und mögliche Maßnahmen hätte es demnach mehr als genug gegeben – doch gegen neonazistische Strukturen sind sie offenbar nur zögerlich angewandt worden.

Es ist angesichts dieses enorm gewachsenen Ermittlungsarsenals in hohem Maße erklärungsbedürftig, weshalb der rassistische Hintergrund der Mordserie nie ernsthaft erwogen und ausgeleuchtet worden ist, obwohl doch den Sicherheitsbehörden die späteren Täter schon lange bekannt waren, und obwohl Polizei und VS, wie wir inzwischen wissen, mit zahlreichen V-Leuten an ihnen und nach deren Untertauchen auch an ihren Kontaktpersonen und Unterstützern ganz nah dran waren.

So viel ist jedenfalls klar geworden: Insbesondere der VS musste von Beginn an, dank seiner »Quellen«, seiner geheimen Informanten und V-Leute, weit mehr über das Terror-Trio und sein Helfernetz gewusst haben als zunächst vermutet.[4] So stellt es etwa der Bericht des Untersuchungsausschusses des Bundestags fest, ebenso wie Berichte einzelner Landtage, etwa in Thüringen. Hiernach seien die VS-Quellenberichte vielfach weder intern weitergereicht noch ausgewertet, geschweige denn strafrechtsrelevante Erkenntnisse an die Polizei übermittelt worden – noch nicht einmal im Fall mutmaßlicher Verbrechen. Der Thüringer Ausschuss spricht insoweit vom Verdacht »gezielter Sabotage«.[5]

Auf der Anklagebank hätten daher weit mehr Angeklagte sitzen müssen als Zschäpe, Wohlleben & Co. Es fehlten weitere mutmaßliche Neonazis des NSU-Terrornetzwerkes, involvierte V-Leute, ihre V-Mann-Führer und alle für Versagen und Vertuschen Verantwortlichen aus VS, Polizei und Sicherheitspolitik.[6]

SYMBIOSE VON VERFASSUNGSFEINDEN UND VERFASSUNGSSCHÜTZERN

Ein Rückblick zeigt, dass um die Jahrtausendwende schon einmal ein Ruck durch das Land ging. Nach mehreren Gewaltakten und Anschlägen rief die herrschende Politik den »Aufstand der Anständigen« aus – gerade zu einer Zeit, als das »Ansehen Deutschlands in der Welt« auf dem Spiel stand und der Rechtsradikalismus zum wirtschaftlichen Standortnachteil geriet. Unter

4 Eingehend dazu u. a. Hajo Funke, Sicherheitsrisiko Verfassungsschutz. Staatsaffäre NSU. Das V-Mann-Desaster und was daraus gelernt werden muss, Hamburg 2018.

5 Christoph Lemmer, »Der Verdacht gezielter Sabotage liegt nahe«, in: Der Westen, 18.08.2014, URL: https://www.derwesten.de/politik/der-verdacht-gezielter-sabotage-liegt-nahe-id9713978.html [eingesehen am 01.11.2019].

6 Dazu Benjamin-Immanuel Hoff u. Antonia von der Behrens (Hg.), Kein Schlusswort. Nazi-Terror, Sicherheitsbehörden, Unterstützernetzwerk, Hamburg 2018; Andreas Förster, Geheimsache NSU. Zehn Morde, von Aufklärung keine Spur, Tübingen 2014; Ders. u. a. (Hg.), Ende der Aufklärung. Die offene Wunde NSU, Tübingen 2018.

hohem Handlungsdruck stellten Bundesregierung, Bundestag und Bundesrat einen fachlich und politisch unverantwortlichen Antrag auf Verbot der NPD. Unverantwortlich weshalb? Weil sie diesen Antrag ungeachtet der V-Leute-Unterwanderung der NPD stellten und damit offenbar ein drohendes Geheimverfahren billigend in Kauf nahmen. Dies hätte ein rechtsstaatlich-faires Verbotsverfahren vor dem Bundesverfassungsgericht unmöglich gemacht, da zahlreiche V-Leute des VS lange Jahre in der NPD an führenden Stellen mitmischten, die dann im Verbotsprozess als geheime Zeugen fungieren sollten – ausgerechnet in einem Prozess, in dem der demokratische Rechtsstaat gegen verfassungsfeindliche Bestrebungen verteidigt werden sollte. Insoweit und wegen dieser »Staatsnähe« der NPD war es verfassungsrechtlich nur konsequent, dass das Gericht diesen geheimdienstlich verseuchten Prozess im März 2003 aus verfahrensrechtlichen – nicht etwa aus inhaltlichen Gründen – einstellte.[7]

Das abschreckende Beispiel zeigt: Wir müssen immer wieder hinterfragen, wie der Staat seine gesetzlichen Schutzaufgaben wahrnimmt und ob er nicht mitunter die Gefahr, die er eigentlich bekämpfen soll, mit seinen eigenen spezifischen Mitteln und Methoden noch verschärft.

Im Zusammenhang mit dem ersten NPD-Verbotsverfahren erlebten wir die größte V-Mann-Affäre in der bundesdeutschen Geschichte. Zur Erinnerung: Etwa 30 der 200 NPD-Vorstandsmitglieder standen seit Jahren als V-Leute im Sold der VS-Behörden des Bundes und der Länder – also fast jeder Siebte, bis zu hundertfünfzig dürften es auf allen Parteiebenen gewesen sein. Allein diese hohe Zahl an staatlich bezahlten Neonazis dürfte erheblichen Einfluss auf die NPD und ihre menschenverachtende Politik gehabt haben. Der Berliner Landesvorstand soll sogar so stark unterwandert gewesen sein, dass der VS mit seinen V-Leuten einen Beschluss hätte herbeiführen können, die NPD in Berlin aufzulösen. Hat er aber nicht gemacht – im Gegenteil: Die V-Leute waren landauf, landab daran beteiligt, die NPD zu stabilisieren und auszubauen.[8]

So haben etwa die V-Leute Wolfgang Frenz und Udo Holtmann aus Nordrhein-Westfalen die NPD, trotz und parallel zu ihrer staatlichen Spitzel-Verpflichtung, jahrzehntelang mit aufgebaut, ihre Aktivitäten und Zielsetzungen an führenden Stellen entscheidend mitbestimmt und rassistisch geprägt – obwohl das nach den internen VS-Dienstvorschriften eigentlich untersagt ist. Frenz, Holtmann und andere haben also das Feld, das sie für den VS von innen beobachten sollten, als V-Leute selbst mitgestaltet. Der Staat hat diese rechtsextreme Partei über seine bezahlten Spitzel letztlich mitfinanziert und gestärkt, anstatt sie zu schwächen. Das heißt: Der Staat trägt hierfür eine Mitverantwortung.

7 Im zweiten NPD-Verbotsverfahren (2017) vor dem Bundesverfassungsgericht sind die Antragsteller aus anderem Grund gescheitert: mangels Potentials der NPD, trotz festgestellter Verfassungsfeindlichkeit.

8 Dazu und zum Folgenden ausführlich Rolf Gössner, Geheime Informanten. V-Leute des Verfassungsschutzes: Kriminelle im Dienst des Staates, München 2003, S. 206 ff.; Ders., Das NPD-Verbotsverfahren und die Folgen, in: heise.de, 06.10.2003, URL: https://www.heise.de/tp/features/Das-NPD-Verbotsverfahren-und-die-Folgen-3431487.html [eingesehen am 01.11.2019].

Als ich mir vor etwa anderthalb Jahrzehnten vorgenommen hatte, diese ganze Geschichte aufzuarbeiten, darüber hinaus überhaupt den V-Leute-Einsatz in Neonazi-Szenen genauer unter die Lupe zu nehmen, da konnte ich nur erahnen, was mich in diesem Dunkelfeld erwarten würde. Um es vorweg zu nehmen[9]: Diese Skandalgeschichte hat sich als weit grauenhafter erwiesen als ich mir das zu Beginn meiner Investigativ-Recherchen vorzustellen wagte. Damals hatte ich anhand geheimer Unterlagen und in Fallstudien bereits eingehend dokumentiert, was nach Aufdeckung der NSU-Mordserie fast zehn Jahr später bundesweit so großes Erstaunen und helles Entsetzen ausgelöst hat.

Das leise Eingeständnis des im Laufe der NSU-Schredder-Affäre in vorzeitigen Ruhestand geflüchteten Präsidenten des Bundesamts für VS, Heinz Fromm, seine V-Männer seien nun mal keine »Pastorentöchter«, wird der Dimension des Problems nicht wirklich gerecht. Besonders erschreckend war nämlich, wie systematisch, wie zwangsläufig V-Leute im braunen Sumpf kriminell werden, sofern sie es vor ihrer Verpflichtung nicht ohnehin schon waren. Und mit welcher Dreistigkeit der VS an ihnen festhält, sie in allzu vielen Einzelfällen deckt, ja selbst gegen Ermittlungen der Polizei abschirmt.

V-LEUTE DES »VERFASSUNGSSCHUTZES«: NEONAZIS IM DIENST DES STAATES

Nach dem »Vereinigungsjahr« 1990 hatten die Innenminister des Bundes und der Länder beschlossen, das rechtsextreme Spektrum verstärkt geheimdienstlich zu unterwandern, um, so die Begründung, die Aufklärung über die zunehmenden Gefahren rechtsextremistischer Gruppierungen zu verbessern. Seitdem ist ein weit verzweigtes Netzwerk aus V-Leuten, Lockspitzeln und verdeckten Ermittlern in allen Neonazi-Szenen entstanden. Nicht nur die NPD, auch andere rechtsextreme Parteien, Organisationen und Kameradschaften sowie die Skinhead- und Neonazi-Musikszene sind seitdem mit V-Leuten durchsetzt.[10]

Ein paar Beispiele zur Veranschaulichung:[11] V-Mann Hans-Dieter Lepzien war bereits in den 1980er Jahren als Sprengstoff-Lieferant für die niedersächsische Neonazi-Szene tätig; er wurde dafür auch verurteilt, allerdings recht bald vom damaligen Bundespräsidenten Karl Carstens begnadigt.

Erinnert sei auch an den V-Mann Bernd Schmitt, dessen Kampfsportverein »Hak Pao« Trainingscenter der gewalttätigen Neonazi-Szene in Solingen war. Aus diesem Kreis stammten jene Brandstifter, die eines der schwersten Kapitalverbrechen in der Geschichte der Bundesrepublik auf dem Gewissen haben: den Solinger Brandanschlag, bei dem 1993 fünf türkische Frauen und Mädchen ums Leben kamen.

9 Detailliert nachzulesen in Gössner, Geheime Informanten.

10 Vgl. Gössner, Deckname »Verfassungsschutz«. Neue Geheimdienste für die stasi-geschädigte Bevölkerung, in: Ders. (Hg.), Mythos Sicherheit. Der hilflose Schrei nach dem starken Staat, Baden-Baden 1995, S. 181 ff.

11 Die infiltrierenden VS-Aktivitäten in rassistischen gewaltbereiten Neonazi-Szenen bergen enorme Gefahren, die ich in meinem Buch »Geheime Informanten« in mehreren Fallstudien aufgedeckt habe. Diese beispielhaft aufgeführten V-Mann-Fälle stammen aus dieser Publikation und sind dort ausführlicher behandelt.

Anfang 2000 ist Michael Grube, Deckname: Martin, V-Mann des mecklenburg-vorpommerschen VS zu dreieinhalb Jahren Freiheitsstrafe verurteilt worden, weil er mit rechtsradikalen Jugendlichen einen Brandanschlag auf eine Pizzeria in Grevesmühlen verübt hatte. Die Täter hätten, so hieß es in der Urteilsbegründung des Amtsgerichts Wismar, ein Pogrom inszeniert, um Ausländer systematisch zu vertreiben – und das unter tatkräftiger Mitwirkung eines VS-Mitarbeiters. Grubes Tatmotiv, so das Gericht später: »dumpfer Ausländerhass«. Er habe die Tat mitbegehen müssen, so rechtfertigte sich Grube, um bei seinen Kameraden glaubwürdig zu erscheinen, um nicht als Spitzel aufzufallen und sich nicht selbst in Gefahr zu bringen. Brandstiftung aus Angst vor Enttarnung?

Tatsächlich können V-Leute in der eigenen Szene, die sie für den VS ausspionieren, nicht einfach als bloße Beobachter agieren, sondern müssen weiterhin aktiv bleiben und sich anpassen, auch in der gewaltbereiten Szene – sonst könnte man ja auffallen und Misstrauen schüren. Solche Sicherungsmaßnahmen sind auch im Interesse des VS, um seine V-Leute in der Szene abzusichern. Schließlich hat der VS als geheimdienstliche Vorfeldinstitution ein langfristiges Ausforschungsinteresse und ist, anders als die Polizei, nicht an das Legalitätsprinzip gebunden, muss also nicht jede Straftat, von der er erfährt, anzeigen oder ermitteln. Im Übrigen kann sich der VS regelmäßig von jeder Verantwortung freizeichnen; im Zweifel haben die V-Leute eigenmächtig gehandelt – sind, wie es dann so schön heißt, »aus dem Ruder gelaufen«.

Zurück zum Urteil gegen Grube: Interessanterweise hat das Landgericht bei seiner Strafzumessung die V-Mann-Eigenschaft des Angeklagten indirekt strafmildernd berücksichtigt: Die Strafkammer hatte »zu Gunsten des Angeklagten« davon auszugehen, so steht es im Urteil wörtlich, »dass der Angeklagte bei seiner Verpflichtung [...] nur unklar darüber belehrt worden ist, dass er in seiner Rolle als V-Mann keinerlei Straftaten begehen darf«.[12]

Ein anderer Fall: Anfang 2000 ist der V-Mann mit dem Tarnnamen »Piato« aufgeflogen, der für den VS Brandenburg gearbeitet und monatlich bis zu tausend Mark Informantengeld aus der Staatskasse bezogen hatte. Bereits 1995 war der militante Nationalist mit dem Namen Carsten Sczepanski vom Landgericht Frankfurt/Oder wegen versuchten Mordes zu acht Jahren Haft verurteilt worden – wurde aber, nachdem er trotz der Schwere seiner Tat als VS-Spitzel angeheuert worden war, rasch Freigänger und tummelte sich weiter in der rechten Szene. Der Täter hatte als »Führer einer Meute Skinheads« einen schwarzen Asylbewerber bis zur Bewusstlosigkeit zusammengeschlagen, ihn zum Scharmützelsee geschleift und ins Wasser geworfen; erst in letzter Sekunde wurde der Mann gerettet. Der Verurteilte saß nur fünfeinhalb Jahre seiner Strafe ab. Danach schickte ihn der VS in die NPD, wo er als Topquelle galt. Übrigens spielte er auch eine Rolle im Zusammenhang mit dem untergetauchten NSU-Trio.[13]

Im Vorfeld des NSU-Komplexes waren der Thüringer VS und andere Geheimdienste mit mehreren V-Leuten auch in dem Neonazi-Netzwerk »Thüringer Heimatschutz«, kurz: THS, schon frühzeitig aktiv, in dem die späteren mutmaßlichen Mörder organisiert waren. Von den etwa 140 Mitgliedern des THS sollen 40 V-Leute und Informanten gewesen sein. Zu den herausragenden V-Leuten gehörten der vorbestrafte Thomas Dienel, Deckname »Küche«, sowie der kaufmännische Angestellte Tino Brandt, alias »Otto«. Nach Aussagen des ehemaligen Thüringer VS-Chefs habe man den umtriebigen, für die »nationale Sache« streitenden Brandt in seiner Spitzelzeit eng geführt und streng überwacht; dennoch – oder gerade deswegen? – konnte er in führender Position den militanten THS auf- und ausbauen und mit seinen Spitzelhonoraren in Höhe von etwa 200.000 DM auch mitfinanzieren, wie er selbst im Münchner NSU-Prozess als Zeuge bestätigte. Tatsächlich war das Schicksal des THS aufs Engste mit dem V-Mann Tino Brandt verbunden: Kaum wurde dieser 2001 als solcher enttarnt, stellte der THS prompt seine Arbeit wieder ein.

Der THS hatte sich unter Führung von Tino Brandt zu einem der größten überregionalen Netzwerke mit bis zu 170 Mitgliedern entwickelt – ein regelrechtes Sammelbecken von Neonazis. Nach Brandts Aussagen im

12 Urteil der Großen Strafkammer des Landgerichts Schwerin vom 07.07.2000.

13 Vgl. dazu Konrad Litschko, Ermittler ignorierten Hinweise, in: Die tageszeitung, 04.06.2019, URL: https://taz.de/NSU-in-Brandenburg/!5600207/ [eingesehen am 01.11.2019].

NSU-Prozess hätte der THS ohne den VS »nicht diese bundesweite Bedeutung bekommen«. Und just dieser geheimdienstlich unterwanderte THS war eine wesentliche Keimzelle der Terrorgruppe NSU, die sich praktisch vor den Augen der Geheimdienst-Zuträger und ihrer Auftraggeber aus dem THS heraus entwickeln konnte.

Aus Geheimberichten wird deutlich, dass unter anderem V-Mann Tino Brandt sowie V-Mann Ralph Marschner alias »Primus« aus der Zwickauer Naziszene dem NSU-Trio auch nach dessen Abtauchen und in dessen Mordphase tatkräftig geholfen hatten, weiterhin im Untergrund zu leben und sich dem Zugriff der Polizei erfolgreich zu entziehen. Brandt soll seinem V-Mann-Führer von den Kontakten zwar berichtet haben – Informationen, die offenbar nicht an die Polizei weitergeleitet wurden. Wie wir inzwischen erfahren mussten, waren noch weitere V-Leute ganz nah dran an den späteren Mördern, ihren Kontaktpersonen und Unterstützern.

Die Mordserie hätte womöglich verhindert werden können, wenn der VS schwerwiegende Erkenntnisse über verbrecherische Straftaten und mutmaßliche Wohnorte der Untergetauchten und ihrer Unterstützer rechtzeitig an die Polizei weitergegeben hätte – wozu er im Fall von Verbrechen gesetzlich auch verpflichtet war. Der Thüringer VS habe »durch sein Verhalten die Tätigkeit der Strafverfolgungsbehörden bei der Suche nach dem Trio massiv beeinträchtigt«, so das im Auftrag des Freistaats Thüringen erstellte *Schäfer-Gutachten*[14] – höchstwahrscheinlich aus übergeordneten Gründen des »Quellenschutzes« und »Staatswohls«. Im ersten Bericht des Thüringer Untersuchungsausschusses wird sogar der »Verdacht gezielter Sabotage und des bewussten Hintertreibens« bei der Suche nach dem flüchtigen NSU-Trio geäußert.[15]

»VERFASSUNGSSCHUTZ«: TEIL DES NEONAZI-PROBLEMS

Niemand weiß so recht, wie viele V-Leute und geheime Informanten für den VS arbeiten. Diese Unkenntnis liegt in der »Natur der Sache«, aber es dürften bundesweit und in allen Beobachtungsbereichen schätzungsweise mehrere Tausend sein. V-Leute – auch »menschliche Quellen« genannt – zählen zu den klassischen und zugleich wichtigsten Informationsquellen eines Geheimdienstes – nicht nur hierzulande, sondern weltweit. Sie werden vom VS in aller Regel mit mehr oder weniger Druck und mit Versprechungen rekrutiert. Die Anwerbung geschieht etwa nach einer Straftat, im Gefängnis oder wenn der Anzuwerbende verschuldet ist, Drogen konsumiert oder in einer persönlichen Krise steckt – also leicht erpress- und verführbar ist. In aller Regel stammen V-Leute aus den zu beobachtenden Szenen und somit handelt

14 Gerhard Schäfer u. a., Gutachten zum Verhalten der Thüringer Behörden und Staatsanwaltschaften bei der Verfolgung des »Zwickauer Trios« vom 14.05.2012, URL: https://www.thueringen.de/imperia/md/content/tim/veranstaltungen/120515_schaefer_gutachten.pdf [eingesehen am 01.11.2019].

15 Eingehend zum Agieren des VS: Hajo Funke, Sicherheitsrisiko Verfassungsschutz, Hamburg 2018.

es sich im rechtsextremen Spektrum um hartgesottene Neonazis, gnadenlose Rassisten, nicht selten auch um Gewalttäter.

Über seine bezahlten Nazi-V-Leute verstrickt sich der VS fast zwangsläufig in kriminelle Machenschaften, wobei auch Straftaten geduldet, direkt oder indirekt gefördert werden. Brandstiftung, Totschlag, Mordaufrufe, Waffenhandel, Gründung einer terroristischen Vereinigung – das sind nur einige der Straftaten, die »Vertrauensmänner« des VS im Schutz ihrer Tarnung begingen und begehen. Und ihre V-Mann-Führer im VS, mit rechtsorientierter Gesinnung bestens vertraut, verhalten sich im Umgang mit ihren V-Leuten oft vertrauensselig, sodass mitunter von einer regelrechten Kumpanei gesprochen werden muss – zumindest aber von Distanzlosigkeit.

Der V-Mann ist für den VS umso wertvoller, je mehr (vermeintlich) brisante Infos er liefert, für die er dann honoriert wird. Viele V-Leute erhalten sogar ein regelmäßiges Salär, das bei langfristigem Engagement mitunter in die Hunderttausende geht. Damit finanziert und fördert der VS jene Objekte und Nazi-Strukturen direkt oder indirekt mit beträchtlichen Summen, die er lediglich beobachten und bekämpfen soll.

Mit ihrer Käuflichkeit begeben sich V-Leute in ein fatales Abhängigkeitsverhältnis zum VS, das sie »erpressbar« und »produktiv« macht, um die Vergünstigungen und Honorare zu erhalten, die sie für ihre Spitzeldienste im Dienst des Staates beziehen – Beispiele hierfür gibt es leider genug. V-Leute sind eben keine »Ehrenmänner«, reuigen Sünder oder »Agenten« des demokratischen Rechtsstaats, sondern in aller Regel staatlich alimentierte Naziaktivisten und rechte Gewalttäter.

Der VS sichert seinen V-Leuten Vertraulichkeit zu: Ihre heimliche Nebentätigkeit und Identität sollen Dritten gegenüber verheimlicht werden – einerseits, um sie nicht zu enttarnen, andererseits, um sie vor Racheakten der Ausspionierten zu schützen. Diese amtliche Verdunkelungsstrategie hat, wie eingangs bereits beschrieben, erhebliche Auswirkungen auf die Kontrolle des V-Mann-Einsatzes, aber auch auf Gerichtsverfahren, in denen V-Leute eine Rolle spielen.

KRIMINELLE NEONAZIS UNTER STAATSSCHUTZ

Das Erschreckendste, was ich bei den Recherchen zu meinem Buch *»Geheime Informanten«* erfahren musste, ist, dass der VS seine kriminell gewordenen V-Leute oft genug deckt, systematisch gegen polizeiliche Ermittlungen abschirmt, ja sogar Belastungsbeweise unterdrückt, um sie in der Szene zu halten und weiter langfristig abschöpfen zu können – anstatt sie unverzüglich abzuschalten.

Das illustrieren etwa Toni Stadler, V-Mann aus Brandenburg, und Mirko Hesse, V-Mann des Bundesamtes für VS, in kaum zu überbietender Deutlichkeit: Sie hatten die Neonazi-Musikszene fest im Griff und unter den Augen des VS mit CDs versorgt, in denen Volksverhetzung betrieben und zum Mord an Juden, Künstlern und Politikern aufgerufen wird (Titel: »Noten des Hasses«). Zu den Opfern der Mordaufrufe gehörten u. a. der ehemalige Vize des Zentralrats der Juden, Michel Friedmann, die Ex-Vorsitzende der Zuwanderungskommission Rita Süssmuth, die Fernsehmoderatoren Alfred Biolek, Hella von Sinnen und Lilo Wanders. Diese CD löste bundesweit helles Entsetzen aus.

Trotz Mordaufrufs und öffentlicher Empörung unternahm der VS nichts, um den Vertrieb durch seine V-Leute stoppen zu lassen – obwohl er dazu schon allein zum Schutz der Opfer verpflichtet gewesen wäre. Stattdessen ließ er die Planung einer zweiten Auflage zu. Erst später hat die Berliner Polizei dem Spuk ein Ende bereiten können – ohne Zutun des VS, ja sogar gegen den Widerstand des V-Mann-Führers »Dirk Bartok«: Dieser hatte, wie Abhörprotokolle der Polizei beweisen, seinen Schützling mehrfach mit konkreten Hinweisen vor Polizeimaßnahmen gewarnt. So legte sich Stadler »auf Drängen« seines V-Mann-Führers ein konspiratives Lager zu, um im Falle von polizeilichen Durchsuchungen seiner Wohnung und seiner Geschäftsräume abgesichert zu sein. Darin waren illegale Gegenstände wie Poster der Waffen-SS, Hitlerbilder mit Hitlergruß und Hakenkreuzen sowie indizierte CDs versteckt – mit Rückendeckung des VS, der ihn wissen ließ, dass sein Lager »absolut sicher« sei; »im Ernstfall« sei man sogar bereit, »beweiserhebliches Material verschwinden (zu) lassen«.

Als die Polizei eine Durchsuchung bei Toni Stadler anberaumte, da tauschte sein V-Mann-Führer »Dirk Bartok« noch rechtzeitig den Tat-Computer seines Schützlings gegen einen sauberen Computer aus. Als wenig später die Durchsuchung tatsächlich stattfand, beschlagnahmten die Polizeibeamten arglos den geliehenen »Amtscomputer«. Stadler bedankte sich daraufhin artig für diese amtliche Beweismittelunterdrückung und konnte fortan seinen eigenen Computer mit volksverhetzenden Texten, den er erfolgreich versteckt hatte, weiter benutzen.

Die »Verfassungsschützer« wollten ihren Top-Informanten Toni Stadler in der Musikszene nicht verlieren, sie dachten langfristig und wollten weiterhin an vorderster Musikfront dabei sein, um Informationen abschöpfen zu können. Sie berauschten sich an der Exklusivität ihrer Erkenntnisse und wollten keinesfalls teilen – schon gar nicht mit der Polizei, zu der sie traditionell in einem gepflegten Konkurrenzverhältnis stehen.

Es sei »absolut befremdlich«, dass Menschen von staatlich bezahlten V-Männern bedroht würden, sagte die ehemalige Bundestagspräsidentin Rita Süssmuth, die von dem »musikalischen« Mordaufruf unmittelbar betroffen war. Auch Michel Friedman zeigte sich zutiefst bestürzt, dass V-Leute des Staates beim Vertrieb des Mordaufrufs eine führende Rolle gespielt haben: »Dass die Sicherheitsbehörden mittlerweile ein Teil der Bedrohung geworden sind, erschüttert und verunsichert mich«.[16]

Zurück zum NSU: Auch der Thüringer VS hat bei den NSU-Ermittlungen polizeiliche Fahndungsmaßnahmen regelrecht torpediert und seinen braunen V-Leuten polizeiliche Observationen, Abhöraktionen und geplante Durchsuchungsaktionen verraten, wie u.a. Tino Brandt als Zeuge im Münchner NSU-Prozess bestätigte. Dieses Verhalten ist Strafvereitelung im Amt und Beihilfe zu Straftaten. Das ist zwar strafbar, doch die VS-Verantwortlichen sind dafür nie zur Rechenschaft gezogen worden, obwohl durch dieses Verhalten unbeteiligte Personen schwer geschädigt wurden.[17]

FAZIT: FREMDKÖRPER IN DER DEMOKRATIE – WAS TUN?

Angesichts dieses Befunds in Sachen V-Leute-System des VS muss sich die Sicherheitspolitik ernsthaft den zugrundeliegenden Problemen der unkontrollierbaren Geheimstrukturen und -methoden und des vorverlagerten ideologischen Staatsschutzes stellen sowie geeignete politisch-legislative Konsequenzen ziehen. Doch die bisherigen »Reformbemühungen« laufen leider in eine vollkommen andere Richtung. Das Fazit des Desasters in Thesen:

1. Die fast 70-jährige, antikommunistisch geprägte Geschichte des VS lässt sich auch als Geschichte von Skandalen und Bürgerrechtsverletzungen schreiben: von der Waffenbeschaffung für militante Gruppen, der unheilvollen Verstrickung in den Mordfall Schmücker mit fatalen Auswirkungen auf das Strafverfahren, der Überwachung von Anwälten, Abgeordneten und Journalisten, von demokratischen Organisationen, die als »extremistisch beeinflusst« gelten, und politisch-sozialen Bewegungen, wie der Anti-Atom- und Friedensbewegung, über skandalöse Sicherheitsüberprüfungen und illegale Telefonabhöraktionen bis hin zu dem fingierten Bombenattentat, das als »Celler Loch« in die Geschichte einging und den oben skizzierten Skandalfällen (VS-Verstrickung in NPD-, NSU- und Neonazi-Szenen etc.). Eine Chronik, die sich bis heute fortsetzt und deutlich macht: Die Skandale sind keine Einzelfälle, sondern systembedingt.
2. Trotz der hohen Zahl an V-Leuten im Nazi-Spektrum und NSU-Umfeld haben sich die Erkenntnisse des VS lange Zeit offenbar kaum vermehrt. Was dieser mit Millionenaufwand bisweilen zutage förderte, war für Kenner

16 Zit. Frank Jansen, »Die Behörden sind Teil der Bedrohung«, 28.08.2002, URL: https://www.tagesspiegel.de/politik/die-behoerden-sind-teil-der-bedrohung/341062.html [eingesehen am 21.11.2019].

17 Vgl. dazu Gössner, Geheime Informanten, S. 123 ff.

der braunen Szene nicht gerade erhellend. Jedenfalls hat er als »Frühwarnsystem«, das er eigentlich sein will und soll, über Jahrzehnte hinweg system- und ideologiebedingt versagt.

3. Statt wirksam aufzuklären hat der VS rechtsextreme Netzwerke, Szenen und Parteien, die er lediglich beobachten soll, vielfach über seine bezahlten Spitzel mitfinanziert, geschützt und gestärkt. Über sein unkontrollierbares V-Leute-System verstrickte er sich zwangsläufig in kriminelle und mörderische Machenschaften und ist so selbst Teil des Neonazi-Problems geworden.
4. Gerade in seiner Ausprägung als Regierungsgeheimdienst ist der VS ein Fremdkörper in der Demokratie, da er selbst demokratischen Grundprinzipien der Transparenz und der Kontrollierbarkeit widerspricht. Deshalb neigt der VS als Geheimdienst auch in einer Demokratie zu Verselbständigung, Eigenmächtigkeit und Machtmissbrauch, wie seine fast 70-jährige Geschichte eindrucksvoll belegt.[18]
5. Das Geheimhaltungssystem des VS zum Schutz seiner V-Leute und Geheimpraktiken geht über alles – auch über Verhütung und Aufklärung von Verbrechen. Jedenfalls ist es schwer bis unmöglich, diese Behörden so wirksam zu kontrollieren, wie das in einem demokratischen Rechtsstaat selbstverständlich passieren müsste. Das Verdunkelungssystem reicht weit hinein in Justiz und Parlamente, die Geheimdienste kontrollieren sollen – und zumeist daran scheitern. Die parlamentarische Kontrolle erfolgt ihrerseits geheim und damit wenig demokratisch. Gerichtsprozesse, in denen etwa V-Leute eine Rolle spielen, werden teils zu rechtsstaatlich bedenklichen Geheimverfahren, in denen Akten vorenthalten oder manipuliert, Zeugen ganz oder teilweise gesperrt werden oder nur mit eingeschränkten Aussagegenehmigungen auftreten dürfen.
6. Doch ausgerechnet solche skandalträchtigen und letztlich demokratiewidrigen Geheiminstitutionen erhalten im Zuge des staatlichen Antiterrorkampfs wieder unverdienten Auftrieb. Statt ernsthafte Konsequenzen aus ihren Desastern zu ziehen, werden die VS-Behörden personell und finanziell ausgebaut, technologisch aufgerüstet und massenüberwachungstauglicher gemacht. So dürfen sie sich inzwischen auf Bundesebene und in manchen Bundesländern, wenn auch besser reguliert, so doch ganz legal krimineller V-Leute bedienen und diese im Zweifel gegen Ermittlungen der Polizei abschirmen – ein rechtsstaatswidriger Freibrief für kriminelles Handeln in staatlicher Mission. Damit werden seine obszönen Verflechtungen in rassistische, gewalttätige und mörderische Naziszenen perpetuiert und abgesichert.

18 Vgl. Heribert Prantl, Wer schützt die Verfassung vor dem Verfassungsschutz? Eine Anklage, München 2014.

Um diesem Zustand entgegenzuwirken, wären folgende Lösungsansätze denkbar:

1. Es wird sich nur dann grundsätzlich etwas ändern, wenn sich die Sicherheitspolitik an das Geheimsystem des VS heranwagt. Das heißt: Den VS-Behörden sollte die Lizenz zur heimlichen Gesinnungskontrolle, zum verdeckten Führen von V-Leuten und Infiltrieren von politischen Szenen und Gruppen prinzipiell versagt oder als Ultima-ratio-Maßnahme ausgestaltet werden. Dieser Forderung namhafter Bürger- und Menschenrechtsgruppen steht nicht etwa das Grundgesetz entgegen und auch keine Landesverfassung.[19] Denn danach ist der VS kein Verfassungsorgan mit Bestandsschutz – und muss schon gar nicht als Geheimdienst ausgestaltet werden.
2. Gut ausgestattete, öffentlich kontrollierbare Dokumentations- und Forschungszentren würden etwa die Rechtsentwicklung oder andere Gefährdungen von Demokratie und Verfassung ohne gefährliche Methoden und ohne ideologische Scheuklappen erforschen und erklären können, dafür mit weit besseren diagnostisch-analytischen Fähigkeiten als Regierungsgeheimdienste. Über die gewonnenen Erkenntnisse könnten Regierungen und Öffentlichkeit vollumfänglich informiert und aufgeklärt werden. Auf dieser Grundlage könnten Politik und Zivilgesellschaft Prävention betreiben. Im Fall von Gewaltorientierung, konkreten Gefahren und strafbaren Handlungen sind ohnehin Polizei und Justiz zuständig, so dass insoweit keine »Sicherheitslücken« entstehen würden.

19 Vgl. dazu Humanistische Union, Internationale Liga für Menschenrechte u. BAG Kritische Juragruppen (Hg.), Brauchen wir den Verfassungsschutz? Nein! Memorandum erarbeitet von Dr. Rolf Gössner u. a., Berlin 2013, URL: http://www.verfassungschuetzen.de/wissen/memorandum/ [eingesehen am 01.11.2019].

Dr. jur. Rolf Gössner, geb. 1948, ist Rechtsanwalt, Publizist und Kuratoriumsmitglied der Internationalen Liga für Menschenrechte (Berlin), seit 2007 stellv. Richter am Staatsgerichtshof der Freien Hansestadt Bremen. Parlamentarischer Berater und Sachverständiger in Gesetzgebungsverfahren von Bund und Ländern, Mitherausgeber des jährlich erscheinenden »Grundrechte-Report. Zur Lage der Bürger- und Menschenrechte in Deutschland« (Fischer-TB). Rolf Gössner stand vier Jahrzehnte unter Beobachtung des Bundesamts für Verfassungsschutz – grundrechtswidrig, wie zuletzt 2018 das Oberverwaltungsgericht NRW im Berufungsverfahren geurteilt hat (nach Revision der Bundesregierung steht Urteil des Bundesverwaltungsgerichts noch aus).

WER ZULETZT LACHT?

EINE EVALUATION DES VERFASSUNGSSCHUTZ-PRÄVENTIONSPROJEKTS JIHADI FOOL VOR DEM HINTERGRUND AKTUELLER RADIKALISIERUNGS-FORSCHUNG

Ξ Julia Reiter

Über Humor lässt sich bekanntermaßen nicht streiten. Gleichwohl sorgt ein neues Comedy-Projekt des Verfassungsschutzes Nordrhein-Westfalen für Widerspruch, in Nutzerkommentaren wie in ersten Pressestimmen;[1] bei dem Projekt handelt es sich um einen im August 2019 lancierten YouTube-Kanal namens *Jihadi Fool,* der versucht, Präventionsprojekt, Informationsquelle und Comedy zugleich zu sein. Zur Umsetzung dieser Ziele werden auf dem Kanal Comedy-Videos und Informationsvideos (letztere in der Reihe »hinter.gründlich«) veröffentlicht. Seine Erfolgsperspektiven hinsichtlich aller drei Ziele müssen einer kritischen Betrachtung erst noch standhalten, denn die Ziele, die sich der Verfassungsschutz bei Erstellung des Kanals gesetzt hat, sind nicht eben gering: »Wir entlarven die Propaganda der Salafisten mit den stärksten Waffen unserer freiheitlichen Demokratie: Witz, Humor und Fakten.«[2] Wie gesagt – über Humor lässt sich nicht streiten; die entscheidende Frage lautet folglich nicht: »Ist das witzig?« sondern: »Funktioniert das?«

WER LACHT HIER ÜBER WEN?

Die Videos sollen (jugendliche) Radikalisierungsgefährdete ansprechen – junge Muslime, aber auch andere Personen, die sich bereits mit IS-Propagandamaterial auseinandersetzen oder potenziell anfällig dafür sind. Diese Zielgruppe lässt sich anhand eines Videos identifizieren, in dem sie mehr oder weniger explizit angesprochen wird;[3] die übrigen Videos hingegen würden diesen Schluss nicht ohne Weiteres zulassen. Der spontane Eindruck, den ein erster Blick auf den Kanal vermittelt: von Deutschen, für Deutsche. Dabei ist »deutsch« – und das ist das Problematische daran – nicht im Sinne bloßer Staatsbürgerschaft, auch nicht im Sinne einer Selbstidentifikation mit einem pluralistischen, modernen Deutschland mit vielfältigen kulturellen Einflüssen und Traditionen, sondern im Sinne deutscher Mehrheitsgesellschaft konzipiert, wie sie in traditionellen Narrativen konstruiert und durch

1 Vgl. Sonja Peteranderl, Chats mit Ex-Terroristen und schlechte Witze, in: Spiegel Netzwelt, URL: https://www.spiegel.de/netzwelt/netzpolitik/chats-mit-ex-terroristen-und-schlechte-witze-deradikalisierung-im-internet-a-1286403.html [eingesehen am 18.11.2019].

2 Vgl. o.V., Verfassungsschutz startet YouTube-Kanäle zur Salafismus-Prävention, in: Innenministerium Nordrhein-Westfalen, URL: https://www.im.nrw/verfassungsschutz-startet-youtube-kanaele-zur-salafismus-praevention [eingesehen am 18.11.2019].

3 Vgl. Jihadifool, Wie funktioniert die Propaganda des IS? #Hintergründlich, in: YouTube, URL: https://www.youtube.com/watch?v=YvX1V7jykPo [eingesehen am 18.11.2019].

Klischees ausgedrückt wird.[4,5] Die Videos sind ausschließlich in deutscher Sprache, Untertitel sind nicht einmal auf Deutsch, geschweige denn auf Englisch, Arabisch, Türkisch etc. verfügbar. Radikalisierungsgefährdete, deren Deutschkenntnisse nicht perfekt sind, fallen bereits an dieser Stelle aus der Zielgruppe.

Betrachtet man im Folgenden die Videos, stellt man schnell fest: Auch durch die Skripte und die Konzeption von Komik, die dem Kanal zugrunde liegt, ziehen sich die Bezüge auf das beschriebene Narrativ deutscher kultureller Identität wie ein roter Faden. So ist jedes der Comedy-Videos mit den Hashtags »#Bombenstimmung #Radikallustig #KölleSalaaf« markiert – Witze, die in keiner anderen Sprache funktionieren und die deshalb kulturelle Vorkenntnisse voraussetzen, die man durch die Zugehörigkeit zu einem bestimmten Kulturkreis innerhalb der Gruppe der Deutschen mitbringt. Diese Art von Insider-Komik ist auch Grundlage der Comedy-Videos. Sowohl die unnötige Errichtung einer sprachlichen Barriere als auch die Verwendung »deutschen« Insider-Humors verstärken eine Wahrnehmung separater Gruppen – ob Deutsche vs. radikaler Islamismus à la ISIS, Deutsche vs. Muslime oder Deutsche vs. Nicht-Deutsche allgemein ist nicht ganz eindeutig, doch das hauptsächliche Problem hier ist, dass gerade das Material, das eigentlich Radikalisierungsgefährdete ansprechen soll, Bezug auf eine Konstruktion von »deutsch« nimmt, die viele Mitglieder der Zielgruppe ausschließt, und die Abgrenzung dieser Gruppe »Deutsche« gegenüber anderen Gruppen kommuniziert.

Zugleich zeigt die Forschung zu Radikalisierungsprozessen und Intergruppenkonflikten, dass eine zunehmende Wahrnehmung von Losgelöstheit von der Gesellschaft, ein verstärktes intergruppen-differenzierendes Denken (»Wir vs. Die«, »Ingroup« vs. »Outgroup«) und eine starke persönliche Identifizierung mit einer auf diese Weise abgegrenzten Ingroup zentrale Schritte im Radikalisierungsprozess darstellen.[6] Man versucht also, mit völlig auf »Deutsche« fokussiertem Material eine Zielgruppe anzusprechen, die davon quasi nicht mehr angesprochen werden kann, weil es Teil ihres Radikalisierungsprozesses ist, sich von der deutschen Mehrheitsgesellschaft abzugrenzen und mit einer anderen Gruppe zu identifizieren. Das Projekt scheint also, guten Intentionen zum Trotz, daran zu kranken, dass es seine Zielgruppe nicht richtig kennt und dementsprechend nicht erreicht. Diese Diagnose wäre an sich schon ärgerlich. Allerdings gibt die Radikalisierungsforschung zudem Anlass zu der Befürchtung, die *Jihadi Fool* Videos und die Botschaft, die sie senden, könnten in der Bekämpfung von Radikalisierung sogar mehr schaden als nutzen.

4 Ein Beispiel für diese Konstruktion deutscher Identität stellt auch die aktuelle Plakatkampagne »Das ist sooo deutsch« der Bundesregierung dar, die Fragmente dieser Konstruktion in Form verbreiteter deutscher Klischees aufgreift, vgl. URL: https://deutschland-ist-eins-vieles.de/service/videos-und-plakate/ [eingesehen am 18.11.2019].

5 Wo im weiteren Verlauf des Textes auf »deutsch« oder »Deutsche« als Deskriptor zurückgegriffen und dies etwa der Zielgruppe von Präventionsprogrammen gegenübergestellt wird, ist dies nicht als Gegenüberstellung oder normative Aussage der Verfasserin, sondern als Bezugnahme auf dieses Narrativ deutscher Identität zu verstehen. Problematisiert wird also gerade *nicht*, dass »Deutsche« *anstatt* der eigentlich gemeinten angesprochen würden (womit die Unterstellung einherginge, dass »Deutsche« selbst nicht radikalisierungsgefährdet sein könnten), sondern, dass hier Narrative aufgegriffen werden, die »deutsch« auf eine verkürzte Weise konstruieren, die der tatsächlich pluralistischen Gesellschaft nicht gerecht wird und so Personen ausschließt, auf die der Begriff deutsch eigentlich zutreffen sollte.

6 Vgl. Bertjan Doosje u. a., Determinants of Radicalization of Islamic Youth in the Netherlands. Personal Uncertainty, Perceived Injustice, and Perceived Group Threat, in: Journal of Social Issues, Jg. 69 (2013), H. 3, S. 586–604; Diana D. van Bergen u. a., Collective identity factors and the attitude toward violence in defense of ethnicity or religion among Muslim youth of Turkish and Moroccan Descent, in: International Journal of Intercultural Relations, H. 47/2015, S. 89–100.

7 Vgl. Michael King u. Donald M. Taylor, The Radicalization of Homegrown Jihadists. A Review of Theoretical Models and Social Psychological Evidence, in: Terrorism and Political Violence, Jg. 23 (2011), H. 4, S. 602–622; Bertjan Doosje u. a., »My In-group is Superior!«. Susceptibility for Radical Right-wing Attitudes and Behaviors in Dutch Youth, in: Negotiation and Conflict Management Research, Jg. 5 (2012), H. 3, S. 253–268; Doosje u. a., Determinants of Radicalization; Nele Schils u. Antoinette Verhage, Understanding How and Why Young People Enter Radical or Violent Extremist Groups, in: International Journal of Conflict and Violence, Jg. 11 (2017).

Radikalisierung, bzw. die Empfänglichkeit für radikalisierende Reize wie Propagandabotschaften, basiert maßgeblich auf einer Verstärkung der Wahrnehmung von Intergruppenkonflikten. Ein großer Teil der bekannten Vulnerabilitätsfaktoren steht damit in Zusammenhang: verstärkte Identifizierung mit der Ingroup (der eigenen sozialen Gruppe, im Gegensatz zur »Outgroup«), wahrgenommene Benachteiligung der eigenen Person oder Gruppe, wahrgenommene Ungerechtigkeit gegenüber der eigenen Gruppe, Diskriminierungserfahrungen, und wahrgenommene Bedrohungen – realer wie symbolischer Natur.[7] Dies hängt mit den Bedürfnissen zusammen, die die Betroffenen häufig durch den Anschluss an eine radikale Gruppe zu befriedigen suchen, weil ihnen die anderweitige Befriedigung gerade nicht möglich ist – primär das Bedürfnis nach Gruppenzugehörigkeit, nach sozialem Anschluss, und das Bedürfnis nach persönlicher Signifikanz im Sinne eines Strebens nach Sinn und

Status.[8] Nachteilig sind somit jegliche von der Mehrheitsgesellschaft ausgehenden Nachrichten, die eine Interpretation im Rahmen dieser Ingroup-Outgroup-Wahrnehmung nahelegen, die also als Angriff auf die Ingroup oder Diskriminierung oder Herabwürdigung dieser verstanden werden können. Vor diesem Hintergrund muss die Botschaft der *Jihadi Fool* Videos betrachtet werden.

Hierzu bedarf es einer Dekonstruktion der Komik und der ihr zugrundeliegenden Prämissen; kurz, es muss nachvollzogen werden, warum die Videos witzig sein sollen. Humor ist ein soziales, mithin kommunikatives Phänomen. Auslöser einer komischen Situation ist ein Stimulus, der in einen sozialen Kontext eingebettet ist und dann auf kognitiver und emotionaler Ebene verarbeitet wird, um eine Reaktion zu erzeugen; zentrales Element ist die Wahrnehmung einer Inkongruenz und die Bewertung dieser Wahrnehmung als etwas Spielerisches, nicht Ernsthaftes.[9] Ergo: In der Regel empfinden wir etwas als witzig, wenn wir darin etwas Unerwartetes, Überraschendes erkennen, einen Konflikt zwischen Prämissen und Schlussfolgerungen, den wir nicht logisch verarbeiten können, und wenn wir zusätzlich soziale Signale wahrnehmen, die uns zu verstehen geben, dass es sich um einen spielerisch erzeugten logischen Fehlschluss handelt und nicht um eine ernstgemeinte Behauptung, die uns dazu veranlassen würde, die logische Inkongruenz auszudiskutieren. Damit wandelt sich die Frage: »Warum soll das witzig sein?« zu: »Warum hält der Macher des Videos dieses und jenes für überraschend, unerwartet?« Hieraus wiederum lassen sich die zugrundeliegenden Prämissen über Personen und Situationen herleiten.

DAS SKETCH-COMEDY-FORMAT AM BEISPIEL DES VIDEOS »GOODBYE SYRIA – DIE RÜCKKEHRER«

Das bisher zweitmeistgeklickte Video[10] auf dem Kanal (hinter dem kurzen Clip »Jinder«,[11] einer versuchten Persiflage auf die Dating-App *Tinder*, der ähnlich problematisch wie »Goodbye Syria«, mit nur 56 Sekunden für eine ausführliche Analyse allerdings zu knapp ist) ist eine Parodie auf »Goodbye Deutschland – Die Auswanderer«. Dabei handelt es sich um eine für einen deutschen Privatsender produzierte Reality-Doku-Soap, die auf die Perspektive Deutscher auf andere Kulturen fokussiert ist und deren Unterhaltungswert einerseits auf Konflikterlebnissen der Protagonisten bei der Eingliederung in neue Kulturen und andererseits, wie jede Reality-Sendung, auf einer gewissen spöttischen Herabsetzung der Protagonisten selbst beruht. Protagonist dieses Videos ist Ahmed, ein dunkelhäutiger junger Mann mit Vollbart und Puma-Trainingsanzug, inklusive Goldkette um den Hals, die das abgebildete Stereotyp vollendet.

8 Vgl. Tore Bjørgo, Dreams and disillusionment. Engagement in and disengagement from militant extremist groups, in: Crime, Law Social Change, Jg. 55 (2011), H. 4, S. 277–285; Arie Kruglanski u. a., The Psychology of Radicalization and Deradicalization. How Significance Quest Impacts Violent Extremism, in: Political Psychology, Jg. 35 (2014), H. 2, S. 69–93.

9 Vgl. Rod A. Martin u. Thomas E. Ford, The psychology of humor. An integrative approach, London 2018, S. 4 f.

10 Vgl. Jihadifool, Goodbye Syria – Die Rückkehrer, in: YouTube, URL: https://www.youtube.com/watch?v=kbBNKkoFpqc [eingesehen am 18.11.2019] – 19.600 Aufrufe.

11 Vgl. ders., Jinder, in: YouTube, URL: https://www.youtube.com/watch?v=WXlSTsg8Lbw [eingesehen am 18.11.2019].

Zu Beginn des Videos sieht man Ahmed in einigen kurzen Kampfszenen, die jedoch humoristisch stilisiert sind: Um Ahmed und die Kamera herum werden Maschinengewehre abgefeuert, in der Nähe erklingen Explosionen und Kampfgeschrei, ein anderer Kämpfer stürmt an Ahmed vorbei – er jedoch versteckt sich halbherzig hinter einer Hauswand und ruft seinen Mitstreitern zu: »Geht schon mal vor, ich hab 'nen Stein im Fuß,« bevor er sich zur Kamera wendet, erklärt: »Ich hab keinen Bock mehr«, das Gewehr fallen lässt und die Flucht ergreift. Von den tatsächlichen Gräueln des Krieges und der Situation, in der sich am Krieg Beteiligte – auch Kämpfer – befinden (denn einfach »keinen Bock mehr« zu haben und sich auf den Heimweg zu machen ist fernab jeglicher Realität), fehlt in der Darstellung jede Spur. In der nächsten Szene überquert Ahmed zusammen mit einer anderen Person einen Grenzposten – beide vollständig verhüllt in schwarzem Niqab [Gesichtsschleier] und passender Abaya [weites Überkleid], sodass nur die Augen zu sehen sind. Der Grenzsoldat pfeift ihm hinterher und schenkt ihm ein anzügliches Lächeln, zwinkert. Ahmed wendet sich um und zwinkert zurück – und beide dürfen den Grenzposten unbehelligt passieren.

Der Zusammenhang wird dem weniger aufmerksamen Zuseher erst in der nächsten Szene bewusst, als Ahmed beim Umsteigen in ein anderes Flugzeug den Aufenthalt nutzt, um auf der Flughafentoilette sein Augenmakeup nachzubessern. Ein Mann betritt die Männertoilette, sieht Ahmed mit zurückgeschlagenem Niqab, ihre Blicke treffen sich, der Mann verlässt peinlich berührt die Toilette. Der Humor in diesen beiden Szenen basiert auf althergebrachten Geschlechterrollenklischees und ist somit bestenfalls banal.

Die Darstellung des Grenzübertritts ist zudem insofern beunruhigend, als sie das grundfalsche Bild vermittelt, zwei im IS-Gebiet alleine reisende Frauen ohne Selbstverteidigungs- oder Schutzmöglichkeiten würden spielerisch-kokett auf Nachpfeifen und suggestive Blicke eines Soldaten reagieren – als wären sie in dieser Situation in Sicherheit und der Soldat, der zudem bewaffnet ist, nicht willens und fähig, sie binnen kürzester Zeit in ganz andere Bahnen zu lenken. Problematisch sind diese stark verharmlosenden Darstellungen des Kriegsgebiets nicht zuletzt, weil sie bei rechtspopulistischem Publikum auf fruchtbaren Boden fallen dürften; wer bereits die Einstellung hat, viele der Geflüchteten wären grundlos nach Deutschland gekommen, da es in Syrien weder besonders schlimm noch gefährlich sei, fühlt sich hier implizit bestätigt. Wer hingegen selbst aus dem Kriegsgebiet geflohen ist, könnte sich durch diese Verharmlosungen grausam verhöhnt sehen.

Das Video setzt sich fort mit dem eigentlichen Einstieg in das »Goodbye Deutschland«-Format. Fröhliche Instrumentalmusik begleitet Bilder von

Ahmed in seinem Trainingsanzug, wie er durch einen desolaten Teil Berlins läuft, dazu die Erzählung, Ahmed sei nach Berlin zurückgekehrt, nachdem er vor zwei Jahren nach Syrien ausgewandert sei; dort sei es »nicht immer ideal für ihn gelaufen« – hierzu diverse Kriegsszenen mit Explosionen und Schüssen – doch sein »Arbeitgeber« habe ihn nicht gehen lassen wollen, da er sich »als der reinste Terrorist« entpuppte. Das überraschende Moment liegt hier – wie auch in der folgenden Szene, in der Ahmed von seinem »lebenslangen Arbeitsvertrag«, »unbezahlten Überstunden, Freitagsarbeit, Lohnstundungen« erzählt – darin, dass übertreibende Sprache, die man im Alltag zur Beschreibung seiner beruflichen Situation verwendet, in Ahmeds Fall im tatsächlichen Wortsinne zutreffend ist. Zugleich werden die Lebensbedingungen unter dem IS durch diese semantische Gleichstellung mit einem deutschen Berufsalltag von den tatsächlichen verheerenden Umständen und dem damit einhergehenden Leid abstrahiert – die Situation wird weiterhin verharmlost, dem Zuschauer wird vermittelt, dass der Rückkehrer, der sich aus irgendwelchen Gründen am IS beteiligt hat, kein Kriegsopfer oder in irgendeiner Weise Leidender sei, sondern ein unzufriedener Angestellter, der mit nichts Außergewöhnlichem konfrontiert war.

Ahmed setzt fort: »Zuerst dachte ich, ich geh' zurück in meinen Job als Molekularphysiker« – eine Pause, und dann die hinzugesetzte Erklärung, aber auch das sei harte Arbeit gewesen und er wolle sich neu orientieren. Der zweite Teil der Pointe folgt darin, dass er sich sodann entschließt, eine Schischa-Bar zu eröffnen, doch der erste Teil der Pointe liegt in der Aussage, Ahmed sei vorher Molekularphysiker gewesen (u.a. indiziert durch die bewusst gesetzte Pause). Warum soll das überraschend und somit witzig sein? Wenn eine Inkongruenz zwischen »Ahmed« und »Molekularphysiker« besteht, dann ist die Prämisse, deren Logik verletzt wird, bestenfalls: »Menschen, die auswandern und sich einer radikalen Gruppe anschließen, sind dumm, weshalb sie einen Job, der Intelligenz erfordert – wie Molekularphysiker – nicht ausüben können«, und schlechtestenfalls »Muslime/Menschen mit Migrationshintergrund sind dumm«.

Ahmed erklärt im Weiteren, er habe über seine ehemaligen Arbeitsumstände nachgedacht und sei zu dem Schluss gekommen: »Schichtdienst, Wochenendarbeiten, *und* Wissenschaft ***und*** Religion [sic] – das passt einfach schwer zusammen. Ja, und dann dachte ich halt ok, dann versuche ich mal Islam *ohne* Extremismus«.[12] Daraufhin erklärt der Erzähler: »Ahmed analysiert den Markt und findet seine Lücke.«

Die nächste Szene zeigt Ahmed, wie er aufgeregt einem Freund erklärt, eine neue Schischa-Bar zu eröffnen sei die Lösung für komplexe soziale Probleme,

12 Hervorhebungen spiegeln die Betonung im Video wider.

die er in der Gesellschaft wahrnimmt. Die Behauptung, Wissenschaft und Religion würden nicht zusammenpassen, wird so unkommentiert stehengelassen und nicht widerlegt – suggerierend, dass diese Behauptung nicht Ahmed, dem Protagonisten, sondern dem Macher des Videos zuzuschreiben ist und dessen Idee deutscher gesellschaftlicher Werte verkörpert. Tatsächlich steht eine persönliche Religiosität der Ausübung wissenschaftlicher Tätigkeit keinesfalls im Wege, solange man der wissenschaftlichen Methode getreu arbeitet.

Noch bezeichnender ist aber, dass auf die Aussage, er wolle nun den Islam ohne Extremismus leben, unmittelbar die Darstellung seines Plans zur Eröffnung einer Schischa-Bar folgt: Ahmed präsentiert seinem Freund Ersan seine neue Geschäftsidee, indem er zunächst die Marktlücke umschreibt. Auf die Frage: »Was brauchen wir in Berlin wirklich?« gibt Ersan zur Antwort: »Bezahlbaren Wohnraum, Migrantenkinder in Führungspositionen, eine Kulturpolitik, die diesen Namen verdient.« Hieraus zieht Ahmed begeistert den Schluss: »Eine neue Schischabar!« Als die Begeisterung bei Ersan ausbleibt, erklärt der Erzähler, die zwei Jahre in Syrien hätten ihre Spuren hinterlassen und es falle Ahmed nun schwer, Kritik anzunehmen, und hinterfragt, ob ihm die Reintegration gelingen werde.

Die nächsten Szenen zeigen Ahmed, wie er auf Ersans Widerspruch reagiert mit: »Er hat Gott gelästert. Steinigt ihn!« und ihn mit Pflastersteinen bewirft; wie die Inneneinrichtung für seine Schischabar geliefert wird und die deutschen Möbelpacker sich für die achtminütige Verspätung entschuldigen, während Ahmed sie fassungslos nur in Handtuch und Bademantel empfängt und ausruft: »Ich hab noch nicht mal 'nen Laden!«; und schließlich, wie die deutsche Immobilienmaklerin ihm bei der Besichtigung eines Lokals die hohe Kaltmiete mitteilt, er sie schockiert ansieht und dann zur Kamera ruft: »Ergreift sie, sie ist nicht verschleiert!« »Ja, Sie ja nun mal leider auch nicht,« versetzt die Maklerin und lässt ihn mit dümmlichem, überfordertem Gesichtsausdruck zurück.

Die hier dargestellten Stereotype – Gewaltbereitschaft, Unpünktlichkeit und Desorganisiertheit, mangelnde Schlagfertigkeit bzw. Intelligenz und Unfähigkeit, sich mit emanzipierten Frauen auseinanderzusetzen – stellen eher allgemeine kulturelle Stereotype über Muslime oder Migranten aus dem Nahen Osten dar denn spezifische IS-bezogene Stereotype und wirken somit deplatziert. Zum Abschluss erklärt der Erzähler, es werde noch lange dauern, bis Ahmed seinen großen Traum von der eigenen Schischa-Lounge verwirklichen und wirklich wieder in Deutschland ankommen könne – dazu beobachtet man Ahmed, wie er in einen Hundehaufen tritt und fluchend am Horizont verschwindet.

Der aus Berlin-Marzahn nach Syrien ausgewanderte, somit also in Deutschland aufgewachsene Ahmed wird als ein völlig Entfremdeter dargestellt, dem es nicht gelingt, sich vollständig in der deutschen Gesellschaft mit ihren Verhaltensregeln zurechtzufinden – nach nur zwei Jahren der Abwesenheit. Diese Entfremdetheit wird zudem mit seiner Religion in Verbindung gebracht, da all diese Darstellungen auf die Ankündigung folgen, von nun an einem friedlichen Islam zu folgen. Ob damit suggeriert wird, dass es einen friedlichen Islam nicht gebe (er bewirft seinen Freund mit Steinen und fordert die Verhaftung einer Frau), oder dass auch der friedliche Islam Deutschland fremd sei (weil er es nicht mehr schafft, sich in der Gesellschaft zurechtzufinden), bleibt ambivalent. Das Narrativ, dass Ahmed vor seiner Hinwendung zum Islam ein Molekularphysiker war, danach jedoch sein »großer Traum« an Ambition und Weitsicht die Eröffnung einer neuen Schischabar nicht mehr übersteigt, scheint ebenfalls Implikationen in dieser Richtung zu machen: Der Islam mache ihn zu einem weniger nützlichen Mitglied der Gesellschaft.

Diese Interpretationen sind vermutlich nicht intendiert, doch bereits die Tatsache, dass das Video sie zulässt und sogar nahelegt, macht es gefährlich. Darin können Diskriminierung, Angriffe auf die Ingroup, ungerechte Behandlung gesehen werden – eben jene Risikofaktoren, die die Vulnerabilität für Radikalisierung erhöhen und denen ursächlich entgegengewirkt werden muss, wenn man effektive Prävention betreiben möchte. Ebenso ist es denkbar, dass Videos wie dieses – da sie die Veranlagung zu diesen Interpretationen nun einmal beinhalten – von Social-Media-Vertretern radikaler Gruppen instrumentalisiert werden; sie sind nicht zuletzt deshalb in besonderer Weise geeignet, als Angriff des deutschen Staates auf die Zielgruppe von IS und Co. präsentiert zu werden, weil sie vom Verfassungsschutz selbst veröffentlicht werden.

DAS INFORMATIONSFORMAT »HINTER.GRÜNDLICH«

Das Informationsformat, das nicht auf Satire, sondern auf die konzise Darstellung wesentlicher Fakten zu konkreten Themenbereichen setzt, bildet das zweite Standbein von *Jihadi Fool.* In diesem Format wurden bis jetzt sechs Videos erstellt, auch diese leider nicht unproblematisch. Das erste Video der Reihe behandelt das Thema Propaganda, die weiteren behandeln die Themen Scharia, IS-Rückkehrer, weibliche Auswanderung nach Syrien, Selbstradikalisierung im Internet und Islamismus im Unterschied zum Islam. Vorweg: Vorbildlich ist, dass in der Beschreibung der Videos sämtliche genutzten Quellen sowie weiterführende Literatur, u. a. von der Bundeszentrale für politische Bildung, verlinkt werden. Fraglich ist die Präsentation: Zwischen eingeblendeten Videoclips ist ein/e deutsche/r Sprecher/in vor einem dunkelblau/-grün unruhig flackernden Hintergrund zu sehen, vor dem stetig die Worte »hinter.gründlich« rotieren; dazu ist das gesamte Video mit unangenehm lauter, ominös-bedrohlicher Musik hinterlegt, was von den Inhalten des Videos etwas ablenkt, da es dem Zuschauer unweigerlich ein Gefühl emotionalen Manipuliert-Werdens vermittelt. Von dieser musikalischen Untermalung wurde in der Mehrzahl der nachfolgenden Videos der Reihe dankenswerter Weise abgesehen, was diese im Vergleich immerhin seriöser erscheinen lässt.

Inhaltlich weiß das Video nicht ganz, an wen es sich wendet, und das ist spürbar; zwar erklärt der Sprecher, mit seinen Videos habe der IS »sein Zielpublikum – und zwar *dich*« ganz fest im Blick – man habe also dieselbe Zielgruppe wie der IS –, gleichzeitig suggeriert die Aufbereitung und Informationstiefe jedoch, dass es sich eher um ein »IS-Propaganda, was ist das?«-Video für Szenefremde handele.

Das Video reißt Themen nur kurz an, es fehlt die Substanz – so wird als Beispiel das *Alhayat-Mediacenter* erwähnt, das Propaganda- und Musikvideos für den IS produziert. Bei diesen Musikvideos handle es sich um *Naschids*, Acapella-Gesänge, auf die der IS deshalb zurückgreife, weil der IS instrumentale Musik als *haram,* also verboten, betrachte. Die Schnittmenge an Personen, die sich einerseits mit IS-Propaganda beschäftigen und für deren Einfluss anfällig sind und andererseits sowohl den Begriff *Naschid* als auch *haram* erklärt bekommen müssen, dürfte eher gering sein.

Im Folgenden wird ein solches Video dekonstruiert, es wird auf Manipulationen des Bildmaterials hingewiesen und darauf, dass diese Videos von Medienprofis erstellt werden, um den Zuseher zu manipulieren – ein Hinweis, der in den Kommentaren bisweilen bitter belächelt wird, da das Video des Verfassungsschutzes selbst ebenfalls von einer professionellen Produktionsfirma erstellt wurde. Das Video endet mit dem etwas plattitüdenhaften Aufruf, wenn man sich IS-Videos ansehe, solle man diese hinterfragen, andere Informationen suchen, auch den Wahrheitsanspruch des IS auf die einzig richtige Auslegung des Koran hinterfragen – was zwar richtig ist, aber viel zu kurz greift und von einem Unverständnis des Radikalisierungsprozesses und der kognitiven Abkapselung, die damit einhergeht, zeugt.

Wenn jemand bereits vertieft mit Propagandamaterial oder sogar Personen aus der Szene zu tun hatte, ist es typisch, dass gegenüber staatlichen Medien und Vertretern der Outgroup, häufig der stereotyp konstruierten deutschen Mehrheitsgesellschaft, erhöhtes Misstrauen herrscht. Bei einer Person in diesem Zustand wird ein Verfassungsschützer, für ihn/sie Symbolfigur deutscher Staatsgewalt, der sich hinstellt und zum kritischen Hinterfragen von IS-Videos ermahnt, vermutlich erfolglos bleiben bzw. noch zu (gesteigerter) Reaktanz führen, weil der Verfassungsschutz als Teil der Outgroup wahrgenommen wird und diese Wahrnehmung und damit der Mangel an Vertrauen durch solche Videos noch verstärkt werden.

Die übrigen Videos der Reihe, so etwa das Video zur Scharia und das zum Thema IS-Rückkehrer, weisen letztlich ähnliche Probleme wie das erste Video auf: Durchgehend ist das Informationsniveau so grundlegend, dass die Videos zwar als Unterrichtsmaterial für den Religions- oder Politikunterricht in der 5. Klasse gut geeignet wären; um jemanden, der bereits in irgendeiner Form dem Islam angehört oder mit diesem aufgewachsen ist und nun radikalisierungsgefährdet ist, anzusprechen, sind sie allerdings schlicht unbrauchbar. Die Diskrepanz zwischen Informationsniveau und angeblicher Zielgruppe spiegelt sich auch in den Nutzerkommentaren, beispielsweise unter dem Scharia-Video der Reihe, wider: ausschließlich Nicht-Muslime, mutmaßlich ohne Kontakt zum Islam, entweder ganz ohne Verständnis oder mit feindlicher Einstellung. Was bei dem Informationsformat noch erschwerend hinzukommt ist, dass der Kanal für junge Muslime, die auf der Suche nach religiösen Wegweisern sind, weder eine vertrauenswürdige Quelle noch eine Autorität ist und wohl auch nicht sein kann. Selbst wenn kein Misstrauen gegen staatliche Medien vorherrscht – obwohl dieses bei vielen durch Propaganda von IS und anderen Stellen geschürt wird –, ist es immer noch fernliegend, sich mit religiösen Fragen an ein säkulares, staatliches Medium zu wenden, an Personen, die weder der eigenen Ingroup noch Religionsgemeinschaft angehören und auch über keine vertieften Kenntnisse zu verfügen scheinen. Bisweilen können auch Deutsche als religiöse Autorität wahrgenommen werden, wenn sie ihre Identität als Konvertiten besonders inszenieren – so etwa Pierre Vogel. Warum aber sollte jemand Informationen über seine Religion von einer Person annehmen, die als säkular auftritt, wie es die Vertreter des Kanals tun?

»SO IST ES DOCH GAR NICHT GEMEINT«

Die zu erwartende Entgegnung der Macher und Betreiber des Kanals auf diese Kritik ist wohl: »So sind die Videos doch gar nicht gemeint.« Nicht umsonst lautet die Kanalbeschreibung: »Jeder gute Witz hat einen »wahren« Hintergrund. Mithilfe satirischer Darstellungen von extremistischem Salafismus und Islamismus / Terrorismus und Radikalisierung verfolgen wir das Ziel, dass sich ein breite(re)s Publikum mit diesen Thematiken auseinandersetzt. *Dies ist in keinem Fall despektierlich gegenüber dem Islam,* sondern als eine Sensibilisierung in Kunstform, *aufzufassen.* Neben dem Comedy-Format bieten wir ebenfalls Fakten über und Hintergrundinformationen zu einer Vielzahl dargestellter und angrenzender Themen. Auf unseren Social-Media-Kanälen wollen wir Raum für die gedankliche Auseinandersetzung mit und einen Diskurs zu diesen Gegenständen schaffen.«[13]

Gegenteiliges ist dem Team des Verfassungsschutzes auch keinesfalls zu unterstellen; allein, der gute Wille reicht nicht aus. Jede Kommunikation besteht aus zwei Seiten, dem Sender und dem Empfänger, dem, was eigentlich gemeint ist, und dem, was tatsächlich ankommt. Da es sich hier um ein staatlich finanziertes Präventionsprojekt handelt, interessiert uns, die Öffentlichkeit, vor allem was tatsächlich ankommt und welchen Effekt es hat. Gerade deshalb ist es so wichtig, sich mit seiner Zielgruppe genau auseinanderzusetzen, für diese ehrliche Empathie zu entwickeln und ihre Denkmuster nachzuvollziehen. An dieser Hürde scheitert – zumindest zum jetzigen Zeitpunkt – das Projekt *Jihadi Fool.*

ES GEHT AUCH BESSER: GEGENBEISPIEL *DATTELTÄTER*

Ein Beispiel nehmen könnte man sich hingegen an einem anderen, mittlerweile auch durch den öffentlich-rechtlichen Rundfunk geförderten Kanal: *Datteltäter* ist ein im Gegensatz zu *Jihadi Fool* authentisches Projekt, das als private Initiative begonnen hat und seit September 2016 in *funk*, das jugendliche Online-Angebot von ARD und ZDF, eingegliedert ist.[14] Die Gründung des Kanals erfolgte aus einer Idee, gemeinsam Comedy zu machen und die Verständigung zwischen Muslimen und der Mehrheitsgesellschaft in Deutschland anzuregen, und zwar innerhalb einer gemischten Freundesgruppe, in der originäre und konvertierte Muslime wie auch Christen mit und ohne primärem oder sekundärem Migrationshintergrund enthalten sind. Bereits dadurch ist der Kanal authentischer als *Jihadi Fool*, bei dem eine professionelle Produktionsfirma mit der Erstellung von Videos unter Vorgabe gewisser Leitideen beauftragt wurde. Ersteres – dies nur am Rande – entspricht auch weit mehr dem Gedanken von *YouTube* als Plattform als letzteres, was ein weiterer Grund dafür sein könnte, warum die *Datteltäter* auf dieser Plattform schlicht besser ankommen.

Auch dieser Kanal hat eine Parodie auf ein bekanntes deutsches Fernsehformat zu bieten: »Dagileo Islamreport feat. Space Frogs«[15] – allerdings geht hier, im Gegensatz zu »Goodbye Syria«, der Witz auf Kosten des parodierten Formats, *Galileo* (einer selbst-deklarierten Wissenssendung des deutschen Privatfernsehens), und der Stereotypen und emotionalisierenden Verzerrungen, die in der Auseinandersetzung solcher Medien mit dem Islam häufig anzutreffen sind.

13 Vgl. Jihadifool, Beschreibung, in: YouTube, URL: https://www.youtube.com/channel/UCCkTQUPNZjw8VFlZWB2CMfg/about [eingesehen am 18.11.2019].

14 Vgl. datteltäter, Beschreibung, in: YouTube, URL: https://www.youtube.com/channel/UCF_oOFgq8qwi7HRGTJSsZ-g/about [eingesehen am 18.11.2019].

15 Vgl. datteltäter, Dagileo Islamreport feat. Space Frogs, in: YouTube, URL: https://youtu.be/B8DpuJdBmZY?list=UUF_oOFgq8qwi7HRGTJSsZ-g [eingesehen am 18.11.2019].

Nun mag man einwenden, dass der Verfassungsschutz mit seinem Projekt ja nicht Vorurteile gegen Muslime thematisieren wollte (obwohl dies in den ersten Videos auf dem Kanal auch noch versucht wurde, bevor dann anscheinend eine Kurskorrektur angeordnet wurde),[16] sondern dass junge Muslime und allgemein potenzielle IS-Interessenten angesprochen werden sollten. Nun, auch solche Videos sind bei den *Datteltätern* zur Genüge vorhanden, und im Gegensatz zu *Jihadi Fool* erreichen sie ihre Zielgruppe tatsächlich: »Wenn Google ein Imam wäre (Teil 2)«,[17] »7 Arten von muslimischen Männern«[18] und »Haramstufe Rot l Wer sind diese Facebook-Imame?«[19] sind nur einige Beispiele für Comedy-Videos auf dem Kanal, die sich an junge Muslime wenden und gleichzeitig ein Verhalten in der Community kritisieren, das in Richtung Intoleranz oder Radikalisierung führt.

Was besonders wertvoll an dem Kanal ist: Die Betroffenen kommen selbst zu Wort, es wird nicht, wie in so vielen Medien, für und über Muslime gesprochen, sondern mit ihnen. So kommen etwa in Videos wie »Wenn Hijabis ihre Haare schneiden! Esra's Zen-Welt«,[20] »Frauen mit Kopftuch reagieren auf Stereotypen – Wahrheit oder Vorurteil«[21] oder »›Du trägst Kopftuch, aber schminkst dich wie ne Kardashian!‹ – Vorurteile Muslim Edition«[22] Kopftuchträgerinnen selbst zu Wort und können sich über ihre Lebensrealität äußern, ohne von einer bevormundenden Diskussion über das Kopftuch an sich unterbrochen zu werden.

Neben der Video-Reihe »Wahrheit oder Vorurteil« gibt es auch andere, mehr an Information denn an Comedy orientierte Videos, etwa »Salafismus verstehen – schwer gemacht!«[23] oder »Der Radikale«[24]. Der offene und vielseitige Diskurs, den sich *Jihadi Fool* auf die Fahnen bzw. in die Kanalbeschreibung geschrieben hat, findet in den Kommentaren der *Datteltäter* statt.

FAZIT: DAS PROJEKT HAT NOCH VERBESSERUNGSPOTENZIAL

Natürlich, das Projekt steckt noch in seinen Kinderschuhen, ein neuer Kanal mit gerade 22 Videos (Stand 18.11.2019) kann nicht auf Anhieb an Qualität und Breite des Repertoires eines seit Jahren tätigen Kanals herankommen. Allerdings gilt es zu bedenken, dass Übung allein nicht den Meister macht. Soll aus *Jihadi Fool* ein erfolgreiches Präventionsprojekt werden, bedarf es einiger Nachjustierungen. Mindestens müssten sich die Macher mit ihrer Zielgruppe noch einmal gründlich und authentisch auseinandersetzen und wirklich versuchen, zu verstehen, mit wem sie gerade kommunizieren möchten. In der gleichen Behörde ist ein Deradikalisierungsprogramm angesiedelt – möglicherweise wären die Mitarbeiter dort bereit, ihre langjährige Expertise zur Verfügung zu stellen, vielleicht fänden sich sogar einige

16 Vgl. Jihadifool, Schlimm, in: YouTube, URL: https://youtu.be/jfD0LAi0ZfY; vgl. ders., Auf Werbetour, in: YouTube, URL: https://youtu.be/ZuoskX9JPSc [eingesehen am 18.11.2019].

17 Vgl. datteltäter, Wenn google ein Imam wäre TEIL 2, in: YouTube, URL: https://youtu.be/40GBP6Isak8?list=UUF_oOFgq8qwi7HRGTJSsZ-g [eingesehen am 18.11.2019].

18 Vgl. ders., 7 Arten von muslimischen Männern, in: YouTube, URL: https://youtu.be/Eke1mMHx62w?list=UUF_oOFgq8qwi7HRGTJSsZ-g [eingesehen am 18.11.2019].

19 Vgl. ders., Haramstufe Rot l Wer sind diese Facebook-Imame?, in: YouTube, URL: https://youtu.be/CCtXceCaS38?list=UUF_oOFgq8qwi7HRGTJSsZ-g [eingesehen am 18.11.2019].

20 Vgl. ders., Wenn Hijabis ihre Haare schneiden! | Esra's Zen-Welt, in: YouTube, URL: https://www.youtube.com/watch?v=t9oDWq7wTyY [eingesehen am 18.11.2019].

21 Vgl. ders. Frauen mit Kopftuch reagieren auf Stereotypen – Wahrheit oder Vorurteil, in: YouTube, URL: https://www.youtube.com/watch?v=aPVKx5IwbFs [eingesehen am 18.11.2019].

22 Vgl. ders., »Du trägst Kopftuch, aber schminkst dich wie ne Kardashian!« – Vorurteile Muslim Edition, in: YouTube, URL: https://www.youtube.com/watch?v=6KsfbN0lL9c [eingesehen am 18.11.2019].

23 Vgl. ders., Salafismus verstehen – schwer gemacht!, in: YouTube, URL: https://youtu.be/55agQ2WtLFY?list=UUF_oOFgq8qwi7HRGTJSsZ-g [eingesehen am 18.11.2019].

Aussteiger, die Interesse hätten, sich zu beteiligen. Letzteres wäre die noch bessere Variante, da die Perspektive selbst eines Experten ohne eigene Radikalisierungserfahrung, der in dem Bereich Radikalisierung arbeitet, dennoch immer eine Außenperspektive bleibt und somit immer ein Spalt in der Kommunikation zu überbrücken ist. Radikalisierungsprävention geht nicht ohne Inklusion; Sprechen und – da es den Machern des Kanals ja um Humor ging – Lachen miteinander anstatt übereinander ist unabdingbar. Inwieweit dies angesichts der bisherigen Videos und eigentlich bereits des Kanalnamens, der die potenziell angesprochenen als »fool«, also »Dummkopf«, betitelt, möglich ist, wird sich weisen.

Alternativ bestünde noch die Möglichkeit, das Ziel der Prävention im Blick zu behalten und die für das Projekt zugeteilten Gelder im weiteren Verlauf umzuwidmen und anderweitig zu investieren – etwa in Angebote, die direktere Kommunikation fördern, nach Art des Projekts »One to One« des Londoner ISD (Institute for Strategic Dialogue): Personen, die auf Sozialen Medien Radikalisierungsbereitschaft signalisieren, werden direkt von ausgewählten Aussteigern angeschrieben und in ein persönliches Gespräch verwickelt.[25] Projekte wie dieses haben zwar eine geringere Reichweite als ein *YouTube*-Kanal, sind jedoch bei den Personen, die sie erreichen, weit erfolgversprechender als ein satirisches oder informierendes Video.

Sei es nun die Entscheidung, das Konzept des Kanals gründlich zu überarbeiten und neue Leute ins Team zu holen oder die Entscheidung, die dafür zugeteilten Gelder anders zu verteilen – in jedem Fall kommt auf das Team des Verfassungsschutzes NRW eine intensive Arbeitsphase zu, will es den Verlauf seines Präventionsprojekts in erfolgversprechende Bahnen lenken.

24 Vgl. ders., Der Radikale, in: YouTube: URL: https://youtu.be/9rQMuy77RFs?list=UUF_oOFgq8qwi7HRGTJSsZ-g [eingesehen am 18.11.2019].

25 Vgl. o.V., One to One. Facilitating interventions between former extremists and young people who show extremist tendencies online, in: ISD, URL: https://www.isdglobal.org/programmes/communications-technology/one-to-one/ [eingesehen am 18.11.2019].

Julia Reiter ist Psychologin mit den Forschungsschwerpunkten Intergruppen-Konflikte und politische und religiöse Radikalisierungsprozesse. Am Göttinger Institut für Demokratieforschung ist sie Mitglied der Forschungsgruppe Radikaler Islam.

ATOMSPIONAGE FÜR SOWJETRUSSLAND?

DER FALL ETHEL UND JULIUS ROSENBERG

Ξ Sina Arnold / Olaf Kistenmacher

Bis heute wird darüber gerätselt, was Anfang der fünfziger Jahre zu der Verhaftung von Ethel und Julius Rosenberg sowie zweier weiterer Angeklagter und schließlich zu dem Gerichtsverfahren geführt hat, das im Fall des Ehepaars Rosenberg mit dem Todesurteil endete. Für viele Zeitgenossinnen und Zeitgenossen mögen sich die Eheleute eines Verbrechens schuldig gemacht haben, das, wie es der Richter Irving Kaufman am 5. April 1951 in seiner Urteilsbegründung ausdrückte, »schlimmer als Mord« gewesen sei. Der Richter sah es als erwiesen an, dass die Angeklagten »Hochverrat« gegenüber den Vereinigten Staaten begangen und der Sowjetunion entscheidende Informationen zum Bau der Atombombe geliefert hätten. 1949 hatte die UdSSR den ersten erfolgreichen Atomwaffentest absolviert. Indem die Rosenbergs dazu beigetragen hätten, die Sowjetunion militärisch zu stärken, seien sie, so Kaufman, mitverantwortlich für die »kommunistische Aggression in Korea mit den sich daraus ergebenden Verlusten von 50.000 Amerikanern«.[1]

Die meisten wissenschaftlichen Studien und auch viele literarische Verarbeitungen des Falls kommen zu einer entgegengesetzten Einschätzung. Demnach handelt es sich bei dem Prozess um einen Justizskandal, befördert von der antikommunistischen Paranoia der McCarthy-Ära. So schrieben Miriam und Walter Schneir 1965 in ihrem Bestseller *Invitation to an Inquest*, die Rosenbergs seien nicht nur zu Unrecht verurteilt, sondern für ein Verbrechen bestraft worden, das es nie gegeben habe.[2] Vielen politischen Linken in den USA und Europa erschienen Ethel und Julius Rosenberg bereits während des Gerichtsverfahrens als vollkommen unschuldige Opfer einer politisch geprägten Rechtsprechung. Als die Rosenbergs im Juni 1953 hingerichtet wurden, demonstrierten mehrere tausend Menschen in Manhattan, New York, gegen das Urteil und das Gerichtsverfahren. Der französische Philosoph Jean-Paul Sartre hatte in der *Libération* gegen das Verfahren Einspruch erhoben und vor einem »neuen Faschismus« in den USA gewarnt, Pablo Picasso hatte Ethel und Julius Rosenberg porträtiert, die Künstlerin Frida Kahlo hatte sich ebenfalls für die beiden Angeklagten eingesetzt. Für sie und viele andere war die Unschuld, die das Ehepaar vor Gericht beteuert hatte, eindeutig.

1 Irving Kaufman, zitiert nach: Stefana Sabin, Apropos Ethel Rosenberg, Frankfurt a. M. 1996, S. 83–84.

2 Miriam Schneir, Preface: A Long Journey, in: Walter Schneir, Final Verdict. What Really Happened in the Rosenberg Case, New York 2010, S. 26.

 INDES, 2019-4, S. 88–95, © Vandenhoeck & Ruprecht GmbH & Co. KG, Göttingen, 2019, ISSN 2191-995X

Seit 1989 mehrten sich allerdings Zweifel an der Sichtweise, dass Julius Rosenberg gänzlich unschuldig gewesen sei. Es gab russische Zeugen, die ihn als Agenten nannten, und auch Dokumente des sowjetischen Geheimdienstes KGB, die nach dem Mauerfall veröffentlicht wurden, schienen auf die Agententätigkeit Julius Rosenberg zu verweisen, der allerdings in den von den USA entschlüsselten Akten unter den Codenamen »Antenna« und »Liberal« geführt wurde.[3] 2008 schließlich gestand Morton Sobell, Mitangeklagter in dem Gerichtsverfahren, der 18 Jahre im Gefängnis gesessen hatte, gegenüber der *New York Times*, dass Julius Rosenberg und er in den 1940er Jahren einen Spionagering gebildet hatten. Ethel Rosenberg gehörte nach Sobells Darstellung nicht zu diesem Verschwörerkreis. Sobell stellte überdies klar, dass sie der UdSSR nicht das Geheimnis der Atombombe verraten hatten können. Was sie dem KGB übermittelt hätten, sei »unbrauchbares Zeug« gewesen.[4]

Als wir, Sina Arnold und Olaf Kistenmacher, 2013 zuerst für einen Beitrag für die Wochenzeitung *Jungle World* und dann für das kleine Buch *Der Fall Ethel und Julius Rosenberg. Antikommunismus, Antisemitismus und Sexismus in den USA zu Beginn des Kalten Krieges* recherchierten, fiel uns zunächst der große kulturelle Unterschied zwischen Deutschland und den USA auf. In den Vereinigten Staaten beschäftigt der Fall bis heute die Öffentlichkeit. Drei Jahre vor unserer Recherche waren mit Walter Schneirs *Final Verdict. What Really Happened in the Rosenberg Case* und David und Emily A. Almans *Exoneration. The Trial of Julius and Ethel Rosenberg and Morton Sobell* zwei neue Studien zu dem Fall erschienen. Parallel zu unserem Buch veröffentlichte Lori Clune ihre Dissertation *Executing the Rosenbergs: Death and Diplomacy in a Cold War World.* In Deutschland hingegen waren Veröffentlichungen zu dem Fall kaum verfügbar – außer der autobiografischen Darstellung des jüngeren Sohns der Rosenbergs, Robert Meeropol, die auf Deutsch unter dem etwas reißerischen Titel *Als die Regierung entschied, meine Eltern umzubringen* erschienen ist.[5] Uns beschäftigte also auch die Frage, wie dieser Fall, der in den fünfziger Jahren die Weltöffentlichkeit bewegt hatte, in Deutschland im Laufe der achtziger Jahre langsam aus der Erinnerung verschwinden konnte. Selbst in der politischen Linken, hatten wir den Eindruck, war das Schicksal der beiden Anarchisten Sacco und Vanzetti, die 1927 zum Tode verurteilt worden waren, eher bekannt als das der Rosenbergs.

DAS GERICHTSVERFAHREN IN DEN FÜNFZIGER JAHREN

Es ist offensichtlich, dass die USA der späten vierziger und frühen fünfziger Jahre von einem extremen Antikommunismus geprägt waren. Der Senator Joseph McCarthy sollte und wollte mit dem Repräsentantenhaus-Komitee

3 Schneir, Final Verdict, S. 46.

4 Sam Roberts, Figure in Rosenberg Case Admits to Soviet Spying, in: New York Times, 11.09.2008, URL: https://www.nytimes.com/2008/09/12/nyregion/12spy.html [eingesehen am 31.10.19].

5 Robert Meeropol, Als die Regierung entschied, meine Eltern umzubringen. Der Fall Rosenberg – Ein Sohn erzählt, Frankfurt a. M. 2008. Im Original heißt sie »An Execution in the Family. One Son's Journey«.

für »unamerikanische Umtriebe« (HUAC, House Un-American Activities Committee) herausfinden, inwieweit die kulturellen und politischen Institutionen der USA von Kommunistinnen und Kommunisten infiltriert waren; er wurde schließlich selbst zu Fall gebracht, als er hochrangigen Militärs der U.S. Army unterstellte, für den Kommunismus zu arbeiten. Niemand sollte sich sicher fühlen können. Bezeichnend für die Stimmung dieser Zeit ist die Aussage des FBI-Chefs Edgar Hoover: »Heutzutage sind die meisten hier lebenden und arbeitenden Kommunisten in den USA geboren. Andere besitzen die Staatsbürgerschaft, weil sie bereits lange Zeit hier leben, nur wenige sind Ausländer. Die meisten Kommunisten sind ganz normal aussehende Menschen, so wie Ihr Sitznachbar im Bus oder der Verkäufer in einem Laden in der Nachbarschaft.«[6]

Mit den Rosenbergs wurde im Sommer 1950 ein Ehepaar verhaftet, das der Öffentlichkeit bis dato unbekannt war. Julius Rosenberg betrieb ein kleines Radiogeschäft in New York, Ethel Rosenberg kümmerte sich zu dieser Zeit um die beiden Söhne Robert und Michael. Julius Rosenberg war Mitglied der Kommunistischen Partei der USA (CPUSA), Ethel Rosenberg hatte zumindest 1940 einen Wahlaufruf für die CPUSA unterschrieben – was die Aufmerksamkeit des FBI erregt hatte. Wie sollten solch einfache Leute an ein Staatsgeheimnis wie die Konstruktionspläne der US-amerikanischen Atombombe gelangt sein? In der Lage dazu war lediglich Ethel Rosenbergs Bruder, David Greenglass. Er hatte während des Zweiten Weltkriegs als Ingenieur in Los Alamos, New Mexico, gearbeitet, wo die USA Atombomben entwickelt hatten. Greenglass gab bei seiner Vernehmung im Juni 1950 zu Protokoll, er habe im Auftrag seines Schwagers Julius Rosenberg in Los Alamos die geheimen Pläne zum Bau einer Atombombe gestohlen.

Eine andere Spur, die zu den Rosenbergs geführt hatte, war über mehrere Umwege verlaufen: Wenige Monate zuvor war in London der deutsche Atomphysiker Klaus Fuchs verurteilt worden. Er hatte am Manhattan-Projekt unter der Leitung von J. Robert Oppenheimer an der Entwicklung der Atombombe mitgearbeitet. Fuchs gestand und gab an, es habe in den USA einen »einzigen sowjetischen Agenten« gegeben, mit dem er in Kontakt stand, den er aber »nur ungenau beschreiben konnte und dessen Namen er nicht wußte«.[7] Daraufhin verhaftete das FBI Harry Gold, einen Apotheker aus Philadelphia, der in Verbindung mit Fuchs gestanden haben sollte. Gold nannte gegenüber dem FBI als weitere Kontaktperson David Greenglass.

Verurteilt wurden die Rosenbergs aufgrund der Aussage von Greenglass und einiger Indizien – andere Beweise für ihre Schuld gab es nicht. Angeklagt waren sie nach dem Espionage Act, einem Gesetz, das bereits 1917

6 Edgar Hoover, zitiert nach: Olaf Stieglitz, Bilder der Rosenbergs. Die Visualisierung von Verrat in den USA im frühen Kalten Krieg, in: André Krischer (Hg.), Verräter. Geschichte eines Deutungsmusters, Wien 2018, S. 315–330.

7 Sabin, S. 10.

verabschiedet worden war. Für eine Verurteilung nach dem Espionage Act reichte es aus, zu einem Kreis zu gehören, der lediglich die Absicht hatte, Spionage zu treiben. Dass die Rosenbergs mit dem Tod bestraft wurden, lag an der unbewiesenen Vermutung, sie hätten die technischen Details zum Bau einer Atombombe besessen und Kontaktpersonen in der UdSSR verraten.

»THE DREYFUS CASE OF COLD WAR AMERICA«

Außer ihrer kommunistischen Identität spielte für den Verlauf und den Ausgang des Verfahrens aus Sicht der Rosenbergs und mehrerer Beobachterinnen und Beobachter auch die Tatsache eine Rolle, dass sie ein jüdisches Ehepaar waren. Ethel und Julius Rosenberg hatten nicht nur jüdische Eltern. Sie selbst hatten in einer alten New Yorker Synagoge geheiratet – was viele andere jüdische Kommunisten vor und nach ihnen nicht getan hätten. Robert Meeropol beschreibt seinen Vater Julius Rosenberg mit den Worten: »Im Alter von 16 Jahren beschäftigte er sich noch ernsthaft mit Religion, aber mit 18 wurde er Marxist.«[8] Dass Jüdinnen und Juden illoyal seien und ihrem Staat gegenüber nicht treu ergeben sein können, ist eine alte antisemitische Anschuldigung, die sich besonders prominent in der Dreyfus-Affäre in Frankreich am Ende des 19. Jahrhunderts gezeigt hat. Entsprechend deutete die linksliberale Tageszeitung *The Guardian* 1951 das Gerichtsverfahren gegen die Rosenbergs als »the Dreyfus Case of Cold War America«.[9] Obwohl dem Gesetz nach gleich, galten jüdische Amerikanerinnen und Amerikaner vielen in den USA nicht als »echt«. Der Name des HUAC zeigt an, dass der Vorwurf des Kommunismus gleichbedeutend war mit dem Vorwurf, »unamerikanisch« zu sein. In den USA war es während der dreißiger und frühen vierziger Jahre weit verbreitet, dass Jüdinnen und Juden der Zugang zu bestimmten Berufszweigen wie auch Orten des öffentlichen Lebens – Hotels, Restaurants, Ferienresorts – erschwert oder untersagt war.

Allerdings waren die antisemitischen Tendenzen im Verfahren nicht offensichtlich. Denn der Richter Kaufman sowie die Staatsanwälte Roy Cohn und Irving H. Saypol waren jüdische Amerikaner. Nur unter den Geschworenen befand sich keine Jüdin und kein Jude, und deren Sprecher gab sich gegenüber der Presse erleichtert: »I felt good that this was strictly a Jewish show. It was Jew against Jew. It wasn't the Christians hanging the Jews.«[10]

Sichtbarer wurde der Antisemitismus in Reaktion auf eine kleine Organisation, die sich zur Unterstützung der Rosenbergs gebildet hatte und sich »National Committee to Secure Justice in the Rosenberg Case« nannte: Dieses Komitee erhielt zahlreiche antisemitische Hassbriefe. Außerdem bestand für Antisemitinnen und Antisemiten schon seit dem ausgehenden 19. Jahrhundert

8 Meeropol, S. 24 f.

9 William A. Reuben, The Rosenberg Conviction – Is This the Dreyfus Case of Cold War America?, in: The Guardian, 15.08.1951.

10 Vincent Lebonnite, zitiert nach: Ronald Radosh u. Joyce Milton, The Rosenberg File. A Search for the Truth, London 1983, S. 288.

eine spezifische Verbindung zwischen »den Juden« und dem »Bolschewismus«. Somit schien der Prozess gegen die Rosenbergs ein altes Stereotyp zu bestätigen: Kommunisten, Juden, Verräter, keine »echten« Amerikaner.

Emily A. und David Alman sprechen in *Exoneration* von einer befremdlichen Spiegelung, wenn man den Prozess im globalen Kontext betrachtet. Zur gleichen Zeit, als in den USA ein jüdisches kommunistisches Ehepaar der Spionage bezichtigt wurde, wurden auf der anderen Seite des Eisernen Vorhangs jüdische Kommunisten wegen Landesverrats und Sabotage angeklagt: »The 1951 New York City trial had its counterparts in trials in 1952 in Moscow and Prague, in which the defendants were also all-Jewish or nearly all-Jewish, and in which the defendants were charged with espionage and treason, and in which more than 20 death sentences were imposed.«[11]

In der medialen Darstellung des Prozesses überlagerten sich Tatsachen mit Deutungen, überkommenen Klischees und Stereotypen, und in dieser Überlagerung zeigt sich nach unserer Interpretation noch eine weitere Verbindung zwischen antisemitischen und sexistischen Vorurteilen. Es gehört zu den alten judenfeindlichen Ressentiments, Jüdinnen nachzusagen, keine

11 Emily Arnow Alman u. David Alman, Exoneration: The Trial of Julius and Ethel Rosenberg and Morton Sobell – Prosecutorial Deceptions, Suborned Perjuries, Anti-Semitism, and Precedent for Today's Unconstitutional Trials, Seattle 2010, S. 5. Übersetzung der Redaktion: »Der Prozess in New York von 1951 hatte 1952 in Moskau und Prag seine Pendants in Prozessen, bei denen die Angeklagten auch rein jüdisch oder fast rein jüdisch waren, und in denen die Anklage Spionage und Verrat lautete und in denen mehr als zwanzig Todesurteile verhängt wurden.«

richtigen Frauen zu sein, und Juden, keine richtigen Männer. Immer wieder geriet so die angebliche Dominanz Ethel Rosenbergs in den Fokus, ihre angeblich fehlende Mutterliebe und somit letztlich Unweiblichkeit. In Cartoons der fünfziger Jahre wurde die zierliche, im wirklichen Leben keine 1,50 Meter große Frau so dargestellt, dass sie ihren Brille tragenden, hängeschultrigen Ehemann überragt. Eine Zeitung schrieb im Januar 1953 unter der Überschrift »Mrs. Rosenberg Was Like a Red Spider«: »Im Tierreich spricht man davon, dass Weibchen die tödlicheren Spezies seien. Man kann dies auch auf Julius und Ethel Rosenberg übertragen.«[12]

DIE VERARBEITUNG IN ROMANEN UND FILMEN

»Es war ein verrückter, schwüler Sommer, dieser Sommer, in dem die Rosenbergs auf den elektrischen Stuhl kamen und ich nicht wusste, was ich in New York eigentlich wollte.«[13] Mit diesen Worten beginnt Sylvia Plaths klassischer Roman *Die Glasglocke* von 1963. Der Verweis auf die Rosenbergs reicht aus, um die ganze Stimmung der McCarthy-Zeit wachzurufen. Die Protagonistin von *Die Glasglocke* heißt Esther Greenwood, der Name erinnert an Ethel Greenglass, wie Ethel Rosenberg vor ihrer Hochzeit hieß. Die Protagonistin des Romans erleidet einen Nervenzusammenbruch und wird, wie zu der Zeit in den USA üblich, mit Elektroschocks behandelt, Ethel Rosenberg wurde auf dem elektrischen Stuhl hingerichtet – beides wird im Englischen mit demselben Verb bezeichnet, *to electrocute*. Die Anspielungen auf den Fall der Rosenbergs sind in dem Roman also vielfältig.

Die bekannteste literarische Verarbeitung des Justizskandals erwähnt den realen Fall gar nicht. Aber es ist offensichtlich, dass Arthur Miller mit seinem Theaterstück *Hexenjagd* auf die Verhaftung und Verurteilung der Rosenbergs reagierte. In seinen Memoiren schrieb Miller, wie bei der New Yorker Aufführung des Stücks am Abend der Hinrichtung der Rosenbergs das Publikum am Schluss aufgestanden sei und »ein paar Minuten lang mit gesenkten Köpfen geschwiegen« habe. »Einige Schauspieler hatten keine Ahnung, was es zu bedeuten hatte, als sie die stehenden schweigenden Zuschauer sahen, und ihre Kollegen mußten sie leise darüber informieren. Daraufhin wurde das Stück für sie ein Akt des Widerstands [...].«[14]

Eine spannende literarische Verarbeitung ist auf Deutsch vergriffen. Der Roman *Das Buch Daniel* des 2015 verstorbenen Schriftsteller E. L. Doctorow gibt seinen Figuren andere Namen, aber es ist offensichtlich, von wem die Geschichte handelt. Erzählt wird sie vom jüngsten Sohn der Rosenbergs, die in dem Roman Rochelle und Paul Isaacson heißen. Daniel begibt sich Ende der Sechziger, einige Jahre nach der Hinrichtung, als junger Mann auf die

12 *New York World-Telegram*, zitiert nach: Stieglitz, S. 315.

13 Sylvia Plath, Die Glasglocke, Frankfurt a. M. 2009, S. 7.

14 Arthur Miller, Zeitkurven. Ein Leben, Frankfurt a. M. 1994, S. 459.

Suche nach den politischen Hintergründen des Urteils gegen seine Eltern. Aktuell ist Doctorows Roman geblieben, weil er die Frage nach Schuld oder Unschuld nicht abschließend beantwortet. Zwar trifft Daniel am Schluss den Kronzeugen und Hauptbelastungszeugen, doch der ist mittlerweile demenzkrank und spricht nicht mehr.

Daniels Adoptivvater vertritt eine Position, wie sie in den fünfziger Jahren von vielen geteilt wurde. Er bezweifelt, dass die UdSSR bei ihrer Entwicklung der Atombombe überhaupt auf Spionage angewiesen war. »Damals, Jahre vor der Sache mit der Sputnik, war es üblich, die russische Wissenschaft herunterzuspielen. Leute, die Ahnung hatten, machten diesen Fehler nicht. Aber auf der Ebene des *Time-Magazine* wurde gewitzelt, daß die Russen alles nachmachten und als eigene Leistung ausgäben. Nun, die Folgerung daraus war natürlich, daß es unsere Bombe sei, die sie da jetzt hatten, und das bedeutete, daß wir verraten wurden.«[15] Ein Gerichtsreporter, den Daniel trifft, ist sich hingegen sicher, dass dessen Eltern »in irgendeine verdammte Sache« verwickelt gewesen sein müssen. Als Daniel verwirrt zurückfragt: »Ich dachte, Sie hätten gesagt, die Beweise wären falsch gewesen«, führt der Journalist grundsätzlich aus: »Ihre Leute wurden hereingelegt, aber das bedeutet nicht, daß sie Unschuldslämmer waren. Ich meine nicht, daß sie in eine gefährliche Verschwörung verwickelt waren, die zum Ziel hatte, wichtige Verteidigungsgeheimnisse zu verraten, aber ich glaube auch nicht, daß sich der US-Staatsanwalt und der Richter und das Justizministerium und der Präsident der Vereinigten Staaten gegen sie verschworen hatten.«[16]

Diese Gespräche sind fiktiv. Ob es ähnliche Gespräche zwischen den Söhnen von Ethel und Julius Rosenberg und Medienvertretern gegeben hat, weiß man nicht. Robert Meeropol, der jüngere Sohn der Rosenbergs, engagiert sich seit den siebziger Jahren politisch, sein Bruder Michael und er haben mit Erfolg auf die Veröffentlichung der Gerichtsakten geklagt. Aber den Kronzeugen David Greenglass hat Robert Meeropol nie konfrontiert. 2008 sagte er dazu in einem Interview: »Ich habe ihn nie getroffen und will es auch nicht. Wenn ich ihm irgendwo begegnete, würde ich mich umdrehen und weggehen. Ich bin oft gefragt worden, warum ich ihn nicht zur Rede stelle, warum ich ihn nicht zwinge, zuzugeben, was er getan hat. Das wäre völlig sinnlos.«[17]

Doctorows Roman wurde Anfang der achtziger Jahre von Sidney Lumet verfilmt. Ellen Barkin spielte eine der Hauptrollen. Laut einer Zeitzeugin ist er auch in deutschen Kinos gelaufen, obwohl eine synchronisierte Fassung nicht verfügbar ist. Zu dieser Zeit – den achtziger Jahren – scheint das Schicksal der Rosenbergs zumindest in der Bundesrepublik Deutschland langsam aus dem kollektiven Bewusstsein verschwunden zu sein. In der DDR mag die

15 E. L. Doctorow, Das Buch Daniel, Frankfurt a. M. 1974, S. 251.

16 Ebd., S. 242. Hervorhebung im Original.

17 »Ohne Solidarität hätten wir nicht überleben können.« Gespräch mit Robert Meeropol. Über seine Eltern Ethel und Julius Rosenberg, über Justizmorde und die Rosenberg-Stiftung, in: *Junge Welt*, 28.06.2008.

Erinnerung noch bis 1989 angehalten haben. 1954 war hier eine Auswahl der Gefängnisbriefe, die sich Ethel und Julius Rosenberg in Sing Sing geschrieben hatten, unter dem an Dostojewskij gemahnenden Titel *Briefe aus dem Totenhaus* veröffentlicht worden.[18]

VERBLASSENDE ERINNERUNG

Was dazu geführt hat, dass heute selbst viele in der politischen Linken nicht wissen, wer die Rosenbergs waren, lässt sich nicht genau sagen. Vielleicht lag es daran, dass nicht mehr sicher zu sein schien, dass die Rosenbergs unschuldig gewesen waren. Vielleicht hat aber auch in Deutschland das Interesse an dem Fall nachgelassen, weil scheinbar alles dazu gesagt worden ist. Die Kommunistische Partei der USA hielt Anfang der fünfziger Jahre übrigens zunächst Distanz zu den Rosenbergs. Zum einen stand sie selbst bereits unter immensem Druck, es liefen eine Reihe von Gerichtsverfahren gegen Parteikader. Zum anderen fürchteten viele in der CPUSA ein mögliches Schuldeingeständnis der Rosenbergs, und die Partei wollte den Verdacht nicht bestärken, ihre Mitglieder seien Spione. Erst nachdem Ende 1952 deutlich wurde, dass das Ehepaar nicht aussagen würde, beteiligte sich die Kommunistische Partei an Solidaritätskampagnen. Innerhalb der CPUSA gingen manche führenden Mitglieder wohl davon aus, dass die Rosenbergs durchaus für die UdSSR Spionage betrieben hatten. V. J. Jerome, der Kulturkommissar der Kommunistischen Partei der USA, soll dem Zentralkomiteemitglied John Gates gesagt haben: »They're heroes. They're going to their death and not saying a word.«[19]

18 Ethel und Julius Rosenberg, Briefe aus dem Totenhaus, Berlin (Ost) 1954.

19 V. J. Jerome, zitiert nach: Radosh u. Milton, S. 328.

Dr. Sina Arnold, geb. 1979; Studium der Ethnologie, Erziehungswissenschaft und Politikwissenschaft in Berlin und Manchester; wissenschaftliche Mitarbeiterin am Zentrum für Antisemitismusforschung der Technischen Universität Berlin; Forschungsschwerpunkte: Antisemitismus in der Migrationsgesellschaft, Antisemitismus in der Linken, (Post-)Migration und Rassismus in Deutschland, Flucht und digitale Medien.

Dr. Olaf Kistenmacher, geb. 1970; Studium der Philosophie, Psychologie und Geschichtswissenschaft in Hamburg; seit 20 Jahren Guide in der KZ-Gedenkstätte Neuengamme und aktiv in der politischen Bildungsarbeit gegen Antisemitismus und Rassismus; schreibt u. a. für *Jalta – Positionen zur jüdischen Gegenwart*, *Jungle World* und *Konkret*.

VERDACHT UND MUSTER

GEHEIMDIENSTLICHE LOGIK UND ÜBERWACHUNG IM DIGITALEN ALLTAG

Ξ Nils Zurawski

Spätestens seit Edward Snowden verschiedene Strategien der Überwachung des amerikanischen Geheimdienstes NSA (National Security Agency) enthüllt hat, haben Geheimdienste auch eine Bedeutung für den Alltag von ganz normalen Menschen bekommen. Die NSA protokolliert so ziemlich alles, was im Internet an Daten verkehrt – manches ein wenig genauer, vieles nur vorsorglich, um es später einmal auswerten zu können. Und da das Internet, speziell das World Wide Web mit seinen zahlreichen Diensten und Angeboten wie Facebook, Netflix, Instagram oder Amazon, Teil des täglichen Lebens im 21. Jahrhundert geworden ist, haben die Enthüllungen von Snowden eben eine solch herausragende Bedeutung.

Anders als man nach diesen Enthüllungen hätte vermuten können, hat sich die Nutzung des Netzes und somit auch die Ausbreitung der Dienste in unserem Alltag seitdem eher erhöht, als dass sie zurückgegangen wäre. Die Theorie des sogenannten *Chilling Effect*[1] scheint eher eine Hoffnung denn eine Wirklichkeit im Alltag der Menschen bezüglich der Nutzung und des Umganges mit ihren Daten zu sein. Die Ausmaße der von Snowden öffentlich gemachten Überwachungsstrategien waren zu überbordend, als dass sie wirklich zu begreifen waren. Und tatsächlich spielen diese für die meisten Menschen auch überhaupt keine Rolle, da die Auswirkungen nicht spürbar oder in der Tat nicht vorhanden waren und auch weiterhin nicht sind. Außer dem Gefühl, dass dort »jemand« unter Umständen mithört, -liest oder einfach nur Daten speichert, sind Konsequenzen meist nicht zu erkennen. Das mag anders sein, wenn man in China lebt, in der Türkei oder anderen autoritären Regimen, die diese Informationen sehr wohl nutzen, um repressiv gegen die eigenen Bürger tätig zu werden. Oder wenn man in einem Land wie Afghanistan oder dem Irak lebt, in dem die USA einen hässlichen Dronenkrieg[2] führen, in dem Informationen über Personen und ihre Aufenthalte gesammelt werden, um sie aus der Luft zu liquidieren.

Dass Überwachung und Geheimdienste eine enge Verbindung eingehen, ist nicht wirklich neu. Neu sind zum einen die Dimensionen der Überwachung und das Ausmaß der Protokollierungen, neu ist aber auch, dass eine

1 Jonathan W. Penney, Chilling Effects: Online Surveillance and Wikipedia Use, in: Berkeley Technological Law Journal, Jg. 31 (2016), H. 1, S. 117–182.

2 Vgl. u. a. Lisa Parks u. Caren Kaplan (Hg.), Life in the Age of Drone Warfare, Durham 2017.

INDES, 2019-4, S. 96–104, © Vandenhoeck & Ruprecht GmbH & Co. KG, Göttingen, 2019, ISSN 2191-995X

geheimdienstliche Logik der Informationssammlung und -verarbeitung sich jenseits des eigentlichen Wirkungsfeldes entfaltet. Träger dieser Ausbreitung sind digitale Technologien, die nicht per se als Überwachungstechnologien entwickelt worden sind, deren technische Möglichkeiten sich aber idealerweise für eine solche Nutzung anbieten. Wie sieht diese geheimdienstliche Logik aus und inwieweit bedeutet ihre Ausweitung auf den Alltag im digitalen Zeitalter eine Veränderung der Überwachung von Gesellschaft durch ganz verschiedene Akteure? Um diese Frage zu beantworten, bedarf es einer kurzen Klärung verschiedener Formen der Überwachung, wie sie von Geheimdiensten, aber eben auch der Polizei oder von Unternehmen betrieben wird – und der Frage, ob man immer von Überwachung sprechen kann oder sollte. Mit einer solchen Unterscheidung lässt sich dann diskutieren, welche Ausweitungen der Kontrolle und Überwachung stattgefunden haben und warum hiervon auch der sogenannte öffentliche Raum in vielerlei Hinsicht betroffen ist – mehr als er es bisher war.

FORMEN DER ÜBERWACHUNG

Ich möchte eine Unterscheidung anhand des Kriteriums des Beobachtens selbst vornehmen, also der Frage danach, was beobachtet oder protokolliert wird. Man kann dabei eine gewissermaßen klassische Form der Überwachung von den sogenannten neuen Formen[3] unterscheiden. Klassisch wäre eine Überwachung, bei der konkrete Personen im Mittelpunkt stehen, die unter Verdacht stehen, von denen man mehr wissen will, oder die aus welchen Gründen auch immer ins Visier von Geheimdiensten, Polizei oder anderen geraten sind. Die neuen Formen der Überwachung konzentrieren sich hingegen auf Kategorien, auf erkenn- oder nicht erkennbare Muster und Attribute. Hier geht es nicht zuerst um eine bestimmte Person XY, sondern um jemanden, der oder die etwa schwarze Haare hat, einen bestimmten Akzent, oder dieses oder jenes Kaufverhalten an den Tag legt – das Kriterium bestimmt die Person, nicht umgekehrt. Diese Art der Überwachung ist eng mit Datenbanken verbunden, als Raster- oder Schleierfahndung im Rahmen polizeilicher Ermittlungen bekannt oder mit dem Begriff Big Data assoziiert. Eine dritte unterscheidbare Form der Überwachung ist die Überwachung von Räumen. Diese Form liegt zwischen den beiden erstgenannten, kann allerdings nicht trennscharf einer der beiden zugeordnet werden. Sie aber aufzuführen ist wichtig, weil eine Kameraüberwachung öffentlicher Orte darunter fällt und sie in Kombination mit Datenbanken und der Suche nach konkreten Personen eine Dimension von Überwachung aufzeigt, die in der Regel etwa durch installierte Kameras sichtbar ist, gleichzeitig aber über ihre Anordnung

3 Vgl. Gary T. Marx, What's New About the »New Surveillance«? Classifying for Change and Continuity, in: Surveillance & Society, Jg. 1 (2002), H. 1, S. 9–29.

in öffentlichen Räumen eine gewisse Unausweichlichkeit für die Betroffenen besitzt. Außerdem wird sie gern als Aufhänger für die Diskussion zu Überwachung genommen, hat aber einen sehr speziellen Charakter.

Alle Formen existieren heute nebeneinander her, überschneiden sich in vielen Fällen und bedienen sich dabei ganz unterschiedlicher Technologien. Es lassen sich aber für alle Formen dominante Logiken definieren, die sie jeweils charakterisieren.

So fußt die klassische Form der Überwachung von Personen auf dem Verdacht oder dem blanken Misstrauen. Im Falle polizeilicher Ermittlungen stehen Verdacht und weitergehender Erkenntnisgewinn im Zentrum, Überwachungsmaßnahmen sind auf den Einzelfall abgestimmt. Das gilt auch für den klassischen Geheimdienst, dessen Überwachungstätigkeit sich auf konkrete Personen konzentriert, die aufgrund von Position oder Verbindungen entweder verdächtig oder als Objekte interessant sind. Allerdings wird diese Kategorie hier bereits unscharf, da der geheimdienstliche Verdacht grundsätzlich jeden treffen kann. Im repressiven System der DDR sah sich die Stasi generell von Feinden umgeben, von denen es, so ein Zitat des langjährigen und einzigen zuständigen Ministers, sinngemäß »alles zu erfahren galt«[4]. Der pauschale Verdacht gegen alle Bürger der DDR (ähnlich in anderen Staaten und Regimen) führt zu einer Totalüberwachung, die mit einer Kultur des gegenseitigen Misstrauens einhergehen muss, denn die Überwachung soll nicht nur Wissen produzieren, sondern auch einschüchternd wirken. Die Möglichkeit des Wissens ist hier eine Machttechnik, unterstrichen von tatsächlichen Konsequenzen wie Inhaftierung und anderem.

Die Stasi und andere Geheimdienste sind hier der klassischen Form von Überwachung zuzuordnen, weil sie auf der Grundlage von Verdächtigungen konkrete Personen ins Auge fassen, gleich wie der Verdacht zustande gekommen ist. Dass dabei auch Kategorien wie »lange Haare«, »aktiv in der Kirche« oder ähnliches eine Rolle gespielt haben, zeigt die Auflösung dieser Form an den Rändern, aber generell geht es immer noch um konkrete Personen, die dann entsprechend behandelt wurden. Das sogenannte Social-Scoring-System in China sieht nur auf den ersten Blick aus wie eine digitale Version der Stasi, gehört aber aus guten Gründen in die zweite Kategorie, wenn auch die Repression hier eine wichtige Rolle spielt – der Verdacht als solcher allerdings weniger.

Die neuen Formen der Überwachung verlagern das Interesse weg von der konkreten Person und dem konkreten Verdacht hin zu einer Bewertung von Kategorien, der Überwachung von Räumen, der systematischen Erfassung und Verarbeitung von Daten in großem Stil.[5] Das trifft in gewisser Weise

4 Vgl. Jens Gieseke, Die Stasi. 1945–1990, München 2011, S. 2.

5 Vgl. Gary T. Marx, Windows into the Soul. Surveillance and Society in an Age of High Technology, Chicago 2016, S. 15 ff.

auch auf die Stasi zu, ist aber dort nicht zentral relevant, da es dort vor allem um die Repression von Menschen ging. Im Mittelpunkt der »neuen« Überwachung steht die Erkennung von Mustern einerseits sowie die Suche nach Abweichungen von gesetzten Normen. Beide Prozesse hängen zusammen und finden in der Technik der Datenbanken ihre technische Entsprechung.[6] Interessant an dem Fokus auf Muster oder besondere Verbindungen zwischen den gesammelten und ausgewerteten Daten ist, dass hierbei Wirklichkeiten erzeugt werden, wenn über die Suche als solches Wissen generiert und die Welt selbst dabei geordnet wird. So gesehen sucht man mit Big Data nicht die Nadel im Heuhaufen, sondern erzeugt vor allem die Nadeln beständig selbst. Überwachung ist gewissermaßen eine Form der Orientierung in einer unüberschaubaren Welt, die durch die Suche, Kategorisierung und Bewertung geordnet wird.[7] Luc Boltanski weist auf die Bedeutung der Figur »Verschwörung« bei der Konstruktion und Ordnung gesellschaftlicher Realitäten hin.[8] Eine Ordnung von Welt versucht die Realität hinter der Realität zu erkennen – Mustererkennung ist der Prozess dieser Ordnung und Orientierung. Der Suche nach Mustern in Big Data unterliegt somit auch immer der Suche nach möglichen Verschwörungen und Komplotten, die es aufzudecken gilt. Insbesondere Geheimdienste schaffen sich auf die Weise ihre eigene Wirklichkeit.[9] Folgt man Nassehis Theorie der digitalen Gesellschaft[10], dann sind es insbesondere die Muster sowie die Formen ihrer Erhebung und Dokumentation, die den Ursprung der Digitalisierung ausmachen – nicht die entsprechende Technik, mit der man die Verarbeitung in neue Dimensionen führen konnte. Wissenschaft und Geheimdienste bedienen sich dabei ähnlicher Grundannahmen, allerdings mit vollkommen konträren Zielen und Konsequenzen. Beide wollen aufklären im besten Sinne des Wortes, aber nur die Geheimdienste sehen sich unerkennbaren Feinden gegenüber, die es zu überwachen und zu kontrollieren gilt. In dieser Logik geht es letztlich auch wieder darum, das Profil[11] einer konkreten Person zu erstellen, aber eben als Ergebnis der Suche, ohne dass die Person vorher bekannt sein muss. Der Verdacht selbst wird so erst erzeugt. Die sich aus der Suche ergebenden Muster sind der Beweis; sie sind das vorhandene, aber nicht mit bloßem Auge erkennbare Wissen, welches zutage gefördert wurde und dann zu einem Profil gerinnt.

ÜBERWACHUNG DES RAUMS

Die dritte benannte Form der Überwachung ist die Überwachung von Räumen. Das bedeutet zunächst einmal, dass es theoretisch Grenzen des Überwachungsgebietes gibt, den jeweils beobachteten Raum und den Raum jenseits davon. Der klassische Fall der Raumüberwachung ist die Videoüberwachung,

6 Vgl. David Gugerli, Suchmaschinen. Die Welt als Datenbank, Frankfurt a. M. 2009.

7 Vgl. Nils Zurawski, Raum–Kontrolle–Weltbild. Raumvorstellungen als Grundlage gesellschaftlicher Ordnung und ihrer Überwachung, Opladen 2014.

8 Luc Boltanski, Rätsel und Komplotte. Kriminalliteratur, Paranoia, moderne Gesellschaft, Berlin 2013.

9 U. a. Jonas Grutzpalk, Die Erforschung des Wissensmanagements in Sicherheitsbehörden mit Hilfe der Akteurs-Netzwerk-Theorie, in: Jonas Grutzpalk (Hg.): Polizeiliches Wissen. Formen, Austausch, Hierarchien, Frankfurt a. M. 2016.

10 Vgl. Armin Nassehi, Muster. Theorie der digitalen Gesellschaft, München 2019.

11 Vgl. Andreas Bernard, Komplizen des Erkennungsdienstes. Das Selbst in der digitalen Kultur, Frankfurt a. M. 2017.

wobei es egal ist, ob der Raum öffentlich ist, oder es sich um einen privaten Raum handelt, wie zum Beispiel ein Geschäft oder ein Wohnhaus. Im Fokus des Interesses stehen damit alle Aktivitäten, die innerhalb des beobachteten Raumes zu sehen sind – was außerhalb seiner Grenzen passiert, ist unbedeutend im Sinne der Überwachung. Eine Bewertung findet anhand von jeweils raumspezifisch festgelegten Kriterien statt. Diese Kriterien sind umso konkreter und genauer gefasst, je eindeutiger der Raum bestimmbar ist. Der Eingangsbereich eines Wohnhauses (oder auch sein Inneres) lässt wenige Ambivalenzen im Verhalten zu, die jenes verdächtig erscheinen ließen. Ein öffentlicher Ort, z. B. ein Bahnhof, ist eigentlich für diese Art der Überwachung eher ungeeignet, vor allem dann, wenn es darum geht, präventiv wirksam zu werden. Für eine Aufzeichnung, die dazu dient, im Nachhinein zu agieren, eignet sich diese Technologie dafür ganz hervorragend. Nur ist das nicht der ideale Grund für eine derartige Überwachung, insbesondere öffentlicher Räume. Zum einen weil gesetzliche Regelungen die bloße Beobachtung zur nachträglichen Kontrolle einschränken, zum anderen weil das mit der Überwachung verbundene Sicherheitsversprechen präventiv ausgerichtet ist, also darauf, im Erstfall konkret eingreifen zu können bzw. den Vorfall als solchen durch die Überwachung zu verhindern. Nun steht der öffentliche Raum nicht im Fokus der Geheimdienste per se. Dessen Überwachung und Kontrolle obliegt der Polizei. Sie ist geleitet von einem Präventivgedanken entsprechend ihrer Aufgabe zum Schutz der öffentlichen Ordnung. Da diese Art der Überwachung fast immer sichtbar ist, besteht zumindest die Möglichkeit, auf die Überwachung zu reagieren, etwa durch Verhaltensanpassung oder Vermeidung. Da aber auch die Beobachtung, sei es durch Polizei oder automatische Systeme (Gesichts- oder Verhaltenserkennung), von einem Fokus auf Muster und Kriterien geleitet ist, sind den Reaktionen doch Grenzen gesetzt, u. a. weil die Kriterien und gesuchten Muster nicht sichtbar und bekannt sind. Grundsätzlich sehe ich die Bedeutung des öffentlichen Raumes für eine Überwachung durch Geheimdienste als eher gering an, allenfalls als Nebenaspekt einer wesentlich umfangreicheren Strategie der Wissensgenerierung.

Verlässt man diese auf physische Räume beschränkte Perspektive und erweitert den Begriff entsprechend auf mediale Räume, wie etwa die sozialen Netzwerke oder das Internet ganz allgemein, dann besteht sehr wohl ein Interesse der Geheimdienste, hier tätig zu werden. Gerade die Enthüllungen von Snowden zur NSA zeigen dies ganz deutlich. Ob es sich bei vielen dieser durch Kommunikationszusammenhänge etablierten medialen Räume um öffentliche Räume im klassischen Sinn handelt, wird weithin diskutiert. Streng genommen sind sie es nicht, denn anders als beispielsweise der öffentliche Stadtraum gehören viele der Plattformen und Kommunikationsdienste großen Unternehmen und sind somit privat. Genutzt werden sie allerdings wie öffentliche Räume, in denen ein Großteil der gesellschaftlichen Debatten stattfindet. Anders allerdings als auf Demonstrationen, wo das politische Prinzip der anonymen Teilnahme als (mehr oder weniger) verbürgtes Bürgerrecht existiert, ist man im Netz (bis auf wenige Ausnahmen) keinesfalls anonym. Per IP-Nummer identifizier- und teilweise auch lokalisierbar, lassen sich bei der Suche nach Mustern diese eben auch sehr einfach mit konkreten Personen verbinden bzw. dem Verdacht Personen zuordnen.

Der öffentliche Raum, sowohl der physische als auch der mediale, ist zu einem zentralen Aspekt in der Debatte über Sicherheit und Unsicherheit geworden. Ob das angemessen und richtig ist und in welcher Weise dort Sicherheit geschützt werden muss oder eine Unsicherheit dort begründet liegt, darüber finden Aushandlungsprozesse und Kämpfe um Deutungshoheiten statt. Relativ klar lässt sich allerdings sagen, dass der öffentliche Raum – ganz gleich, ob es sich dabei um den Stadtraum oder den medialen Raum handelt – das Privileg der Anonymität eingebüßt hat, auch wenn dieses in den meisten Fällen ohne Folgen bleibt. Diese Veränderung ist nicht trivial, denn damit verbunden sind die ungehinderte Ausübung von Versammlungsrechten oder andere Formen politischer, gemeinwesenorientierter Teilhabe oder die Berichterstattung darüber. Es könnte unter anderem hinderlich sein, wenn Journalisten sich nicht mehr unerkannt mit Informanten treffen können, weil sie entweder auf den Bildschirmen von Kontroll- und Überwachungsbehörden aufscheinen oder weil andere Informationen aus der digitalen Welt diese Personen miteinander in Verbindung bringen und darüber einen möglichen Verdacht erzeugen. Handlungen in öffentlichen Räumen waren noch nie konsequenzlos, immer musste mit den Reaktionen umgegangen werden, doch eine Überwachung entkoppelt Handlung und Reaktion, die direkt vor Ort als Teil sozialer Handlungen und Interaktionen vollzogen werden können. Überwachung und die Speicherung von Handlungen und ihre anschließende (oder in Echtzeit vollzogene) Auswertung verstetigen die Handlungen und nehmen dem Raum ein vorübergehendes Element. Handlungen werden zu (gesuchten) Mustern, Big-Data-Analysen verknüpfen scheinbar Unzusammenhängendes, suchen einen Sinn und erzeugen eine neue Wirklichkeit, die wirkmächtig und folgenreich sein kann. Doch warum ist das wichtig? Und was haben die Geheimdienste davon?

MUSTER UND DIE ÜBERWACHUNG DES ALLTAGS

Geheimdienste stehen vor der immer gleichbleibenden schwierigen, ja nahezu unlösbaren Aufgabe, in die Zukunft schauen zu müssen. Mehr noch gilt es, nicht nur zu wissen, was in der Zukunft passiert, sondern im besten Fall könnten Geheimdienste diese Zukunft in ihrem Sinne kontrollieren, wie ich an anderer Stelle ausgeführt habe.[12] Wenn sie deshalb über die Analysen der vielen vorhandenen und erreichbaren Daten neue Wirklichkeiten schaffen, also in Big Data Muster erkennen können, die sinnhaft verbunden werden können, dann ist das eine enorme Hilfe für Geheimdienste, ihrer Aufgabe der Kontrolle der Zukunft nachzukommen. Dabei ist zunächst einmal nicht entscheidend, ob die Analysen tatsächliche Anschlussmöglichkeiten an die Lebenswelten von Menschen haben, sondern dass sie in die politische Landschaft passen und mit den erkannten Mustern Politik und geheimdienstliche Arbeit gemacht werden kann. Geheimdienste tun damit etwas, was Nassehi in Bezug auf Gesellschaft und die Entdeckung der Muster als »Gestaltung des Neuen« bezeichnet.[13] Moderne Gesellschaften sind bürokratische Gesellschaften, die Daten brauchen, um sich selbst, die Bevölkerung und den Staat als solchen zu organisieren. In diesem Sinne ist auch geheimdienstliche Arbeit zu verstehen, denn die Dienste müssen ja wissen, was »alles so los ist«. In

12 Nils Zurawski, Geheimdienste und Konsum der Überwachung. Aus Politik und Zeitgeschichte, Jg. 64 (2014), H. 18/19, S. 14–19.

13 Nassehi, S. 45.

ihrer eigenen Logik können sie nur auf diesem Wege ihre Arbeit machen und den Staat schützen. Dass dieses Verständnis des Schutzes oft zweifelhaft ist, mit Feinbildern operiert und ebendiese auch mal konstruiert – und wenn es nur der eigenen Legitimation dient –, ist viel beschrieben und immer wieder Kritikpunkt an der Arbeit von Geheimdiensten. In Deutschland war das zuletzt der Fall beim NSU-Komplex, aber auch im Kontext der Aufklärung des Anschlages vom Breidscheidplatz im Dezember 2016.

Um zu diesen Erkenntnissen zu gelangen, reicht es auch für die Geheimdienste nicht mehr, Individuen klassisch zu überwachen, einzelne Menschen abzuhören oder mutmaßliche Verdächtige zu beschatten. In einer Gesellschaft, die sich in einer *conditio digitalis* befindet, in welcher der Alltag und die Lebenswelten von digitalen Kommunikationstechnologien durchdrungen sind, über die wir das Leben im Allgemeinen regeln, bieten sich für die Geheimdienste die dafür nötigen Möglichkeiten. Auch wenn der Datenschutz den Riegel vor eine ständige Dauerüberwachung setzt, so nutzen die Dienste zum einen alle frei und offen zugänglichen Daten, zum anderen haben sie die Möglichkeit, genau dort anzusetzen, wo diese Daten erzeugt und benötigt werden: im digitalen Alltag. Dabei nutzen die Geheimdienste die Bedingungen gesellschaftlichen Lebens im 21. Jahrhundert schlichtweg aus und verwenden jene Daten, die unser Konsum, unsere Kommunikation, unsere Organisation des Alltages abwirft. Das ist mehr als jemals zuvor offen sichtbar und in Datenform zu verarbeiten war. Viele dieser Dateneinträge werden von den Unternehmen der Dienste genutzt, um ebenfalls in die Zukunft zu schauen, um Wünsche zu generieren, um Verbesserungen zu schaffen, aber vor allem um damit Gewinne zu erzielen. Auch sie wollen die Zukunft kontrollieren, indem sie ihre Nutzer zu steuern versuchen. Auch sie verlassen sich dabei auf Mustererkennung, wenn auch geleitet von anderen Kriterien als Geheimdienste. Die geheimdienstliche Logik der Verdachtserzeugung kann sich durch die breite Verfügbarkeit von lebensweltlichen Daten ausbreiten. Wenn es dabei zur Vermischung der Bereiche kommt, wenn also nicht mehr klar ist, ob eine Konsumelektronik nicht doch Teil des kontrollierenden Staatsapparates ist, dann sind elementare Bürgerrechte in Gefahr, obsolet zu werden. So wurden in den USA Aufnahmen, die das Spracherkennungsgerät *Alexa* gemacht hat, als verwertbare Zeugenaussage in einem Strafverfahren genutzt.[14] Was ist, wenn mithilfe von Alexa und Co. nicht nur aufgeklärt wird, sondern jede aufgenommene Äußerung in Echtzeit einer Analyse zugeführt wird? Konsum, (digitaler) Alltag und staatliche Repression nehmen hier eine Entwicklung, in der sie nicht nur überlappen, sondern teilweise ununterscheidbar werden. Der

14 Adrian Lobe, Kommissar Kühlschrank – Wenn die Technik zum Zeugen wird, in: Spektrum der Wissenschaft, 24.01.2017, URL: https://www.spektrum.de/kolumne/kommissar-kuehlschrank-wenn-die-technik-zum-zeugen-wird/1436201 [eingesehen am 30.08.2019]; ders., Speichern und Strafen. Die Gesellschaft im Datengefängnis, München 2019, S. 143 ff.

Preis ist die errodierende Integrität von Bürgerrechten, über deren Schutz es neu nachzudenken gilt.

Und genau hier setzt auch das Social-Scoring-System in China an, das momentan in einem recht großen Feldversuch getestet wird. Klassischerweise dürfte die Art der chinesischen Überwachung Stasi-Methoden ähneln und vor allem repressiv gewesen sein. Das ist sie zweifelsohne immer noch, das Social-Scoring-System setzt nun aber an den veränderten digitalen Bedingungen einer auch in China bestehenden Konsumgesellschaft an und verbindet klassische Raumüberwachung durch Kameras (inkl. hochmoderner Gesichtserkennung) mit der Echtzeit-Analyse vorhandener Daten aus den vielen Netzen und Diensten. Nur wird hier kein Verdacht erzeugt, dem dann nachgegangen wird, sondern Handlungen werden für alle sichtbar (u.a. über Displays und Bildschirme in der Öffentlichkeit) sofort einer Bewertung unterzogen, die mit möglichen Konsequenzen verbunden ist. Es findet hier zum Teil eine öffentliche Beschämung im Rahmen einer digitalisierten Sozialkontrolle statt, die, so wird auch vermutet[15], aufgrund eines Bedürfnisses nach gesellschaftlicher Harmonie weithin begrüßt wird. Die Steuerung von Gesellschaft im Sinne der Logik, die Zukunft zu ergründen und zu kontrollieren, findet hier seine bisher wohl perfekteste Entsprechung. Der öffentliche Raum hat unter solchen Bedingungen seine ursprüngliche Bedeutung vollkommen eingebüßt. Und nur weil es hier um China geht, würde ich nicht darauf verzichten wollen, ähnliche Entwicklungen im Rahmen der Ausbreitung digitaler Technologien hierzulande ebenfalls kritisch zu betrachten.

15 XifanYang, Wir sehen Dich, in: Die Zeit, 10.01.2019.

Dr. habil. Nils Zurawski, geb. 1968, Soziologe, Kriminologe, Ethnologe, lehrt und forscht am Institut für Kriminologische Sozialforschung der Universität Hamburg. Von 2015 bis 2018 forschte er zu »Police, Anonymity and Power« im VW-Verbundprojekt »Reconfiguring Anonymity«. Es folgten verschiedene Forschungsprojekte im In- und Ausland. 2013 wurde er an der Technischen Universität Darmstadt habilitiert.

NATIONALE SICHERHEIT VS. IT-SICHERHEIT

EIN KULTURKONFLIKT UM DIE SICHERHEIT IM DIGITALEN?

Ξ Matthias Schulze / Daniel Voelsen

Sicherheit gilt als eine der zentralen Aufgaben des modernen Staates. Sicherheit ist jedoch kein statisches Konzept. Unterschiedliche Akteure mit verschiedenen Vorstellungen von Sicherheit handeln immer wieder neu aus, welche Art von Sicherheit der Staat für wen und mit welchen Mitteln gewährleisten soll. Wie weit sollen die Kompetenzen des Staates reichen und wo muss er sich zurücknehmen, um nicht die Freiheit zu schädigen, die er eigentlich schützen soll? Die sozialwissenschaftliche Forschung erfasst diese Auseinandersetzungen um den Sicherheitsbegriff als Konflikte zwischen ›Sicherheitskulturen‹. Sicherheitskultur lässt sich definieren als »die Summe der Überzeugungen, Werte und Praktiken von Institutionen und Individuen bezeichnen, die darüber entscheiden, was als eine Gefahr anzusehen ist und wie und mit welchen Mitteln dieser Gefahr begegnet werden soll.«[1] In pluralistischen, funktional ausdifferenzierten Gesellschaften ringen die Träger dieser Kulturen, Individuen, Gruppen und Institutionen hier um diskursive Vorherrschaft und politische Gestaltungsmacht. Im Kern geht es dabei um drei Fragen: Wen oder was gilt es zu schützen? Worin besteht die als zentral betrachtete Gefahr? Welche Mittel der Gefahrenabwehr sind notwendig und legitim?

Sichtbar werden diese diskursiven Auseinandersetzungen immer dann, wenn neue Politikfelder entstehen. Eindrücklich zeigt sich dies im Feld der Netz- bzw. Digitalpolitik, wo sich neue Akteurskonstellationen in die politische Gestaltung von Sicherheit einmischen. Traditionelle Akteure der nationalen Sicherheit – Polizei, Militär, Staatsanwaltschaften und Nachrichtendienste – treffen auf neue Akteure aus dem Bereich der IT-Sicherheit – global vernetzte Hackercommunities, IT-Sicherheitsunternehmen und Wissenschaftler. Gegenüber stehen sich hier eine Tradition des Denkens in der Kategorie ›nationaler Sicherheit‹ und die technisch geprägte Sichtweise der IT-Sicherheit.[2]

1 Christopher Daase, Sicherheitskultur. Ein Konzept zur interdisziplinären Erforschung politischen und sozialen Wandels, in: Sicherheit und Frieden, Jg. 29 (2011), S. 59–139, hier S. 61.

2 Zu dieser Unterscheidung siehe auch Helen Nissenbaum, Where Computer Security Meets National Security, in: Ethics and Information Technology, Jg. 7 (2005), H. 2, S. 61–73.

DIE KULTUR DER NATIONALEN SICHERHEIT

Mit dem Entstehen der westfälischen Ordnung von 1648 und den sich herausbildenden Nationalstaaten hat sich eine Sicherheitskultur entwickelt, in deren Zentrum die Idee der nationalen Sicherheit steht.

Sicherheit meint hier den Schutz der Nation, was sowohl die Bevölkerung wie auch die Institutionen des Staates umfasst. Bedrohungen gehen hier von den inneren wie äußeren ›Feinden‹ aus: Von innen wird die politische Ordnung durch Regelverstoß bis hin zur Revolution bedroht; die äußeren Feinde zielen darauf ab, den Staat zu schwächen. Laut Münkler kennzeichnet die Kultur nationaler Sicherheit dementsprechend das permanente Bestreben, »Gefahren und Bedrohungen auszugrenzen« und »durch Barrierebildung sichere Orte und Räume zu schaffen«.[3] Räumlich gedacht ist das Ziel hierbei zunächst, sich vor äußeren Bedrohungen abzuschotten. Innerhalb des eigenen Staates gilt es, verbliebene Räume der Unsicherheit zu minimieren. Exemplarisch dafür stehen Aussagen wie: ›Das Internet darf kein rechtsfreier Raum sein‹.

Charakteristisch für die Kultur der nationalen Sicherheit ist die Zuschreibung von Bedrohungen zu deutlich auszumachenden Akteuren, wie etwa Terroristen, Hacker, kriminelle Clans oder andere Staaten. Akteursbedrohungen kennzeichnet eine feindliche Agenda sowie eine organisierte Fähigkeit zur Gewalt. Diese Fokussierung auf Akteure erklärt, warum globale Gefahren wie strukturelle Gewalt oder systemische Risiken eine untergeordnete Rolle spielen.

Im Selbstverständnis dieser Kultur sind es die hierarchisch organisierten Institutionen des Staates, die über die Fähigkeit und Legitimität zur Herstellung von Sicherheit verfügen. Zur Abwehr äußerer Gefahren werden Streitkräfte aufgestellt, zur Bekämpfung innerer Gefahren Polizeien. Diese Institutionen und ihre Repräsentanten sind zugleich die wesentlichen gesellschaftlichen Träger der Sicherheitskultur und haben oftmals auch den formalen Auftrag, die Sicherheitspolitik zu gestalten. Zentrales Instrument dieser Sicherheitskultur ist traditionell die Rechtsetzung sowie das Gewaltmonopol des Staates.[4]

DIE KULTUR DER IT-SICHERHEIT

IT-Sicherheit ist ein relativ neues Konzept, das eng mit der Evolution von Computern und Netzwerken seit den 1960er Jahren gekoppelt ist. Ein zentraler Referenzpunkt in der Geschichte der IT-Sicherheit ist der Morris-Wurm von 1988, die erste Schadsoftware, die selbstständig zahlreiche Rechner im Internet-Vorläufer ARPANET lahmlegte.[5] Mit diesem Vorfall rückte IT-Sicherheit – allgemein verstanden als die Sicherheit von Computern und Netzwerken, konkret die Verfügbarkeit, Vertraulichkeit und Integrität der darin enthaltenen Informationen – erstmalig ins Zentrum der politischen Aufmerksamkeit. Der Leitgedanke von IT-Sicherheit ist, dass nur legitime Akteure Zugriff auf bestimmte Informationen und Systeme haben sollen. Ursprünglich war

3 Herfried Münkler, Strategien der Sicherung: Welten der Sicherheit und Kulturen des Risikos. Theoretische Perspektiven, in: Ders. u. a. (Hg.), Sicherheit und Risiko. Über den Umgang mit Gefahr im 21. Jahrhundert, Bielefeld 2010, S. 11–34, hier S. 12 f.

4 Jens Lanfer u. Hans-Jürgen Lange, Das Politikfeld Innere Sicherheit im Wandel zwischen Ausdifferenzierung und politisch-administrativer Steuerung, in: Hermann Thomann u. a. (Hg.), Schriften zur Zukunft der Öffentlichen Sicherheit. Risiko- und Krisenkommunikation, Köln 2011, S. 52–55.

5 Murphey, Dakota, A history if information security, URL: https://www.ifsecglobal.com/cyber-security/a-history-of-information-security/ [eingesehen am 18.10.2019].

IT-Sicherheit dabei vergleichsweise eng begrenzt auf eine überschaubare Anzahl von Großcomputern. Mit der weltweiten Diffusion von IT-Geräten durch den Personal Computer in den 1990ern, Smartphones in den 2000ern und die heutige Vernetzung von immer mehr Geräten im Internet der Dinge (Internet of Things, IOT) hat sich jedoch der Gegenstand von IT-Sicherheit massiv erweitert.

Die zentrale Bedrohung besteht aus Sicht der IT-Sicherheit darin, dass Geräte durch systemische Fehler (»Bugs«) in Hard- und Software ausfallen oder Hacker diese Verwundbarkeiten ausnutzen. Zu diesen Bedrohungen zählen Nachrichtendienste, militärische Cyber-Kommandos und kriminelle Hacker. Interessant ist, dass die Abwehr dieser Bedrohungen einem konzeptionellen Wandel unterliegt: Ging es in der Frühphase darum, den eigenen Perimeter vor Angriffen von außen zu schützen mittels Firewalls oder Passwortkontrollen, entwickelt sich aktuell eine neue Risikokultur. Neuere Konzepte von IT-Sicherheit gehen davon aus, dass kompetente Hacker nicht dauerhaft aus eigenen Netzwerken herausgehalten werden können. Entscheidend sind daher Risikomanagement und Resilienz, also die Möglichkeit, IT-Systeme nach einem Angriff oder einem versehentlichen Ausfall schnell wieder nutzbar zu machen.

Die IT-Sicherheitskultur hat ihre Ursprünge in den Chiffrierabteilungen von Nachrichtendiensten, in Universitäten sowie in der Hacker-Kultur und verwandelt sich erst Ende der 1980er in eine wirtschaftliche Branche. IT-Sicherheitsunternehmen sind heute zentrale Akteure in diesem Feld, die ähnlich wie universitäre Forschung durch ein anderes Ethos und vor allem dezentralere und flachere Organisationsstrukturen gekennzeichnet sind. Wie im Bereich traditioneller Sicherheitsinstitutionen ist auch die IT-Sicherheitskultur vor allem männlich dominiert, im Altersdurchschnitt aber jünger. In ihrer Wertorientierung ist die IT-Sicherheitskultur historisch eher anarchisch bis libertär geprägt, während die Kultur der nationalen Sicherheit eher im konservativen Spektrum zu verorten ist.[6]

Staaten spielen als IT-Sicherheitsakteure weltweit erst seit ungefähr 2010 eine größere Rolle, indem sie im Begriff der ›Cyber-Sicherheit‹ Elemente der IT-Sicherheit und der nationalen Sicherheit verknüpfen. Dieses Aufeinandertreffen zweier sehr unterschiedlicher Sicherheitskulturen erzeugt jedoch wie zu erwarten Reibungspunkte.

CRYPTO-WARS 1991 BIS HEUTE

Das historisch eindrücklichste Spannungsfeld der Kultur der nationalen Sicherheit und der IT-Sicherheit ist die Debatte um exklusiven, staatlichen Zugang zu verschlüsselter Kommunikation – die sogenannten ›Crypto Wars‹.

6 Zur normativen Orientierung der Hacker-Kultur siehe E. G. Coleman, Coding Freedom. The Ethics and Aesthetics of Hacking, Oxford 2013; Zur Sozialstruktur der nationalen Sicherheit siehe Rafael Behr, Cop Culture – Der Alltag des Gewaltmonopols. Männlichkeit, Handlungsmuster und Kultur in der Polizei, Wiesbaden 2008.

Diese Debatte wird seit den frühen 1990er Jahren periodisch geführt; immer wieder geht es um die Frage, in welchen Bereichen Verschlüsselung eingesetzt werden darf – und ob staatliche Stellen eine Möglichkeit haben sollen, diese zu umgehen.[7]

Aus Sicht der Kultur der nationalen Sicherheit gefährdet uneingeschränkte Verschlüsselung die Sicherheit der Bevölkerung wie auch der Institutionen des Staates. Verschlüsselung erzeugt Kommunikation, die von Strafverfolgungsbehörden und Nachrichtendiensten nicht ohne größeren Aufwand ausgewertet werden kann. Deshalb warnen diese Institutionen vor dem ›going dark‹-Problem, dem angeblichen Versiegen lesbarer Quellen. Akteure der nationalen Sicherheit argumentieren, dass Verschlüsselung so ›rechtsfreie Räume‹ schaffe und fordern daher einen Hintertürzugang, sprich einen exklusiven Zugang zu verschlüsselten Kanälen.

Aus Sicht der IT-Sicherheit ist Verschlüsselung hingegen eine Kerntechnologie zum Schutz von IT-Systemen vor den Zugriffen unautorisierter Dritter. Der Ausgangspunkt hierbei ist ein generelles Misstrauen gegenüber Übertragungsnetzwerken, da dort Kommunikation jederzeit abgefangen werden kann. Bei einer Verschlüsselung sollen jedoch nur der legitime Sender und Empfänger an den Endpunkten der Kommunikation den Schlüssel haben, um die übermittelte Information auch zu entschlüsseln (Ende-zu-Ende-Prinzip). Akteure der IT-Sicherheitskultur – also insbesondere Informatiker, Mathematiker, Wissenschaftler und IT-Unternehmen – weisen immer wieder darauf hin, dass sich Verschlüsselung nicht ›ein bisschen‹ aufweichen lässt. Verschlüsselung basiert auf dem mathematischen Prinzip der Faktorisierung von hohen Primzahlen, mithilfe derer ein Klartext in einen unleserlichen Ciphertext umgewandelt wird. Es ist also mathematisch leicht zu verschlüsseln, aber ungemein komplex, ohne Schlüssel den Klartext wiederherzustellen. Verschlüsselung ist somit streng-deterministisch: Wenn ein Verschlüsselungsverfahren sicher ist, kann niemand ohne den entsprechenden Schlüssel den Ciphertext entschlüsseln.

Wird das Verschlüsselungsverfahren hingegen absichtlich unsicher gestaltet, zum Beispiel durch Beschränkung auf kurze Schlüssel, so kann mit entsprechenden technischen Mitteln jeder den Inhalt entschlüsseln – egal ob Hacker, Kriminelle oder fremde Geheimdienste. Aus der Perspektive der IT-Sicherheit ist ein solches Aufweichen von Verschlüsselungsverfahren oder der absichtliche Einbau von Schwachstellen abzulehnen, da somit die Sicherheit aller gefährdet wird, der guten und der bösartigen Nutzer gleichermaßen. Die Einrichtung eines Hintertürzugangs würde die Komplexität von Verschlüsselungsverfahren so erhöhen, dass diese fehleranfälliger und somit unsicherer

7 Matthias Schulze, Clipper Meets Apple vs. FBI – A Comparison of the Cryptography Discourses from 1993 and 2016, in: Media and Communication, Jg. 5 (2017), H. 1, S. 54.

werden, also dem Ziel der IT-Sicherheit zuwiderlaufen. Damit würde zudem das Vertrauen in die Technologie unterminiert. Neuere Verschlüsselungsverfahren machen es daher technisch weitgehend unmöglich, einen geheimen Zugang zu legen, da z. B. Hersteller keine Kopien der Schlüssel mehr besitzen, die sie etwa an Strafverfolger aushändigen könnten. Auch wird in modernen Verfahren anstelle des Kommunikationskanals jede einzelne Nachricht zwischen Sender und Empfänger mittels dynamischer, einmal geltender Schlüssel verschlüsselt. Hintertürzugänge wären hier nur durch eine umfassende Schwächung der Verschlüsselungsalgorithmen zu erreichen.

In diesem Konflikt prallen verschiedene Werte und Weltbilder aufeinander. Akteure der nationalen Sicherheit sehen sich als primäre Hersteller von Sicherheit in ihrem respektiven Territorium. Die IT-Sicherheitskultur kennt diese territoriale Beschränkung nicht, da Verschlüsselungstechnologie zur Erhöhung von IT-Sicherheit allen Nutzern in allen Ländern gleichermaßen offensteht. Als der Messenger-Dienst WhatsApp 2017 eine Ende-zu-Ende-Verschlüsselung einführte, hatten quasi über Nacht mehr als eine Milliarde Nutzer in allen Ländern dieser Welt die Möglichkeit, verschlüsselt miteinander zu kommunizieren. Aufgrund der transnationalen Natur von Software bringen staatliche Verbote, Regulierung oder die absichtliche Schwächung von Verschlüsselung ohnehin nur wenig. Nutzer können, entsprechende technische Kenntnisse vorausgesetzt, auf alternative Open-Source-Verfahren wechseln, bei denen keine Firma per nationalem Gesetz gezwungen werden kann, Hintertüren in ihre Produkte einzubauen.

Aus Sicht der IT-Sicherheitskultur ist Sicherheit zudem dezentral, durch die Nutzer selbst herzustellen, die ihre Kommunikation untereinander verschlüsseln. Der paternalistische Staat, der zum Wohle aller die Kommunikation aller überwacht, ist in diesem Weltbild eine unautorisierte Drittpartei, der zu misstrauen ist. Staaten, die Verschlüsselung aufweichen wollen, sind in der IT-Sicherheitskultur nicht (nur) die Garanten von Sicherheit, sondern auch Teil der Bedrohung. Dies gilt allen voran für autoritäre Regime, aber auch für demokratische Staaten. Die Akteure nationaler Sicherheit hingegen betonen die Nutzung von Verschlüsselung durch Terroristen und Kriminelle.

Letztlich handelt es sich hier um eine Frage der Gewichtung: Akteure der IT-Sicherheit halten es für unverhältnismäßig, die IT-Sicherheit aller Nutzerinnen und Nutzer weltweit zu riskieren, indem Verschlüsselungsverfahren für Zwecke der Strafverfolgung in ihrer Anwendung eingeschränkt oder mit Hintertüren versehen werden.[8] Auch die Akteure nationaler Sicherheit wollen sichere Verschlüsselung, etwa für sensible Kommunikation des Staates, aber eben eine, die ihnen selbst Ausnahmen gewährt. Der Schutz vor externen

8 Orin S. Kerr u. Bruce Schneier, Encryption Workarounds, in: Georgetown Law Journal, Jg. 106 (2018), H. 4, S. 989–1019.

Gefahren, wie Terrorismus, wiegt in dieser Kultur schwerer, sodass Abstriche bei der IT-Sicherheit in Kauf genommen werden.

SOFTWARE-SCHWACHSTELLEN UND CYBER-KONFLIKTE

Ein ähnlicher Konflikt lässt sich beim Umgang mit Softwareschwachstellen beobachten. Unbeabsichtigte Fehler im Softwarecode oder Schwachstellen sind die zentrale Ressource in zwischenstaatlichen Cyber-Konflikten. Sie sind die Grundlage für Cyber-Angriffstools, sogenannte Exploits. Für Nachrichtendienste sind insbesondere Zero-Day-Exploits wertvoll, also solche Sicherheitslücken, die dem Hersteller eines Softwareprodukts unbekannt sind und folglich noch nicht durch einen Patch behoben wurden. Cyber-Spionage ist damit risikofreier möglich.

Software-Unternehmen, die sich überwiegend der Kultur der IT-Sicherheit zuordnen lassen, stehen hier in einem Interessenkonflikt mit Staaten. Unternehmen wollen in der Regel Sicherheitslücken schließen, um ihre Produkte sicherer zu machen, um Kunden zu schützen und Reputationsschäden zu vermeiden. Staaten wollen diese Lücken aus Gründen der nationalen Sicherheit ausnutzen – für Zwecke der Überwachung und Strafverfolgung, zur Spionage und für militärische Cyber-Operationen. Akteure der nationalen Sicherheit plädieren daher für das Geheimhalten von geeigneten Sicherheitslücken für offensive Cyber-Angriffe. Ähnlich wie bei den Crypto-Wars geht es hier um die exklusive staatliche Verwendung dieser Lücken, ohne dass Drittparteien diese kennen und selbst ausnutzen.

Der WannaCry- bzw. Not-Petya-Vorfall aus dem Jahr 2017 zeigt das Ausmaß dieses Konfliktes. Eine von der US National Security Agency entwickelte Angriffssoftware, basierend auf einer Zero-Day-Sicherheitslücke im Betriebssystem Windows, ging verloren und wurde in der Folge von Nordkorea (WannaCry), Russland (Not-Petya), China und kriminellen Hackern in verschiedenen Schadsoftwarevarianten weiterverwendet. WannaCry legte temporär mehrere Hunderttausend Systeme lahm und Not-Petya gilt als einer der dramatischsten Cyber-Vorfälle, da er die IT-Systeme mehrerer globaler Unternehmen, etwa der Logistikfirma Maersk, monatelang lahmlegte. Infolgedessen kam es zu einem Teilzusammenbruch des weltweiten Warenhandels, da Schiffe in manchen Häfen nicht mehr entladen werden konnten. Microsoft wurde erst spät von der NSA über den Verlust der Sicherheitslücke informiert, so dass das immunisierende Sicherheitsupdate erst spät bereitstand. Microsoft lobbyiert seitdem aktiv für die Begrenzung staatlicher Cyber-Angriffe durch Nachrichtendienste und andere Akteure nationaler Sicherheit.

Wenn Staaten das Wissen um Zero-Day-Sicherheitslücken zur Entwicklung von Exploits geheim halten und folglich nicht den Hersteller über die Lücke informieren, werden diese nicht behoben und können von jedem Angreifer ausgenutzt werden. Sicherheitslücken sind zudem nicht exklusiv, sondern werden in zunehmendem Maße von verschiedenen Angreifern unabhängig voneinander entdeckt und verwendet. Je mehr Staaten in Cyber-Rüstungswettläufe um Exploits einsteigen, desto mehr Sicherheitslücken werden nicht behoben, und desto unsicherer wird folglich das globale IT-Ökosystem.[9] Daher argumentieren Akteure der IT-Sicherheitskultur wie Bruce Schneier, dass durch die Digitalisierung immer mehr physische Geräte (Fahrzeuge, Wearables, smarte Energienetze) zu Computern voll mit Schwachstellen werden, womit IT-Sicherheit gleichbedeutend mit der Sicherheit von allem wird.[10]

5G UND GEOPOLITISCHE KONFLIKTE

Spätestens seit Ende des Jahres 2018 wird weltweit intensiv über die Sicherheit von Mobilfunknetzen diskutiert. Der neue 5G-Mobilfunkstandard bietet erheblich höhere Übertragungsraten, geringere Latenzen und schnelleren Verbindungsaufbau. Zudem können sich deutlich mehr IOT-Geräte mit einer Basisstation verbinden.

Aus Perspektive der IT-Sicherheit sind Infrastrukturen wie das Mobilfunknetz wegen ihrer grundlegenden Funktion für Gesellschaften besonders schützenswert. Dadurch erklärt sich auch der geopolitische Konflikt, der um die Technologie entstanden ist. Die Stellung des chinesischen Unternehmens Huawei als Hersteller von 5G-Infrastrukturkomponenten ist insbesondere den USA ein Dorn im Auge. Sie sehen darin eine Bedrohung der eigenen nationalen Sicherheit. Zu befürchten sei, dass der chinesische Staat Druck auf das Unternehmen ausüben könne, um über die 5G-Netze Spionage zu betreiben oder gar diese Netze im Konfliktfall gezielt zu stören. Durch das weitere Erstarken eines Konzerns wie Huawei drohe die technologische Vorherrschaft des Westens, und insbesondere der USA, ins Wanken zu geraten. Wirtschafts- und Technologie- sowie nationale Sicherheitspolitik werden hier gleichgesetzt.[11] Dies erklärt, wie scheinbar unpolitische und technisch hochkomplexe Infrastrukturen zum Gegenstand hitziger politischer Auseinandersetzungen auf höchster Ebene werden.

Die USA üben durch ihre Five-Eyes-Nachrichtendienstpartnerschaft zudem erheblichen Druck auf verbündete Staaten aus, Huawei ebenfalls vom Aufbau der 5G-Netze auszuschließen. Sie haben angedroht, die nachrichtendienstliche Zusammenarbeit einzuschränken, sollte Huawei Teile der Netze in Partnerstaaten aufbauen dürfen.[12] Als weitere Eskalationsstufe haben die

9 Matthias Schulze, Governance von 0-Day-Schwachstellen in der deutschen Cyber-Sicherheitspolitik, in: Stiftung Wissenschaft und Politik, 10.05.2019, URL: https://www.swp-berlin.org/publikation/governance-von-0-day-schwachstellen/ [eingesehen am 18.10.2019].

10 Bruce Schneier, Click Here to Kill Everybody: Security and Survival in a Hyper-connected World, New York 2018.

11 USA, National Security Strategy of the United States of America, 2017.

12 Bojan Pancevski u. Sara Germano, Drop Huawei or See Intelligence Sharing Pared Back, U.S. Tells Germany, in: Wall Street Journal, 11.3.2019, URL: https://www.wsj.com/articles/drop-huawei-or-see-intelligence-sharing-pared-back-u-s-tells-germany-11552314827 [eingesehen am 18.10.2019].

USA Huawei mit Exportbeschränkungen belegt, die es US-amerikanischen Unternehmen, von einigen Ausnahmen abgesehen, untersagen, mit dem Konzern zusammenarbeiten.

Der Konflikt der Sicherheitskulturen zeigt sich hier vor allem bei der Frage, was es zu schützen gilt.[13] Aus Perspektive der nationalen Sicherheit geht es um ein breitgefasstes Verständnis von wirtschaftlichen und (sicherheits-) politischen Interessen. Um China wirtschaftlich und politisch zu schwächen, werden daher auch Mittel wie die Beschränkung des Marktzugangs verwendet. Für IT-Sicherheitsexperten, aber auch die Mobilfunkbetreiber, stehen hingegen technische Maßnahmen zur Absicherung der Netze im Vordergrund. Ende-zu-Ende-Verschlüsselung wird hier etwa als Mittel gesehen, sich effektiv vor Spionage auf Basis der Netze zu wehren. Akteure der nationalen Sicherheit argumentieren gegen dieses Mittel, weil sie selbst exklusiven Überwachungszugang in 5G einbauen wollen.[14] Aus der IT-Sicherheitsperspektive wird damit eine grundlegende Zukunftsinfrastruktur absichtlich geschwächt – ein Fehler, der in der Vergangenheit mit anderen Mobilfunkstandards wie GSM bereits begangen wurde. Durch den Verzicht auf sichere Authentifizierungsmechanismen und das Fehlen von Verschlüsselung, etwa in SMS, sind heute zahlreiche Cyber-Angriffe möglich, weil diese grundlegenden Technologien sehr lange Verwendungszeiten haben.

Anders als in den zwei zuvor diskutierten Fallbeispielen schließen sich in diesem Fall die beiden Ansätze nicht grundsätzlich aus. Tatsächlich wäre es widersinnig, im Sinne der Kultur nationaler Sicherheit auf Konfrontationskurs mit China zu gehen und nicht gleichzeitig technische Maßnahmen zur Sicherung der Netze vorzunehmen. Die entscheidende Kontroverse besteht daher vor allem in der Frage, ob es über diese technischen Maßnahmen hinaus politischer Maßnahmen zum Schutz der nationalen Sicherheit bedarf.

FAZIT

Der technologische Wandel schafft neue Möglichkeiten der Schädigung, aber auch des Schutzes. Die Digitalisierung beschleunigt diesen Prozess und hat eine eigene Sicherheitskultur hervorgebracht. Je stärker die Bedeutung von Informationstechnologien wächst, umso häufiger und intensiver werden die Konflikte um die Sicherheit im Digitalen.

In einigen Fällen stehen sich die zwei beschrieben Sicherheitskulturen unversöhnbar gegenüber: Verschlüsselung lässt sich nicht ›ein bisschen‹ abschwächen; werden Zero-Day-Schwachstellen gepatcht, verlieren sie ihren Wert als Werkzeug staatlicher Akteure, um Zugriff zu gegnerischen Systemen zu erlangen. In dem Maße, wie Akteure der nationalen Sicherheit

13 Vgl. Tim Rühlig u. a., 5G and the US–China Tech Rivalry – a Test for Europe's Future in the Digital Age. How Can Europe Shift from Back Foot to Front Foot?, in: Stiftung Wissenschaft und Politik, 29.06.2019, URL: https://www.swp-berlin.org/en/publication/5g-and-the-us-china-tech-rivalry-a-test-for-europes-future-in-the-digital-age/ [eingesehen am 18.10.2019].

14 Matthias Monrey, »Hürden bei der Überwachung«: Wie Behörden die 5G-Telefonie verunsichern, in: Heise Online, 06.09.2019, URL: https://www.heise.de/tp/features/Huerden-bei-der-Ueberwachung-Wie-Behoerden-die-5G-Telefonie-verunsichern-4516624.html [eingesehen am 18.10.2019].

zunehmend Hacker und Informatiker einstellen, ist eine Annäherung beider Kulturen zu erwarten. Zudem ist es vorstellbar, Maßnahmen zum Schutz von IT-Systemen in den Ansatz nationaler Sicherheit zu integrieren, wie im Falle von 5G. Letztlich aber sollte nicht unterschätzt werden, wie zutiefst politisch die Differenzen dieser beiden Kulturen sind. Deutlich zeigt sich dies darin, dass viele Akteure der IT-Sicherheit ein globales, systemisches, gar kollektives Verständnis von Sicherheit haben, das nicht an staatlichen Grenzen endet. Da durch Digitalisierung und Globalisierung die meisten IT-Systeme ohnehin grenzüberschreitend sind, ist dies wenig verwunderlich. Die Kultur nationaler Sicherheit versucht hingegen, digitale Technik in das globale Ordnungssystem territorialer Staatlichkeit zu integrieren. Es mag verlockend erscheinen, diese nationale Sicht als technisch überholten Anachronismus abzutun. Doch überschätzt eine solche Haltung die Wirkmächtigkeit digitaler Technologien. In ihnen sind zwar bestimmte Potentiale angelegt, doch hängen diese maßgeblich von Entwicklungen wie der Globalisierung ab. Sollte sich diese durch Nationalismus und Populismus umkehren, würde nationale Sicherheit wieder mehr an Bedeutung gewinnen.

Dr. Matthias Schulze ist wissenschaftlicher Mitarbeiter in der Forschungsgruppe Sicherheitspolitik bei der Stiftung Wissenschaft und Politik (SWP) in Berlin. Dort beschäftigt er sich mit Cyber-Sicherheitspolitik und zwischenstaatlichen Cyber-Konflikten. Nebenher betreibt er zu diesen Themen den Percepticon.de-Podcast.

Dr. Daniel Voelsen ist wissenschaftlicher Mitarbeiter in der Forschungsgruppe Globale Fragen bei der Stiftung Wissenschaft und Politik (SWP) in Berlin. Er arbeitet dort zu Fragen der internationalen Digitalpolitik, mit einem besonderen Fokus auf Fragen der globalen Internet Governance.

FRAUENSACHE – STRENG GEHEIM

IN KRISENZEITEN RÜCKEN SPIONINNEN IN DEN FOKUS DES ÖFFENTLICHEN INTERESSES

Ξ Gabi Koenig

Niemand kann sich dem Sog der Spioninnen entziehen. Das Wort allein stimuliert die Phantasie: mit Geheimnis und Gefahr verbundene Frauen, umgeben von einer Aura der Erotik. Doch wie haben Spioninnen, wie die Agentinnen feindlicher Geheimdienste meist eher pejorativ bezeichnet werden, und Agentinnen, wie man die eigenen Spioninnen nennt, wirklich gearbeitet? Was hat sie angetrieben? Wofür haben sie ihr Leben aufs Spiel gesetzt?

Seit der Jahrtausendwende beschäftigen sich Journalisten und Historiker intensiver mit dem Thema. Zum einen haben etliche der früheren Spioninnen im hohen Alter ihr Schweigen gebrochen. Zum anderen geben die Behörden endlich Akten frei, die die Erzählungen der Frauen belegen und ihr Wirken in größere militärische und politische Zusammenhänge stellen.

Eine Vielzahl von Biographien ist erschienen, eine systematische Untersuchung der Rolle von Spioninnen steht allerdings noch aus. An dieser Stelle können deshalb nur Thesen entwickelt werden, die u. a. auf die Frage eingehen, welche Eigenschaften Spioninnen mitbringen müssen, welche Rolle die Erwartungen der Gesellschaft spielen und wie sich Frauen im Einsatz bewähren.

Beispielhaft wird der Lebensweg von Virginia Hall geschildert, der vermutlich erfolgreichsten Agentin des Zweiten Weltkriegs. Die Amerikanerin stand in zwei Einsätzen hinter feindlichen Linien in Frankreich, wo sie Widerstandsringe aufbaute, Waffenlieferungen dirigierte und Sabotage-Akte leitete. Hoch dekoriert wurde sie 1948 eine der ersten Frauen bei der CIA. (Ein Aperçu am Rande: Seit 2018 leitet erstmals eine Frau, Gina Haspel, den US-amerikanischen Geheimdienst.)

Entlang der Karriere von Virginia Hall vervollständigen kurze Porträts weiterer Spioninnen aus den vergangenen zwei Jahrhunderten das Bild.

 INDES, 2019-4, S. 114–123, © Vandenhoeck & Ruprecht GmbH & Co. KG, Göttingen, 2019, ISSN 2191-995X

Augenfällig wird dabei auch: Spionage scheint stets eng mit Kriegen verwoben. Sie lässt sich zudem nicht eindeutig abgrenzen. Zählt schon das Beobachten gegnerischer Soldaten zur Spionage? Macht ein Flirt eine Frau zur Spionin? Müssen Fluchthelferinnen als Spioninnen gelten, weil sie davon ausgehen können, dass ihre Schützlinge auch Informationen transportieren? So oder so: Heutzutage aktive Spioninnen werden sicher über solch unbeholfene Definitionsversuche lächeln, sitzen sie doch mit großer Wahrscheinlichkeit an Computern und hacken sich in die Datenbanken von Unternehmen, Armeen und Staaten.

KINDHEIT UND JUGEND

Virginia Hall wurde 1906 als zweites Kind von Barbara und Edwin Hall geboren. Ihr Großvater war ein Abenteurer gewesen, der Vater hatte ein Vermögen mit Immobilien und Kinos gemacht. Die Familie lebte im dynamischen Baltimore, verbrachte aber viel Zeit auf der zwanzig Meilen entfernten Box Horn Farm. Hier lernte Virginia reiten und Kühe melken. Sie ging auf die Jagd und fing Fische, die sie auch ausweidete. Das Mädchen galt als Wildfang und ihre Schulfreundinnen schrieben über sie, das Einzige, was man von Virginia Hall erwarten dürfe, sei das Unerwartete.

Es stellt sich mithin die Frage, ob vielleicht die Freiheit, die viele der späteren Spioninnen schon als Kinder leben, und die finanzielle Sicherheit, die wohlhabende Elternhäuser geben, den Schlüssel zu dem Selbstvertrauen und dem Mut darstellen, ungewöhnliche Wege zu gehen? Jedenfalls: Belle Boyd (1844–1900) wurde als ähnlich forsches, vorwitziges Kind geschildert. Die Händlerstochter aus Virginia spionierte im amerikanischen Bürgerkrieg die Soldaten der Nordstaaten aus, überbrachte Nachrichten über deren Strategie mit waghalsigen nächtlichen Ritten und rannte einmal sogar durch einen Kugelhagel »ihrem« Südstaaten-General Thomas ›Stonewall‹ Jackson entgegen. »Hoffnung, Furcht, die Liebe zum Leben und die Entschlossenheit, meinem Land bis zum Letzten zu dienen, wirkten zusammen und füllten mein Herz mit mehr als weiblichem Mut«, erinnerte sie sich.

BILDUNG

Es war darüber hinaus für Virginia Halls Eltern eine Selbstverständlichkeit, dass ihre Tochter eine gute, ja die beste Ausbildung erhielt. Die Einstellung der Eltern war fortschrittlich, Geld spielte keine Rolle. Als Kleinkind war Virginia mit ihren Eltern durch Europa gereist, als Jugendliche ging sie noch ein zweites Mal auf Kulturtour. »Der einzige Weg für eine Frau, die in der Welt vorankommen will, ist Bildung«, rief sie ihren Mitschülerinnen bei der

Schulabschlussfeier zu. Die Sprachbegabte besuchte das Frauencollege Radcliffe in Cambridge und das interdisziplinäre Barnard College in New York, bevor sie an der Sorbonne in Paris Politikwissenschaft studierte. 1929 schloss sie sodann die Konsular-Akademie in Wien erfolgreich ab.

Bildung, so ließe sich daraus ableiten, ist eine wichtige Voraussetzung für eine Frau, die Spionin werden will. Zum einen, weil eine zweite oder dritte Sprache unverzichtbares Handwerkszeug für das Erlangen von Informationen und das Leben in einem fremden Land sind. Außerdem vermittelt sie politisches Bewusstsein, weitet den geistigen Horizont und gibt den Frauen die nötige Gewandtheit, um sich in allen Gesellschaftsschichten zu bewegen.

Auf deutliche Bildungsspuren stößt man auch bei der Spionin Elizebeth Friedman (1892–1980), die zuvor Shakespeare studiert hatte. Die Vermutung, dass in den Werken des Dichters Geheimbotschaften versteckt sein könnten, machte aus der Amerikanerin schließlich eine Code-Knackerin. Eine Frau, die schon im Ersten Weltkrieg verschlüsselte Nachrichten dechiffrierte, während der Prohibition die Funksprüche der Alkoholschmuggler knackte und ab 1941 amerikanische Agenten im Gebrauch von Codes und Chiffrierung schulte. Friedman überführte schließlich auch Velva Lee Dickinson, die unter dem Deckmantel einer Puppenhändlerin für Japan spionierte.

BERUFLICHE KARRIERE

Virginia Hall wollte nichts lieber als eine Karriere im Diplomatischen Dienst. Doch obwohl sie bestens qualifiziert war, fließend Französisch und Deutsch und passabel Italienisch sprach, hielt das amerikanische Außenministerium die junge Frau hin. Erst 1931 wurde sie in die Warschauer Botschaft entsandt, später in die Türkei – als Sekretärin.

Für Frauen war bis weit ins 20. Jahrhundert kein eigenständiges Leben vorgesehen. Sie sollten Ehefrau und Mutter sein, den Haushalt führen und sich – in besser gestellten Familien – allenfalls für mildtätige Organisationen einsetzen. Der Erste Weltkrieg stellte alle diesbezüglichen Regeln in Frage, die Spionage war für etliche Frauen eine Möglichkeit, aus den festgelegten Bahnen aus- und in ein abenteuerliches Leben aufzubrechen – wie bei Amy Elizabeth Thorpe (1910–1963). Für sie schien die Rolle der Diplomatengattin wie auf den Leib geschrieben. Doch ihre Ehe war unglücklich, die Amerikanerin tröstete sich mit wechselnden Liebschaften. 1937 wurde ihr Mann nach Warschau versetzt, dort warb der britische Secret Intelligence Service (SIS) die abenteuerlustige, verführerische und sprachgewandte Frau an.

Amy Thorpe glaubte, ihre Lebensaufgabe gefunden zu haben. Sie horchte polnische Offiziere aus, ab 1941 wandte sie sich in Washington DC hochrangigen Angehörigen der italienischen und französischen Botschaften zu. »Als Gegenleistung für meine Liebe versahen sie mich mit Informationen. Beschämend? Ach, nicht im Geringsten. Meine Vorgesetzten sagten mir einmal, dass das Ergebnis meiner Arbeit tausenden von Engländern und Amerikanern das Leben gerettet hat.«

BRUCH IN DER BIOGRAPHIE

Wenigstens in ihrer Freizeit tat Virginia Hall, was ihr gefiel. Mit Freunden brach sie am 8. Dezember 1933 zur Schnepfenjagd auf. Als sie über einen Zaun stieg, löste sich ein Schuss aus ihrer Flinte und zerschmetterte ihren Fuß. Virginia Hall hatte Glück, sie überlebte. Aber ihr linkes Bein musste vom Knie abwärts amputiert werden. Mit unglaublicher Energie trieb sie ihre Genesung voran und lernte mit einem Holzbein, liebevoll Cuthbert getauft, zu gehen – sodass Außenstehende die Behinderung oftmals nicht bemerkten. Ab 1934 arbeitete sie in Venedig und Tallin. Mit der erhofften Karriere allerdings war es bald vorbei, die Behörden lehnten ihre Übernahme in den diplomatischen Dienst ab. »Dass ich wegen einer körperlichen Behinderung nicht geeignet sein sollte, hat mich bitter enttäuscht«, schrieb sie an den amerikanischen Außenminister und quittierte im Mai 1939 den Dienst. Schließlich führte in diesen Jahren Präsident Franklin D. Roosevelt, der im Rollstuhl saß, die USA aus der großen Depression und später durch den Zweiten Weltkrieg.

Ein solcher Bruch im Leben hat viele Spioninnen getroffen. Der Tod des Vaters oder eines geliebten Mannes, der Verlust des Vermögens und der Fall in die Armut, die erzwungene Flucht aus der Heimat – dergleichen Unglücksfälle machten den Frauen bewusst, dass sich das Leben von einer Minute auf die andere komplett umkehren kann und dass es keine Sicherheit gibt. Ein Gedanke, der eine innerliche Freiheit zu schenken vermag, wie sie etwa Louise de Bettignies (1880–1918) auszeichnete. Sie hatte in Oxford Naturwissenschaften studiert, dann in Italien und Böhmen in Adelshäusern als Gouvernante gearbeitet. Als die Deutschen kurz nach Ausbruch des Ersten Weltkriegs Lille besetzten, spielte sie mit dem Gedanken, in ein Kloster einzutreten.

De Bettignies ließ sich dann aber stattdessen von den Briten als Spionin anwerben und baute unter dem Decknamen Alice Dubois ab 1915 den »Service Alice« aus. Die Untergrundorganisation schmuggelte kriegswichtiges Wissen über Belgien ins neutrale Holland. Dafür entwickelte De Bettignies für ihre Zeit geniale Methoden wie Miniaturschriften und augenscheinlich transparente Folien auf Brillengläsern, sie stopfte Salamis mit Geheimnachrichten und tarnte sich als Käsehändlerin.

DAS MOTIV

Im September des Jahres lebte Virginia Hall in Paris. Sie genoss das leichte Leben zwischen Cafés und Museen, machte Spaziergänge an der Seine. Die aufziehende Kriegsgefahr in Europa hatte Virginia Hall über Jahre gespürt und als Deutschland in Polen einmarschiert und England und Frankreich wenig später in den Krieg eingetreten waren, meldete sich die Amerikanerin nach wenigen Wochen als Freiwillige. Als Ambulanz-Fahrerin transportierte sie schwerverletzte und oft grausam entstellte Soldaten von der Front in die Hospitäler. Ihr Einsatz rettete Leben, doch den Krieg änderte er nicht – weshalb Virginia Hall überlegte, wie sich das Nazi-Regime wirkungsvoller bekämpfen ließe.

Das Motiv, den Kampf gegen ein menschenverachtendes Regime aufzunehmen, ist selbstlos und ehrenwert. Doch ist die Palette breit: Viele Frauen trieb der Wunsch nach einer besseren, gerechteren Gesellschaft oder auch eine Ideologie an. Andere Spioninnen folgten schlicht ihrer Abenteuerlust – oder waren auf das lockende Geld aus. So strandete Mata Hari (1876–1917), die wohl berühmteste Spionin der Welt, zu Beginn des Ersten Weltkrieges in Berlin. Ohne Engagement, ohne Geld, ohne Papiere. Die Frau, die mit einer erfundenen Biographie und gewagten Schleiertänzen die Bühnen der Metropolen erobert hatte und ein Luxusleben gewohnt war, stand vor dem Nichts. In Den Haag nahm sie 20.000 Francs und drei Fläschchen mit unsichtbarer Tinte vom deutschen Generalkonsul entgegen. Ob sie dafür jemals Informationen lieferte, ist bis heute offen. Ihre Führungsoffizierin jedenfalls hielt Mata Hari für »das schlechteste Pferd in meinem Stall« und bald schon verwickelte sich die Holländerin in ein Intrigenspiel. Im Februar 1917 wurde sie verhaftet und – nach kurzem Prozess – am 15. Oktober hingerichtet.

Ursula Kuczinsky (1907–2000) wiederum war beseelt vom Glauben an den Sozialismus. Als 17-Jährige trat sie in den Kommunistischen Jugendverband ein und ließ sich in Shanghai von dem Meisterspion Richard Sorge anwerben. Die junge Mutter lernte in Moskau Russisch und das Morsen, absolvierte auch eine Partisanenausbildung. Als »rote Sonja« spionierte sie in China, Polen und der Schweiz für die Sowjetunion. 1940 traf sie in England ein, wo sie sich regelmäßig mit dem Atomspion Klaus Fuchs traf und wohl auch Führungsoffizierin von Melitta Norwood war.

1950 setzte sich Kuczinsky nach Ostdeutschland ab, wo sie unter dem Namen Ruth Werner eine erfolgreiche Autorin wurde. Der Zerfall der Sowjetunion, der Fall der Mauer erschütterte ihr Weltbild. »Wie oft glaubte ich an Dinge, von denen ich heute weiß, dass sie falsch waren«, sinnierte sie 1991. Dennoch: »Für zukünftige Generationen will ich immer noch soziale

Gerechtigkeit, Zugang für jeden zu einer guten Bildung, und vor allem will ich, dass nirgendwo jemand hungert und dass Frieden ist auf der Welt.«

AUSBILDUNG ZUR SPIONIN

Also ging Virginia Hall nach London. Die Briten waren die ersten, die eine Spezialeinheit für den Einsatz hinter feindlichen Linien aufbauten. Die Agenten der *Special Operations Executive* (SOE) sollten Widerstandsgruppen aufbauen und unterstützen, die Lage in den besetzen Gebieten erkunden und Sabotageakte verüben. Mit ausdrücklicher Billigung von Premierminister Winston Churchill wurden auch Frauen angeworben: Sie könnten sich besser tarnen und hätten – da ja immer eine alte Tante versorgt oder einer Freundin bei der Geburt beigestanden werden müsse – in Kriegszeiten mehr Bewegungsspielraum als Männer.

Vera Atkins, die rechte Hand des für Frankreich zuständigen SOE-Leiters Maurice Buckmaster, rekrutierte insgesamt 39 Agentinnen, Virginia Hall war eine der ersten. In Trainingslagern, die in Landsitzen rund um London eingerichtet wurden, stärkte sie ihre Fitness, lernte den Umgang mit Sprengstoff und Waffen, auch den Nahkampf; sie musste Nervenstärke beweisen und übte das Verhalten in Verhören. Dass die Gestapo ihre Gefangenen brutal folterte, war längst bekannt.

Die gezielte Rekrutierung und die Professionalisierung der Ausbildung waren der Schlüssel zum Erfolg der Spioninnen, die im Zweiten Weltkrieg eingesetzt wurden und den Ausgang des Krieges mitbestimmten. Der Preis war hoch: Mehr als 400 Agenten hatte die SOE in Frankreich eingesetzt, darunter 39 Frauen. Viele wurden verhaftet, gaben ihr Wissen jedoch auch unter Folter nicht preis. Jede dritte kam ums Leben. Zu den Überlebenden zählte Johanna Brandt (1876–1964), die ebenso jung wie naiv war, als 1899 der Burenkrieg im heutigen Südafrika ausbrach, sich später aber durch eine hohe Virtuosität in der Ausführung ihrer Tätigkeit auszeichnete. Sie führte nicht nur ein »weißes«, mit unsichtbarer Tinte geschriebenes Tagebuch, sondern übermittelte Geheiminformationen an die Exilregierung in den Niederlanden und versteckte den Anführer des Widerstands auf ihrer Farm. Gleichwohl: Die ständige Angst, entdeckt zu werden, und die Verhaftung ihrer Mitstreiter setzten Johanna Brandt so zu, dass sie das Land verlassen musste.

DER EINSATZ

Als erste weibliche SOE-Agentin landete Virginia Hall am 23. August 1941 in Frankreich. Sie war mit gefälschten Papieren und einer neuen Identität ausgestattet: Brigitte LeContre, eine Journalistin, die aus Vichy für die *New York*

Post berichtet. Ihr Ton war beschwingt – selbst wenn es um so Ernstes wie den Hunger in den Städten ging. Ihr eigenes Leben war karg: Sie wusch sich in einer Schüssel mit kaltem Wasser, hütete die Reste ihres Lippenstiftes wie einen Schatz und musste um als selbstverständlich Erscheinendes betteln. »Wenn ihr mir ein Stück Seife schicken könntet, wäre ich erstens sehr glücklich und zweitens viel sauberer«, ließ sie London einmal wissen.

Der Nachschub kam in mondhellen Nächten. Dann starteten an der Südküste Englands schwarzgestrichene Lysander-Maschinen und warfen Waffen, Munition, Funkgeräte, Kleidung und Essensrationen über Frankreich ab. Mit Lichtsignalen wiesen ihnen »Empfangskomitees«, wie sie auch von Virginia Hall organisiert wurden, den Weg und bargen die wertvolle Fracht.

»Nebenbei« baute Brigitte LeContre einen Widerstandsring auf. Als im Juni 1942 ihre Tarnung aufzufliegen drohte, wechselte sie den Namen und trat von da an als »Marie Monin« auf. Ihretwegen konnten elf Korsen aus dem Gefängnis fliehen.

Aus welchem Material sie gemacht sind, beweisen Spioninnen im Einsatz. Sie kommen mit ungewöhnlichen Lebensumständen zurecht, viele von ihnen blühen sogar auf – trotz Lebensgefahr. Yoshiko Kawashima (1907–1948) war eine schillernde Persönlichkeit. Geboren als mandschurische Prinzessin wuchs sie in der Obhut eines japanischen Geschäftsmannes auf, führte als junge Frau ein freizügiges Leben in Hongkong, Peking und Tokyo. 1925 rekrutierte sie der japanische Geheimdienst. Fortan heuerte sie Räuber an, manipulierte den abgesetzten chinesischen Kaiser Pu Yi und leitete den weiblichen Hofstaat. Zudem kommandierte sie 1933 ihre eigene Kavallerie-Einheit.

Die Spionin wurde zur Berühmtheit, die öffentlich auftrat und im Radio sprach. Mit der Spionage war es vorerst vorbei, erst 1941 beorderte man Yoshiko Kawashima in den Dienst zurück. Doch das »Juwel des Ostens« finanzierte sein luxuriöses Leben inzwischen mit Betrug und Erpressung, aus der Kämpferin für ihr Heimatland war eine Kriminelle geworden. 1947 verurteilte sie ein Militärtribunal zum Tod.

DIE FLUCHT

In Todesgefahr lebte auch Virginia Hall. Längst fahndete die Gestapo nach einer Kanadierin, nach der »hinkenden Dame«, die als »gefährlichste unter allen Spionen der Alliierten« galt. Der sadistische Gestapo-Chef von Lyon, Klaus Barbie, soll gewütet haben: »Ich würde alles geben, um diese kanadische Nutte in die Hände zu kriegen.«

Es wurde also eng. Viel länger als vorgesehen und weit über die drei Monate hinaus, die Agenten im Durchschnitt im Feindesland überleben, war

Virginia Hall schon in Frankreich aktiv. Schließlich floh sie über die Pyrenäen, mitten im November, durch knietiefe Schneewehen und über Gletscher. Zusammen mit ihren Begleitern überwand sie einen 2600 Meter hohen Pass in Richtung Spanien, obwohl »Cuthbert« Schwierigkeiten machte und sie unter starken Schmerzen litt.

Spioninnen leben mit der Gefahr, manche lieben sie sogar. Ihr Mangel an Angst wirkt fast schon wie ein genetischer Defekt. Christine Granville (1915–1952) zum Beispiel besaß einen »nostalgischen Hang zur Gefahr«, so jedenfalls notierte es der britische Diplomat Sir Owen O'Malley. Die temperamentvolle Agentin, die als polnische Gräfin Krystyna Skarbek geboren wurde, überquerte die Hohe Tatra auf Ski, schmuggelte Mikrofilme und entkam ihren Häschern mehrfach nur um Haaresbreite. 1944 schulte sie Widerstandskämpfer im französischen Vercors und befreite drei Agenten mit einer dreisten Lüge aus den Händen der Gestapo: Sie sei die Nichte von Feldmarschall Montgomery, der die britischen und kanadischen Truppen am D-Day befehligte, und die Alliierten seien schon an der Südküste gelandet. Ihre Ankunft sei nur eine Frage der Zeit. »Für die, die meinen Mann und seine Freunde ermordet haben«, werde es sehr hart. Der Bluff ging auf.

In ein normales Leben fand die hochdekorierte Agentin nicht wieder zurück. Christine Granville, die James-Bond-Autor Ian Fleming als Vorbild für Vesper Lynd in »Casino Royale« gewählt haben soll, hielt sich mit Aushilfsjobs über Wasser – und wurde von einem verschmähten Liebhaber erstochen.

RÜCKKEHR

Wie alle Agenten musste Virginia Hall nach ihrer Flucht »abkühlen«: In London berichtete sie über den Einsatz und wurde mit dem Verdienstorden MBE geehrt, der höchsten Auszeichnung, die Großbritannien an Zivilisten vergibt. Die übliche Audienz beim König lehnte sie ab, da sie befürchtete, sie könnte erkannt werden. Stattdessen erbat sie ein Funker-Training, denn sie plante die Rückkehr nach Frankreich. Die SOE jedoch wollte sie nicht entsenden, da dies als zu gefährlich eingestuft wurde. Also diente sich die Amerikanerin dem *Office of Strategic Services* (OSS) ihres Heimatlandes an, das ähnlich wie die SOE mit psychologischer Kriegsführung, Sabotage und Guerilla-Einsätzen operierte. Im März 1944 landete Virginia Hall, diesmal getarnt als alte Frau, an der Küste der Bretagne. »Marcelle Montagne« sollte südlich von Paris sichere Häuser besorgen, sie mit Funkgeräten bestücken und Geld an die Résistance verteilen. Sie schulte hundert Männer für den bevorstehenden Kampf, der mit der Landung in der Normandie beginnen sollte. Später wurde die Agentin in das Zentralmassiv von Yssingeaux in der Auvergne entsandt, wo sie Lageberichte absetzen und die bereits erwähnten Empfangskomitees organisieren sollte. Zuerst wurde die Ausländerin von den Einheimischen, den Maquis, nicht akzeptiert. Am Ende zählte ihre Widerstands-Truppe 1500 Mann, nahm 800 deutsche Soldaten gefangen und tötete 150.

Frauen wie Virginia Hall beweisen, dass sie – wie man so schön sagt – ihren Mann stehen können. Sie sind den Männern absolut ebenbürtig. Aber werden Spioninnen deshalb zu besseren Menschen? Mathilde-Lily Carré (1908–ca. 1970), genannt die Katze, war die Nummer zwei des Spionagenetzwerks Interallié in Frankreich. Die Widerstandskämpferin lieferte Fahrpläne von Militärtransporten, verriet die Lage von Flughäfen und Munitionsdepots und war als Saboteurin aktiv – bis sie am 1. November 1941 aufflog.

Die deutsche Abwehr drehte die Katze um: 90 Widerstandskämpfer soll sie verraten und damit zum Tod von 35 Menschen in deutschen Konzentrationslagern beigetragen haben. Vor Gericht zeigte Carré, die als »ganz und gar egoistische Frau, die sich um nichts und niemanden schert außer sich selbst«, beschrieben wird, keine Reue. Sie wurde im Januar 1949 verurteilt – schon im darauffolgenden Mai aber wieder begnadigt.

NORMALES LEBEN

Den Krieg überstand Virginia Hall äußerlich unverletzt, mehr noch: Nun fand sie auch die Liebe ihres Lebens im Einsatz: Paul Goillot, der 1945 mit dem Fallschirm in Yssingeaux gelandet war. Der erfolgreichen Agentin wurde nach dem Triumph über den Nationalsozialismus der zweithöchste Orden der USA verliehen, das *Distinguished Service Cross* – als einziger Zivilistin im Zweiten Weltkrieg. Die Franzosen ehrten sie mit dem *Croix de Guerre*. Eine bessere Empfehlung für den diplomatischen Dienst konnte es kaum geben. Doch Virginia Hall wurde erneut abgelehnt, Neueinstellungen seien nicht möglich. 1948 trat sie als eine der ersten Agentinnen in die Dienste der neugegründeten CIA. Schon bald aber galt sie als »Gung-ho-Lady«, als Hau-Ruck-Frau, deren angeblich aggressives Auftreten die männlichen Vorgesetzten einschüchterte. Mit sechzig Jahren ging sie in Rente, lebte mit ihrem Mann und fünf Riesenpudeln auf einer Farm in Maryland und hegte ihren Garten. Sie starb am 12. Juli 1982.

Die Rückkehr in ein normales Leben ist grundsätzlich auch für Spioninnen möglich. Andere aber verbleiben bis ins höchste Alter im Agentinnendasein. Melitta Norwood (1912–2005) war bereits 87 Jahre alt, als sie enttarnt wurde. 39 Jahre lang hatte die frühere Sekretärin für die Sowjetunion spioniert und geheimes Wissen über die englische Atomforschung weitergegeben. Sie habe lediglich »zusätzliche Durchschläge« in ihre Maschine gespannt, die Bedeutung der von ihr fotografierten Dokumente nie verstanden: »Ich bin keine Technikerin.« Die Enttarnung der Oma, die Marmelade für den Wohltätigkeitsbasar kochte und im Co-op einkaufen ging, löste 1999 eine Regierungskrise aus. Wie konnte Norwood so lange unentdeckt bleiben?

DAS SCHWEIGEN

Wahrscheinlich, weil sie schwieg. Warum sie ihre Geschichte niemals erzählt habe, wurde Virginia Hall einmal in einem Interview gefragt. »Weil ich niemals gefragt wurde«, antwortete sie. Tatsächlich wurden die Leistungen von Spioninnen nach dem Krieg schnell vergessen – seien es die Frauen, die Strümpfe strickend am Fenster saßen und die Eisenbahnwaggons zählten, die mit Panzern beladen vorbeiratterten; jene, die Soldaten des Gegners sicher außer Landes brachten; oder diejenigen, die in den Folterkellern ermordet wurden.

Selbst wenn, wie im Fall von Noor Inayat Khan, schon 1952 eine Biographie vorlag, die genau recherchiert war und das Leben der indischen Prinzessin detailliert schilderte, die als »Madeleine« aus Paris funkte und vermutlich am 12. September 1944 im KZ Dachau ermordet worden war, fand sie keinen Widerhall. Mit der Normalisierung der Verhältnisse rückten die Frauen wieder in den Hintergrund, in den 1950er Jahren wurden Frauen – die eben noch an der Seite der Männer kämpften – betont weiblich dargestellt. Rasante Kurven prägten das Schönheitsideal, die Rolle des »Heimchens am Herd« wurde zum Vorbild.

Natürlich trugen die Spioninnen selbst dazu bei. Vera Atkins etwa hat nie über ihre Erfahrungen gesprochen. Dabei hatte sie Dutzende von Agentinnen und Agenten für die SOE angeworben, viele persönlich betreut und beim Start ihrer Mission begleitet. Nach dem Krieg recherchierte Atkins das Schicksal von mehr als 100 vermissten Agenten und konnte alle, bis auf eines, aufklären. »Vera hätte nie erlaubt, dass ihre Geschichte geschrieben wurde, so lange sie lebte«, schreibt ihre Biographin Sarah Helm. Erst nach ihrem Tod im Jahr 2000 konnte die Journalistin mit der Recherche beginnen. Der Titel ihres Buches über Atkins: »A life in secrets«.

Gabriele Koenig, geb. 1965, ist Journalistin und Autorin mehrerer Bücher. Zusammen mit Ute Maucher hat sie noch unter ihrem Geburtsnamen Pfeiffer 2010 »Codewort: Seidenstrumpf« geschrieben, einen Band mit 16 Kurzbiographien berühmter Spioninnen. Seit neuestem tritt sie zusammen mit den Musikerinnen Katja Zakotnik und Naila Alvarenga auf, ihr Programm »Spioninnen!« verbindet kühne Frauen und die klassische Musik des 20. Jahrhunderts.

PERSPEKTIVEN

DEMOKRATIE UND HERRSCHAFTSVERLEUGNUNG

ODER: PLÄDOYER, DIE DEMOKRATIE ZU SCHÄTZEN, OHNE IHRE HERRSCHAFTSSTRUKTUREN ZU VERKENNEN

Ξ Klaus Hofmann

Thomas Hobbes mokierte sich im *Leviathan* über Demokratien der Antike, die sich als Staaten freier Bürger ausgaben. Die Athener »wurden (um sie vom Wunsch nach einer Regierungsänderung abzuhalten) belehrt, sie seien freie Menschen *[Free-men]* und alle, die unter einer Monarchie leben, seien Sklaven (...).«[1] Später seien auch die Römer im republikanischen Rom instruiert worden, die Monarchie zu hassen und sich für *Free-men* zu halten.

Diese Lehren, überliefert von Autoren wie Aristoteles und Cicero, beurteilte Hobbes als falsche Freiheitsvorstellung *(falseshew of Liberty)*, als Illusion und Verkennung oder Verleugnung der Herrschaft, welche in einer Demokratie wie in jeglicher Regierungsform vom Souverän ausgeübt werde. Die Freiheit, von der im antiken Diskurs die Rede ist, sei, so Hobbes, nicht die Freiheit einzelner Menschen, sondern die Freiheit des Gemeinwesens.[2]

Doch würden die Menschen leicht getäuscht vom trügerischen Begriff der Freiheit und missverstünden mangels Urteilskraft als ihr privates Gut und Geburtsrecht, was allein Recht des Gemeinwesens sei. Wenn dieses Missverständnis noch durch Autoritäten bekräftigt werde, sei es kein Wunder, dass es zu Aufruhr und Umsturz führe.[3] Durch »das Lesen dieser griechischen und lateinischen Autoren haben sich Menschen von Kindheit an daran gewöhnt, (unter falscher Freiheitsvorstellung) zu Tumult zu neigen und zur ungehörigen Kontrolle der Handlungen ihrer Souveräne und wiederum zur Kontrolle der Kontrolleure, unter so viel Blutvergießen, dass ich denke, wahrhaftig sagen zu können, dass nie etwas so teuer erkauft wurde, wie diese westlichen Länder die Gelehrsamkeit der griechischen und der lateinischen Sprache erkauften«.[4]

1 Thomas Hobbes, Leviathan, hg. von Richard Tuck, Cambridge 1996, S. 150; eigene Übersetzung. Siehe auch ebd., S. 470–71.

2 Ebd., S. 149; vgl. auch ebd., S. 90.

3 Ebd., S. 149.

4 Ebd.

Mit seinem Insistieren auf dem Herrschaftscharakter der Demokratie, den eine *falseshew of Liberty* leugne, leistete Hobbes einen grundlegenden Beitrag zum Demokratiediskurs, was ignoriert wird, wenn es in Lehrbucheintragungen wie dem folgenden heißt, mit Hobbes beginne zwar »die politische Theorie, doch seinen kontraktualistischen Etatismus auf Demokratie zu beziehen zu wollen, ist kaum möglich«.[5] Dagegen lieferte Hobbes nicht nur eine »vertragstheoretische Begründung und Rechtfertigung des Absolutismus«,[6] sondern desgleichen auch für die Demokratie. Eben deshalb war ihm die Berichtigung eines falschen Demokratiebegriffs angelegen. Herrschaft zu leugnen, um sie akzeptabel zu machen und zu sichern, verfehle eben dieses Ziel und ermuntere zu Rebellion. Demokratie sei politische Herrschaft, ein Modus der Souveränität.

Damit ist Hobbes ein, wenngleich ungebetener, Teilnehmer am gegenwärtigen Demokratiediskurs, wenn dieser den Herrschaftscharakter der Demokratie ins Auge fasst und deren vorgebliche Freiheitlichkeit als Ideologie entlarvt. So beschreibt etwa Pierre Rosanvallon die Demokratie als Herrschaftsform, gegen die sich eine »stabile Demokratie des Misstrauens« durchsetzen müsse.[7] Und Cathérine Colliot-Thélène sieht in der verbreiteten Auffassung der Demokratie als einer herrschaftsfreien Verwaltung unter dem Prinzip der Selbstgesetzgebung nichts weiter als einen »Mythos«: »Die moderne Demokratie war immer nur eine Organisationsform der Macht, das heißt, des Verhältnisses zwischen Beherrschten und Herrschenden.«[8]

DEMOKRATIE ALS URFORM POLITISCHER HERRSCHAFT

Politische Herrschaft tritt in Hobbes' *Leviathan* auf den Plan als die Stiftung freier Menschen – *men that are in absolute liberty* –, die im Naturzustand des Kampfes aller gegen alle ihr Leben als »einzelgängerisch, armselig, widerwärtig, tierisch und kurz« erfahren hätten und sich, von Furcht getrieben und geleitet von Vernunft, die den Weisungen der *laws of nature* folge, zusammenfänden, um in gegenseitigem Übereinkommen *(covenant)* ihr Naturrecht auf Selbsterhaltung dem damit entstehenden Souverän zu übertragen. Zum Souverän wird zunächst dieser Bund selbst, indem alle Beteiligten den Willen der Mehrheit als ihren gemeinsamen Willen anerkennen, somit sich einer Herrschaft unterwerfen.[9]

Die so entstehende Demokratie ist die Urform politischer Herrschaft. Deutlicher als im *Leviathan* tritt dies in Hobbes' früheren Schriften hervor.[10] In *De Cive* wird die Gesellschaftsbildung als das Entstehen einer Demokratie dargestellt. Dabei werden zwei Schritte unterschieden,[11] nämlich die Autorisierung der Mehrheit durch alle zur Bildung eines Gemeinwesens

5 Rudolf Speth, Thomas Hobbes, in: Peter Massing u. Gotthard Breit (Hg.), Demokratietheorien von der Antike bis zur Gegenwart, Bonn 2003, S. 98.

6 Alexander Thiele, Der gefräßige Leviathan. Entstehung, Ausbreitung und Zukunft des modernen Staates, Tübingen 2019, S. 21.

7 Pierre Rosanvallon, Counter-Democracy. Politics in an Age of Mistrust, Cambridge 2008, S. 8.

8 Cathérine Colliot-Thélène, Demokratie ohne Volk, Hamburg 2011, S. 19.

9 Hobbes, Leviathan, S. 123.

10 Vgl. Richard Tuck in der Einleitung zu seiner Ausgabe des Leviathan: Hobbes, Leviathan, S. XXXV: »[…] in the Elements of Law and De Cive, Hobbes had gone to some length to depict the original sovereign created by the inhabitants of the state of nature as necessarily a democratic assembly, which could only transfer the rights of sovereignty to a single person or small group by a majority vote of its members: so Hobbes's theory was in its origins heavily involved with the forms of electoral politics.«

11 Zur Zweischrittigkeit auch David Held: »[…] an agreement or contract to create, first, an independent society and, second, a ›civil association‹ or government.«; David Held, Models of Democracy, Cambridge 2006, S. 63.

Entschlossenen und, in der Folge, die Ausübung souveräner Gewalt durch Mehrheitsbeschluss, die demokratische Herrschaft: »Wenn mehrere mit der Absicht der Errichtung eines Staates zusammentreten, so entsteht schon durch dieses Zusammenkommen eine Demokratie. Denn indem sie freiwillig zusammentreten, gelten sie als verpflichtet zur Innehaltung dessen, was die Mehrheit beschließt. [...] Sonach gehört zweierlei zur Demokratie: das eine (nämlich die dauernde Festsetzung der Zusammenkünfte) begründet den *dêmos*, das andere (nämlich die Mehrheit der Stimmen) begründet das *kratein* oder das Herrschen.«[12]

In dieser – direkten – Demokratie fungiert der Demos als Souverän, indem er nach dem Mehrheitsprinzip einen gemeinsamen Willen bildet und sich so von der *multitude* unterscheidet, als welche er sich versammelte, um sich zum Gemeinwesen *(common-wealth)* und zum Volk zu formieren. Das Mehrheitsprinzip, welches fast die Hälfte der »Versammlung aller« entmündigen kann, reißt den Graben zwischen der *multitude* und deren Metamorphose zum Souverän auf. Als Souverän ist der Demos nicht identisch mit dem Volk, den Untertanen. Er ist Träger der Staatsgewalt und übt Volksherrschaft nicht als Herrschaft des Volkes, sondern als Herrschaft über das Volk aus, zu dem sich die *multitude* mit der Errichtung dieser Herrschaft vereint hat.

NATURZUSTAND VERSUS ZIVILZUSTAND

Das Verhältnis von Souverän und Untertanen wird in Kapitel 16 des *Leviathan, »Of Persons, Authors, and things personated«*, unter den Begriff der Repräsentation[13] gefasst, der den Souverän als »fingierte oder künstliche Person« *(Feigned or Artificiall person)*[14] vorstellt bzw. als Träger der *persona* derer, die er repräsentiert.[15] Im Modus der Repräsentation transformiert der Souverän das vielfältige Wollen der *multitude* zu dem einen Willen des Gemeinwesens. Diesem Willen sind die Repräsentierten unterworfen, ihm verleihen sie durch ihre Unterwerfung die Gewalt, die in diesem Sinne »vom Volke ausgeht« und den Souverän auf das Gedeihen der Untertanen achten lässt, »in deren Kraft [seine] eigene Stärke und Glorie besteht«.[16]

Hobbes' Konstruktion ist charakterisiert durch eine theatralisch-fiktionale Tönung, wenn sie den Souverän als *persona* oder Schauspieler erscheinen und damit der Theatralik barocken Herrschaftsstils entsprechen lässt.[17] Die Koinzidenz der Bedeutungen »Schauspieler« und »Heuchler« im griechischen ὑποκριτής deutet eine, von Hobbes nicht weiter ausgeführte, Affinität von Souveränität und heuchlerischer Verstellung an, die den Anspruch des Souveräns, Repräsentant seiner Untertanen zu sein, überschattet. Gleichwohl: Der Souverän repräsentiert die Untertanen, indem er sie

12 Thomas Hobbes, De Cive, hg v. Otfried Höffe, Berlin 2018, S. 102.

13 Dazu: Heinz Kleger, Demokratisches Regieren: Bürgersouveränität, Repräsentation und Legitimation, Baden-Baden 2018; Dirk Tänzler, Repräsentation als Performanz. Die symbolisch-rituellen Ursprünge des Politischen im ›Leviathan‹ des Thomas Hobbes, in: Jan Andres u. a. (Hg.), Die Sinnlichkeit der Macht. Herrschaft und Repräsentation seit der Frühen Neuzeit, Frankfurt a. M. 2005; Mónica Brito Vieira, The Elements of Representation in Hobbes: Aesthetics, Theatre, Law and Theology in the Construction of Hobbes's Theory of the State, Leiden 2009.

14 Hobbes, Leviathan, S. 111.

15 Ebd., S. 112: »[...] he that acteth another, is said to beare his Person, or act in his name [...].« Vgl. auch ebd., S. 120: » [...] to appoint one Man, or Assembly of men, to beare their Person [...].«

16 Ebd., S. 128 f.

17 Ebd., S. 112.

beherrscht und aus der Herrschaft ausschließt. Heißt doch *repräsentiert sein*, nicht *präsent sein*.[18]

Der Übergang der Versammlung freier Menschen in eine – personell identische – Versammlung, die sich dem Willen ihrer Mehrheit unterwirft, stellt sich als eine Kontiguität dar, die zu einer Überlagerung und Interferenz führen kann, in welcher die Freiheit des Naturzustands und die Herrschaftlichkeit des Zivilzustands in einem Kippeffekt changieren. Unversehens kann dem Volk, das sich doch dem Willen einer Mehrheit untergeordnet hat, die Freiheit des Naturzustandes zugesprochen werden. Im Falle der repräsentativen Demokratie zeigt sich dieses Changieren in der Suggestion, dass im Parlament die im Naturzustand zusammentretende Versammlung freier Menschen fortexistiere.

Hobbes ist bemüht, diese Suggestion nicht aufkommen zu lassen. Im *Leviathan* wird gegenüber *De Cive* der Fokus von der Urdemokratie auf Instanzen verschoben, denen »von der Mehrheit« (der Urdemokratie) die Souveränität übertragen wird – also auf Regierungsformen, zu denen außer der Demokratie auch Monarchie und Oligarchie zählen. Der Blick auf die Monarchie soll die Unverwechselbarkeit von Souveränität einerseits, der Versammlung freier Menschen andererseits deutlich machen, deutlicher, als es der Blick auf die Demokratie vermag.

Im *Leviathan* erinnert einzig die Erwähnung der »Mehrheit« an die in *De Cive* vorgeschaltete Demokratie: »Ein Gemeinwesen gilt als errichtet, wenn eine Vielheit von Menschen in gegenseitiger Verpflichtung übereinkommen, dass der Mensch oder die Versammlung, welchem oder welcher von der Mehrheit das Recht gegeben wird, alle zu vertreten, von einem jeden, gleich ob er dafür oder dagegen gestimmt hat, für alle Handlungen und Urteile autorisiert wird, so als seien sie seine eigenen […].«[19] In der vorangehenden Bestimmung der Souveränitätserrichtung wird der Akt der urdemokratischen Mehrheitsentscheidung sogar völlig ausgelassen und eine unmittelbare Errichtung von Monarchie, Aristokratie oder Demokratie angedeutet.[20]

Dennoch zählt Hobbes die Demokratie einschließlich der repräsentativen Demokratie nach wie vor zu den Formen der Souveränität. Er wird dabei von der geschichtlichen, zumal der englischen, Entwicklung des Parlamentarismus gestützt, tritt doch die Institution des Parlaments im politischen Rahmen der Souveränität auf als Organ des Souveräns, der zur Beratung und Mitwirkung ein von den Untertanen zu beschickendes Gremium heranzieht. In England wurde das Parlament in seinen Anfängen als *Curia Regis* sowie *Great Council* und später als *Parliament* vom König als Instrument und Medium der Exploration und Konsultation der Untertanen – das hieß: des feudalen Adels

18 Siehe auch David Runciman, Political Hypocrisy, The Mask of Power, from Hobbes to Orwell and Beyond, Princeton 2008, S. 16–44.

19 Ebd., S. 121.

20 Ebd., S. 120.

und Klerus – sowie zur Ausübung der Steuergewalt eingerichtet und einberufen. Noch heute beruft in England die Königin bzw. der König das Parlament ein. Hobbes legte Wert auf die Feststellung, dass ein solches Parlament nicht Konkurrent des Souveräns sei. Dies schon deshalb, weil der Souverän, sei er König oder souveräne Versammlung, wohl kaum zur Wahl eines konkurrierenden Souveräns auffordern werde: »Und deshalb ist es absurd zu denken, eine souveräne Versammlung, die das Volk ihres Herrschaftsgebiets einlädt, seine Vertreter zu schicken mit der Vollmacht, seinen Rat oder sein Begehren mitzuteilen, halte deshalb diese Gesandten anstatt ihrer selbst für die absoluten Repräsentanten des Volkes; so ist es auch absurd, dies in einer Monarchie zu denken.«[21]

Nicht als Konkurrent des Souveräns, sondern als wichtiges und im Laufe der Neuzeit wichtiger werdendes Organ im Körper des Souveräns, der in England schließlich als *King/Queen in Parliament* fungiert, hat das Parlament seinen Platz im politischen Gemeinwesen, wenn sich dieses zur Demokratie entwickelt. Vor der Gefährdung dieser Ordnung warnt Hobbes, wenn er »den wahren und absoluten Repräsentanten des Volkes« ermahnt, nur mit Vorsicht »irgendeine andere allgemeine Repräsentation aus irgendeinem Anlass zuzulassen«.[22]

HERRSCHAFT UND HERRSCHAFTSFREIHEIT BEI JOHN LOCKE

In John Lockes *Essay concerning the True Original, Extent, and End of Civil Government* aus der Zeit der *Glorious Revolution* von 1688/89 bahnt sich eine Aktualisierung der *falseshew of Liberty* an, die sich antike Autoren und Autoritäten der Neuzeit aus der Sicht von Hobbes gemacht hatten. Zwar bleibt Locke in seinen Begründungen der Errichtung von *civil or political societies* Hobbes durchaus nahe. So konstatiert er, dass der Mensch im Naturzustand in »Furcht und dauernder Gefahr« lebe: »Denn da alle, so viel wie er, Könige sind, ein jeder ihm gleich, und zum größeren Teil Billigkeit und Recht nicht strikt beachten, ist in diesem Zustand die Nutzung seines Eigentums sehr unsicher, sehr ungeschützt. Dies macht ihn willens, diesen Zustand aufzugeben, der, wenngleich frei, voller Furcht und dauernder Gefahr ist.«[23]

Die Untertänigkeit des Bürgers bestätigt Locke, wenn er klarstellt, dass Menschen beim Eintritt in die Zivilgesellschaft »die Gleichheit, Freiheit und Exekutivgewalt, die sie im Naturzustand hatten, in die Hände der Gesellschaft« übergeben und sich fortan dem Beschluss der Mehrheit unterwerfen.[24] Die Institution einer *supream power,* die die legislative Gewalt, welche von einer Person oder mehreren ausgeübt werden kann,[25] samt Judikative sowie die Exekutive einschließlich der Gewalt über Krieg und Frieden *(federative*

21 Ebd., S. 130.

22 Ebd.

23 John Locke, An Essay concerning the True Original, Extent, and End of Civil Government (1689), in: Peter Laslett (Hg.), Two Treatises of Government, Cambridge 1960, S. 350.

24 Ebd., S. 353.

25 »[…] the Legislative, whether placed in one or more […], that Person or Assembly, which is Legislator […].« Ebd., S. 357.

power) umfasst,[26] entspricht der des Hobbesschen Souveräns. Nach Hobbes ist der Souverän »die öffentliche Seele, die dem Gemeinwesen Leben und Bewegung verleiht«;[27] nach Locke ist die Legislative »die Seele, die dem Gemeinwesen Gestalt, Leben und Einigkeit verleiht«.[28] Lockes Bestimmung, dass »die politische Gewalt der Gesetzgebung ihren Ursprung nur im Vertrag und der Übereinkunft und der gegenseitigen Zustimmung derer, die die Gemeinschaft bilden, hat«,[29] trifft auch auf Hobbes' Souverän zu.

Doch zeigt sich bei Locke eine Tendenz, von diesen Übereinstimmungen, und somit von eigenen Aussagen, abzurücken. Er legt es darauf an, Hobbes' Souveränitätslehre zu unterminieren und zu überwinden. Das Wort »Souverän« wird in seiner Abhandlung weitgehend gemieden. Locke wirkt – im Sinne jener *falseshew of Liberty* – darauf hin, demokratische Strukturen als Räume der Herrschaftsfreiheit erscheinen zu lassen und andere Regierungsformen, zumindest im Falle der absoluten Monarchie, aus den Formen der Zivilgesellschaft auszuschließen: »Absolute Herrschaft […] ist so weit davon entfernt, eine Form der Zivilgesellschaft zu sein, so dass sie damit so unvereinbar ist wie Sklaverei mit Eigentum.«[30]

Locke bedient sich des Begriffs des Konsenses *(consent)*, der Herrschaft zur Machtausübung freier Akteure umdefinieren soll. Bei Hobbes gilt der Konsens im zweifachen Sinn der Übereinstimmung aller in wechselseitigem *covenant*[31] – er zieht dieses Wort vor[32] – und der Zustimmung zur Autorisierung des Souveräns, der keiner weiteren Zustimmung seiner Untertanen bedarf, es sei denn, man versteht deren Gehorsam als permanente Zustimmung. Bei Locke verschiebt sich das Verständnis von *consent* vom Einverständnis mit dem Wollen und Tun des Souveräns zum Einverständnis mit dem Vollstrecker eigenen Wollens. Mit dem Begriff des Konsenses bindet Locke die Regierung an den Willen der Mehrheit des Gemeinwesens. Die Gesellschaft – das Volk – behält kraft des Konsenses die Regie über die Regierung. Locke kommt nicht in den Sinn, was William Godwin später formulieren wird: »Regieren ist in Wirklichkeit […] eine Frage der Gewalt, nicht des Konsenses.«[33]

Der Begriff des Konsenses wird im Begriff *trust* weitergeführt. Die *supream power* ist der Gesellschaft, das heißt ihren Wählern verantwortlich und kann bei Nichtgefallen entmachtet werden. Die Entmachtung erscheint zunächst als mühelose Folge der Entrechtung, als trete die oberste Gewalt ab, wenn ihr das Misstrauen ausgesprochen wird. Schließlich aber stellt Locke in gewisser Nähe zu Hobbes – im Schlusskapitel *Of the Dissolution of Government* – klar, dass das Volk notfalls die oberste Macht im Kampf besiegen muss, in der »gemeinsamen Zuflucht, die Gott allen Menschen gegen Macht und Gewalt

26 Vgl. Kap. 12: »Of the Legislative, Executive, and Federative Power of the Commonwealth«. Im Hinblick auf England sieht Locke die Legislative im Zusammenwirken von König, Oberhaus und Unterhaus. Vgl. ebd., S. 408.

27 Hobbes, Leviathan, S. 230.

28 Locke, Second Treatise of Government, in: Laslett, S. 407.

29 Ebd., S. 382.

30 Ebd., S. 384.

31 Vgl. M. O. Aderibigbe, Consent, Consensus and the Leviathan: A Critical Study of Hobbes Political Theory for the Contemporary Society, in: Open Journal of Philosophy, Jg. 5 (2015), H. 6, S. 384–390.

32 Hobbes, Leviathan, S. 120: »This is more than Consent, or Concord; it is a reall Unitie of them all, in one and the same Person, made by Covenant of every man with every man […].«

33 William Godwin, Enquiry Concerning Political Justice (1793), hg. v. Isaac Kramnick, Harmondsworth 1976, III. Buch, S. 239.

gewährt hat.«[34] Erst dann habe es die höchste Gewalt inne. In Lockes Worten: »[...] da die Legislative eine nur zu bestimmten Zwecken anvertraute Gewalt ist, bleibt noch immer eine höchste Gewalt beim Volk, welches die Legislative auflösen oder auswechseln kann, wenn es findet, dass die Legislative gegen das Vertrauen handelt, das in sie gesetzt wurde. [...] Und so behält die Gemeinschaft auf Dauer eine höchste Gewalt, sich zu bewahren vor den Anschlägen und Anstalten von irgend jemand, sogar von den eigenen Gesetzgebern, sollten diese so töricht oder boshaft sein, Anschläge gegen die Freiheiten und das Eigentum des Untertanen zu planen und zu begehen. [...] Und so kann man sagen, dass die Gemeinschaft in dieser Hinsicht stets die oberste Gewalt ist, jedoch nicht in Anbetracht irgendeiner Form von Regierung, denn die Ermächtigung des Volkes ist erst erfolgt, wenn die Regierung aufgelöst ist.«[35]

Locke entkoppelt den bei Hobbes grundlegenden Verbund von Gesellschaftsbildung und der Errichtung einer souveränen Machtinstanz, wonach eine vom Souverän unabhängige Gesellschaft nicht denkbar ist, da mit der Liquidation des Souveräns der Zerfall der Gesellschaft einhergeht. Locke taumelt zwischen der Anerkennung und der Leugnung dieses Konstrukts. So redet er vom Volk *(people)*, das bei einem Versagen der Exekutive zur *confused Multitude, without Order or Connexion*, zerfalle, und kurz darauf vom Volk, welches frei sei, eine neue Legislative zu errichten.[36]

IST DIE ZIVILGESELLSCHAFT DIE BLOSSE FORTSETZUNG DER NATURGESELLSCHAFT?

Im Hintergrund dieser Verwirrung steht die grundsätzliche Abweichung von Hobbes' Modell des Gesellschaftsvertrags. Locke geht aus von der Annahme, schon im Naturzustand seien »ein Mensch und die gesamte Menschheit eine Gemeinschaft *(Community)* und bildeten, abgesetzt von allen anderen Geschöpfen, eine Gesellschaft *(Society)*«, die bei Befolgung des Naturgesetzes in Frieden leben kann, ohne sich einem Souverän zu unterwerfen.[37] Hobbes schloss diese Annahme aus, denn die Menschen fänden »keinen Gefallen, sondern im Gegenteil viel Leid am Zusammenleben ohne eine Macht, die alle zu überwachen vermag«.[38] Und weiter konstatierte er: »Denn wenn wir annehmen könnten, dass eine große Anzahl von Menschen übereinstimmen in der Beobachtung der Gerechtigkeit und anderer Naturgesetze, ohne dass eine öffentliche Gewalt sie alle in Furcht hält, dann könnten wir genauso gut annehmen, dass sich die gesamte Menschheit so verhält, und es existierte keine Zivilregierung und kein Gemeinwesen, noch bräuchte es diese zu geben, weil es dann Frieden ohne Unterwerfung gäbe.[39]

34 Locke, Second Treatise of Government, S. 412.

35 Ebd., S. 367.

36 Ebd., S. 411–413.

37 Ebd., S. 352.

38 Hobbes, Leviathan, S. 88: »[M]en have no pleasure, (but on the contrary a great deale of griefe) in keeping company, where there is no power able to oversee the all.«

39 Ebd., S. 118–19.

Nach Hobbes führt das Recht der Selbsterhaltung [40] zu Konkurrenz, die nur durch die Gewalt des Souveräns gezügelt werden kann. Locke sieht von diesem Kardinalgrund der Friedlosigkeit ab und wischt ihn in einem syntaktischen Einschub beiseite: »So wie jedermann verpflichtet ist, sich selbst zu erhalten [...], soll er aus gleichem Grunde, so seine eigene Erhaltung nicht in Konkurrenz gerät, so weit wie möglich den Rest der Menschheit erhalten.«[41]

Locke sieht in einem Zustand der Konkurrenz, die bei Hobbes alle Menschen im Kriegszustand hält, lediglich einen Eventualfall, der Raum lässt für eine friedliche Naturgesellschaft. Er besteht, auf Hobbes anspielend, auf einem »klaren Unterschied zwischen dem Naturzustand und dem Kriegszustand«.[42] Der Kriegszustand, dem Locke das dritte Kapitel des *Second Treatise* widmet, bricht in den Naturzustand ein als Machenschaft »entarteter Menschen«: »Gäbe es nicht die Korruptheit und Bosheit entarteter Menschen, bedürfte es keiner anderen [Gesellschaft], und es müssten sich Menschen nicht von dieser großen und natürlichen Gemeinschaft absondern und durch sichere Übereinkommen zu kleineren Teilverbänden zusammentun.«[43]

Die Bildung »kleinerer Teilverbände«, nämlich der staatlich formierten Zivilgesellschaften, ist eine Maßnahme gesellschaftlich lebender Menschen, um die Einbrüche »Entarteter« mit vereinter Macht, der *common power*, abzuwehren, eine Maßnahme also der – wenn man bei diesen Termini bleiben will – Nicht-Entarteten gegen die Entarteten. Die Naturgesellschaft ist dieser Aufgabe, die dort in den Händen der Einzelnen liegt, nicht gewachsen. Überdies sei, so Locke, bei privater Ausübung der Strafgewalt mit Eigenliebe, Bösartigkeit, Leidenschaft und Rachsucht eines jeden zu rechnen.[44] Der Abwehrkampf sei infolgedessen durch »ein gesichertes, geregeltes und bekanntgemachtes Gesetz, angenommen und zugelassen durch allgemeine Zustimmung als Maßstab für Recht und Unrecht«, besser zu regeln als durch das Naturgesetz.[45]

Aus dem Naturzustand werden Motiv und Praxis ethischer Säuberung übernommen, mit welcher dort Friedensstörer durch Strafen zur Reue bewegt oder, bei schweren Verbrechen, umgebracht werden »wie ein Löwe oder Tiger, eines der wilden grausamen Tiere, mit welchen die Menschen nicht in Gesellschaft und Sicherheit leben können«.[46] Entsprechend ist die Legislative »eine Gewalt, Gesetze zu machen und mit solchen Strafen zu versehen, die auf den Erhalt des Ganzen abzielen durch das Abschneiden der Glieder, und nur solcher, die so verderbt sind, dass sie die heilen und gesunden bedrohen [...].«[47]

Die unheilschwangere Formulierung vom »entarteten Menschen« wirft ein Schlaglicht auf den Abstand, der Locke von Hobbes trennt. Der Ansatz einer Naturgesellschaft greift die antike Auffassung vom Menschen als einem *zoon*

40 Ebd., S. 91.

41 Locke, Second Treatise of Government, S. 271.

42 Ebd., S. 280.

43 Ebd., S. 352.

44 Ebd., 275 f.; siehe auch S. 403.

45 Ebd., S. 351.

46 Ebd., S. 274; siehe auch S. 383.

47 Ebd., S. 382.

politicon auf und erledigt die Konstruktion einer davon abgesetzten *political society*. Lockes Zivilgesellschaft ist die Fortsetzung der Naturgesellschaft. Sie konstituiert sich im Konsens freier Menschen, die »einer Mehrheit fähig sind«, als eine »perfekte Demokratie«.[48] Die *supream power* des *Treatise* erhebt sich nicht über das Volk, sondern ist dessen Eigenmacht, ausgeübt von Instanzen, die als *Trustee or Deputy*[49] Instrumente dieser Macht sind. Dass die Einmütigkeit aller Beteiligten im »ersten Zusammenschluss von Menschen zur Gesellschaft« in die Dominanz der Mehrheit umspringt,[50] wird unterschlagen. Die so entstehende Gesellschaft wird als Vereinigung freier Menschen betrachtet.

DIE ZÄHMUNG DES LEVIATHAN HEUTE

Mit dieser Konstruktion übte Locke großen Einfluss auf die Durchsetzung der Demokratie in post-absolutistischen Republiken – zumal in den Vereinigten Staaten von Amerika und im revolutionären Frankreich – sowie in konstitutionellen Monarchien aus.[51] Die Freiheitsbehauptung hat sich in der Moderne sowohl in der politischen Theorie als auch in der politischen Propaganda und der öffentlichen Meinung durchgesetzt. Es herrscht die Illusion, in der Demokratie seien Herrschaft und Untertänigkeit überwunden. Mit der Rede von der Volkssouveränität biedert sich die Demokratie bei denen an, die sie doch als »Kratie« beherrscht. Dies soll, wie es Hobbes den Athener Machthabern unterstellt, der Akzeptanz der demokratischen Regierungsform dienen, kann aber, wenn durchschaut, Aufbegehren, gar Revolte, mindestens aber Enttäuschung und Gleichgültigkeit, die vielbeschriebene Politikverdrossenheit, heraufbeschwören.

Die gegenwärtige Diskussion über eine Krise der Demokratie freilich lässt sich kaum auf eine Gegenüberstellung von Hobbes und Locke ein, sondern geht vornehmlich von Lockes Modell als dem verbindlichen Bezugspunkt aus. Im Hinblick darauf werden Diagnosen des aktuellen Zustands gestellt.[52] David Runciman setzt bei einer simplifizierten Version der Lockeschen Zivilgesellschaft an, wenn er Überlegungen über die Zukunft der Demokratie anstellt. Der Grundgedanke repräsentativer Regierung sei, dass die Bürger gewählte Politiker betrauen, in ihrem Namen Entscheidungen zu treffen, und in der Lage sind, ihre Oberen zu kontrollieren oder sie zu ersetzen.[53] Mit der Durchsetzung dieses Grundgedankens sei Hobbes' Leviathan im Laufe der letzten dreihundert Jahre gezähmt worden.[54]

Doch zeichneten sich Umrisse des Leviathans bzw. des Hobbesschen Souveräns noch oder wieder in heutigen Entwicklungen, etwa in einer drohenden technologischen Machtübernahme *(technological takeover)*, ab.[55] Runciman sieht im Titelkupfer des *Leviathan* und in Hobbes' Metapher vom

48 Ebd., S. 333 u. S. 354.

49 Ebd., S. 427.

50 Ebd., S. 331. David Held legt Wert auf die Zweiheit der Schritte einmal der Gesellschaftsgründung, und zweitens Regierungsbildung. Vgl. David Held, Models of Democracy, Cambridge 2006, S. 63.

51 Siehe P. A. Rahe, Republics Ancient and Modern. Band 2, Chapel Hill 1994.

52 Steven Levitsky u. Daniel Ziblatt, Wie Demokratien sterben. Und was wir dagegen tun können, München 2018.

53 Vgl. David Runciman, How Democracy Ends, London 2018, S. 12 u. S. 134; siehe auch S. 47 u. S. 121.

54 Vgl. ebd., S. 134.

55 Vgl. ebd., S. 128.

»Automaten« und »künstlichen Menschen« Schablonen aktueller Tendenzen. So behält Hobbes' Mahnung, sich vor einer *falseshew* demokratischer Freiheitlichkeit zu hüten und den Herrschaftscharakter der Demokratie anzuerkennen, ihre Geltung, freilich gewandelt zur Warnung vor der Bedrohung der vorgeblichen Freiheit.

Dass die Zähmung des Leviathan, verstanden als Abbau obrigkeitlicher Souveränität, nach wie vor geboten sei, ist ein beständiges Motiv der Demokratiedebatte. Pierre Rosanvallon desavouiert die Fiktion der freiheitlichen Demokratie, wenn er Demokratie als Herrschaft auffasst, in welcher die Beherrschten, beseelt von Misstrauen, auf eine »Gegendemokratie« angewiesen seien. Die Wortwahl überrascht. Richtete sich gegendemokratische Agitation historisch doch für gewöhnlich gegen eine befürchtete Tyrannei des Volkes. Hier aber soll Gegendemokratie das Volk vor der »Tyrannei« der Mehrheitsdemokratie schützen. Die »Gegen-Demokratie«, so Rosanvallon, »ist nicht das Gegenteil von Demokratie. Sie ist vielmehr jene Form von Demokratie, die die übliche Wahldemokratie abstützt, nach Art eines Strebepfeilers, die Demokratie der indirekten Kräfte, die sich über die Gesellschaft verteilen, die permanente Demokratie des Misstrauens gegenüber der punktuellen Demokratie der Wählerlegitimation«.[56]

Rosanvallon sieht im Herrschaftsmoment nicht das Wesen, sondern einen Makel der Demokratie, den die »Gegendemokratie« beheben soll. Er hält sich damit im Rahmen der Lockeschen Lehre auf, wonach das Volk, das eine *supream power* errichtet hat, im Gewähren oder Vorenthalten von *consent* die Kontrolle und Überwachung ausübt, für die Rosanvallon den Begriff »Gegendemokratie« erfindet. Resoluter tritt Cathérine Colliot-Thélène der *falseshew of Liberty* entgegen, wenn sie die Freiheitsbehauptung, wie sie in der Idee demokratischer Selbstgesetzgebung aufgestellt wird, für nichtig erklärt, da »die Neukonfiguration der Orte, an denen Macht ausgeübt und Regeln aufgestellt werden, [...] den fiktiven Charakter des Selbstgesetzgebungsprinzips offenbart, das endgültig jeder realen Bedeutung beraubt wird«. Dieses Prinzip sei nichts anderes als ein Mythos, dem die Vorstellung zugrunde liege, dass »die Logik einer demokratischen Gesellschaft tendenziell zu Verschwinden nicht von Macht, aber zumindest von Herrschaft« führe, zum Traum einer herrschaftsfreien Verwaltung. Tatsächlich aber sei die moderne Demokratie schon »immer nur eine Organisationsform der Macht, das heißt, des Verhältnisses zwischen Beherrschten und Herrschenden« gewesen.[57]

Colliot-Thélène geht es freilich nicht um eine Befürwortung der herrschaftlichen Demokratie. Die habe ihre Zeit hinter sich. Es zeichne sich die Zukunft einer Demokratie nicht nur ohne Souverän, sondern auch ohne

56 Pierre Rosanvallon, Die Gegen-Demokratie. Politik im Zeitalter des Misstrauens, Hamburg 2017, S. 14.

57 Cathérine Colliot-Thélène, Demokratie ohne Volk, Hamburg 2011, S. 15, S. 17, S. 18, S. 19 u. S. 22.

Volk ab. Ursula Weidenfelds Titel *Regierung ohne Volk* deutet in eine ähnliche Richtung.[58] Die Körperschaft des Volkes diffundiere zur Einzelheit der Rechtssubjekte, die Figur des Souveräns zerfalle in eine Vielzahl von Machthabern. Demokratie werde zu einem leeren Wort. Diesem Resultat will Colliot-Thélène im Zugriff auf Derridas Dekonstruktionsmodell entkommen, das denkbar machen soll, »dass die Dekonstruktion des Demokratiebegriffs in gewisser Weise bereits geschehen ist«, der Begriff aber eine neue Geltung erhält in der Ernennung der Figur des Rechtssubjekts zum »demokratischen Subjekt«.[59]

Albert Weale wiederum geht gegen die *falseshew of Liberty* an, indem er das Konzept der Volkssouveränität ins Reich der Mythen versetzt und als »Teil eines populistischen Mythos« bezeichnet: »Wer glaubt, dass das Respektieren des Volkswillens ein wesentlicher Teil des demokratischen öffentlichen Lebens sei, ist in einem Mythos befangen.«[60] Weale bringt das Grundmotiv der Souveränitätserrichtung in Erinnerung, die Schaffung eines politischen Gemeinwillens: »›Das Volk‹ besteht aus einer Vielheit von Menschen und es gibt keinen einfachen Weg, vom Plural zum Singular zu gelangen.«[61] Doch weicht er in der Folge der Konsequenz dieser Einsicht, die zur Hobbesschen Souveränitätslehre führt, aus, indem er nicht nur den Mythos der Volksouveränität verwirft, sondern das Konzept der Souveränität überhaupt ausschalten will.

Ähnlich, wenn auch eher bedauernd, meinte bereits Colin Crouch: »In einem gewissen Sinn haben wir die Idee der Herrschaft des Volkes hinter uns gelassen, um die Idee der Herrschaft selbst in Frage zu stellen.«[62] Weale konstatiert in seinem Buch *Democracy*[63], in Rückgriff auf H. L. A. Hart,[64] dass die Vorstellung, Souveränität bestimme die Beziehung zwischen Gesetzgeber und Untertan, falsch sei. An ihre Stelle setzt er »konstitutive Regeln« *(constitutive rules)*, die das Wesen einer politischen Konstitution ausmachten.[65] Er hält den Verfassungsstaat für den demokratischen Ausweg aus dem Dilemma der Souveränitätsplatzierung. An die Stelle von Herrschaft *(rule)* träten Regeln *(rules)*, die eine konstitutionelle Regelung politischer Verhältnisse, eine politische Kybernetik, etablieren würden.

Freilich: Damit leistet Weale letztlich nicht mehr als die Neuerfindung des traditionellen Souveränitätskonzepts in einer auf das judikative Moment fokussierten Version. Ist doch eine Konstitution die Verfassung des Souveräns. Mit einer ähnlichen Intention entwickelt Heinz Kleger das Konzept einer »verfassungsdemokratischen Bürgergesellschaft«, in der das Volk »kein Souverän im Sinne einer höchsten unwiderstehlichen Gewalt, sondern nur noch ein von der Verfassung bestimmtes Legitimationsprinzip von Herrschaft (ist)«.[66]

58 Ursula Weidenfeld, Regierung ohne Volk. Warum unser politisches System nicht mehr funktioniert, Berlin 2017.

59 Ebd, S. 196 u. S. 245.

60 Albert Weale, The Will of the People. A Modern Myth, Cambridge 2018, S. 9.

61 »›The people‹ is made up of a plurality of people, and there is no simple way of getting from the plural to the singular.«, Ebd., S. 11.

62 Colin Crouch, Postdemokratie, Frankfurt a. M. 2008, S. 31.

63 Albert Weale, Democracy, Houndmills 2007.

64 H. L. A. Hart, The Concept of Law, Oxford 1961.

65 Weale, Democracy, S. 186.

66 Heinz Kleger, Demokratisches Regieren: Bürgersouveränität, Repräsentation und Legitimation, Baden-Baden 2018. Zitat auf S. 171 in Anlehnung an Dieter Grimm, Souveränität. Herkunft und Zukunft eines Schlüsselbegriffs, Berlin 2009.

NOTWENDIGKEIT DER ANERKENNUNG DES HERRSCHAFTS-MOMENTES DER DEMOKRATIE

Auf den Spuren Weales bewegt sich ebenfalls Alexander Thiele.[67] Auch für ihn ist der Verfassungsstaat der Ausweg aus dem von Souveränität geprägten Staat. In ihm spiele Souveränität keine Rolle, weder im Sinne der Obrigkeit noch im Sinne der Volkssouveränität. Letztere als prägendes Merkmal der Demokratie aufzufassen, beruht, so Thiele, »auf einem Missverständnis und ist damit ebenso verbreitet, wie verfehlt, denn: Der einmal errichtete demokratische Verfassungsstaat kennt keinen Souverän«. Es sei vielmehr »gerade der Clou des demokratischen Verfassungsstaates, dass er durch die rechtliche Einhegung des politischen Prozesses und dessen Bindung an das höherrangige Verfassungsrecht die Souveränitätsfrage aus dem täglichen politischen Geschäft verbannt.« Anders gewendet: Niemand ist im demokratischen Verfassungsstaat souverän, jedes politische Handeln ist rückgebunden an die Vorgaben der Verfassung, keine Gewalt – auch nicht die Volksgewalt – ist omnipotent. Thiele zitiert Martin Kriele: »Die Vorstellung eines Souveräns ist revolutionärer Sprengstoff gegen den Verfassungsstaat«. Er fährt fort: »Wenn also Art.20 Abs. 2 GG davon spricht, dass alle Staatsgewalt vom Volke ausgeht, dann ist damit nicht der Souverän, sondern das durch die Verfassung konstituierte Volk als ein an die Verfassung gebundenes Staatsorgan gemeint [...].«[68]

Damit ist unversehens die Verfassung in den Rang des Hobbesschen Souveräns erhoben. Um dennoch seine – titelgebende – Vorstellung von der Bändigung des Leviathan zur Geltung zu bringen, schwankt Thiele hin und her und räumt dem Volk, in der Manier Lockes, als Bändiger und Überwacher schließlich doch wieder den Rang des Souveräns ein: »Vollständig kommt allerdings auch der demokratische Verfassungsstaat nicht ohne das Konzept der Volkssouveränität beziehungsweise die Annahme eines Souveräns aus.«[69] So taumelt Thiele zwischen den konträren Positionierungen der Souveränität, über die er sich doch mit dem Verweis auf das Konzept des Verfassungsstaats hinwegsetzen wollte. Seine Formulierung von der »selbstbestimmte[n] Entscheidung der Herrschaftsunterworfenen«[70] verrät seine Unschlüssigkeit.

In der gegenwärtigen Diskussion über den Demokratiebegriff fällt auf, dass ihre Teilnehmer dazu neigen, die Souveränitätslehren und -kontroversen von Hobbes und Locke zu aktualisieren und sich gleichzeitig scheuen, auf diese Vorgänger einzugehen. Einerseits rückt man ab von der Beschönigung und Leugnung der Herrschaftlichkeit der herkömmlichen Demokratie, die Hobbes als *falseshew of Liberty* anprangert. Doch nicht um die Anerkennung und Bekräftigung der Herrschaftlichkeit, sondern um deren

67 Alexander Thiele, Der gefräßige Leviathan. Entstehung, Ausbreitung und Zukunft des modernen Staates, Tübingen 2019.

68 Ebd., S. 246 u. 247.

69 Ebd., S. 248.

70 Ebd., S. 248.

Abbau, den schon geschehenen oder den zu erwartenden oder noch zu betreibenden, geht es den Beiträgern zur Diskussion. Sie richten sich aus auf eine Demokratie, die das Souveränitätsverhältnis vermeintlich hinter sich gelassen hat. Sie suchen den Souveränitätsbegriff aus dem Verkehr zu ziehen, andere Autoritäten an die Stelle des Souveräns zu setzen, womit Stelle und Funktion des Souveräns allerdings nur umbesetzt werden. Von dieser Konsequenz erschreckt, sucht man wiederum, in der Tradition von Locke, auf die Kontrollmacht des Volkes zu setzen und die Kontrollcure zum Souverän zu erklären, um vor dieser Konsequenz wiederum Zuflucht beim Konzept des Verfassungsstaates zu suchen: ein Zirkel.

Dagegen mag die Forderung an der Zeit sein, die Demokratie zu schätzen, ohne ihre Herrschaftsstrukturen zu verkennen. Ist sie doch, wie keine andere Regierungsform, der Verletzlichkeit des Leviathan gewahr und darauf angelegt, auf den Willen der Bürger zu achten und auf ihn zu reagieren. Freie und geheime Wahlen, Volksbegehren und Volksentscheide, Presse- und Meinungsfreiheit, Demonstrationsrecht sind Fühler, die ein demokratisch organisiertes politisches System auf die Gesellschaft richtet. Die Wahrnehmung von Lobbyinteressen, die Beobachtung und das Betreiben von Meinungsforschung leisten das ihre, bis hin zu den Gefahren des Klienten- und des Überwachungsstaates, welche sich im Zuge der Digitalisierung verschärfen dürften.

Wahlen, in denen die Wählerschaft sich als Souverän, wenigstens als Mitregent, fühlen und betätigen soll, sind als täuschende Manöver des Souveräns erkennbar, der Wünsche und Beschwerden, Tendenzen und Widerstände seiner Untertanen kennenlernen und parieren will. In dieser Hinsicht reißt der Lockesche Vorhang von Konsens und Kontrolle auf und die Demokratie zeigt ihre autokratischen Züge. Aus der Enttäuschung der Freiheitsversprechen erwachen Verschwörungstheorien. Argwohn gegenüber der vermeintlichen Verfälschung und Korruption des demokratischen Prozesses schleichen sich ein.

Die Enttäuschung wird vermieden, wenn das Herrschaftsmoment der Demokratie erkannt und anerkannt wird und man sich mit ihm auseinandersetzt, ihm kundig begegnet, sich ihm auch widersetzt. Droht doch als Alternative herrschaftlicher Demokratie der Liberalismus, den Hobbes als Naturzustand ansetzt und als Kampf aller gegen alle definiert.

Prof. Dr. Klaus Hofmann, Jahrgang 1935, ist Professor em. für Anglistik und Englische Literatur an der J. W. Goethe-Universität in Frankfurt a.M.

FAKTENCHECK IN DER POLITIK

EIN PROBLEMATISCHER PROBLEMLÖSER

Ξ Philip Larsen

> Wer nichts will als die Wahrheit sagen,
> steht außerhalb des politischen Kampfes
> Hannah Arendt (1969)

FAKES UND FAKTENCHECKS[1]

Für den politischen Beobachter der Gegenwart scheint eines unzweifelhaft festzustehen: Die Demokratie gerät weltweit in Schwierigkeiten, das geht aus den täglichen Berichterstattungen in den Medien deutlich hervor. Die Ursachen sind vielfältig, aber eine von ihnen zieht große Aufmerksamkeit auf sich: die Verbreitung von sogenannten falschen Nachrichten und Behauptungen. Mit der Verbreitung von *Fakes* besteht nämlich die Gefahr, dass die Bürgerinnen und Bürger ihre gemeinsame Wahrnehmung der Wirklichkeit verlieren. Aber eben diese macht eine Mindestanforderung für das gemeinsame Vorstellungsvermögen aus, das ein essentieller Motor in der Demokratie ist[2].

Fakes rufen dabei Fragen über objektive Wahrheit in der Politik hervor. Prominente Sachbücher setzen sich intensiv mit den dazugehörigen Fragen auseinander; schon die Titel vieler Neuerscheinungen verraten, dass es heute schlecht um die Wahrheit stehe, wie z.B. *The Death of Truth*[3] (de. 2019) und *Die Wahrheit schafft sich ab*[4].

Ein deutliches Merkmal der aktuellen Demokratiekrise ist also, dass die Wahrheit angeblich bedroht ist. Um deswegen die Wahrheit zu verteidigen und zu retten, bestehen viele Autorinnen und Autoren auf häufigen und intensiven Faktenchecks[5]. Faktenchecks sollen uns auf der Spur der Wahrheit halten und dazu beitragen, dass die Politik sich aus der derzeitigen Krise herauswinden kann. Die Frage ist natürlich, ob die Politik das mithilfe des Faktenchecks schaffen kann – und wenn ja: wann?

In diesem Beitrag soll es um *Fakes*, Faktenchecks und Wahrheit gehen. Die Hauptthese lautet, dass Faktenchecks nur in eingegrenzten Fällen möglich sind. Im Anschluss daran folgt das Argument, dass Fakten *an sich* aus einer demokratischen Perspektive nie hinreichend sind. Kurz gesagt: Die

1 Dr. phil. Nicki B. E. Hansen und Doktoranden Troels Skadhauge danke ich herzlich für, wie stets, besonders anregende und hilfreiche Gespräche.

2 Sophia Rosenfeld, Democracy and Truth. A Short History, Philadelphia 2019, S. 4.

3 Michiko Kakutani, The Death of Truth: Notes on Falsehood in the Age of Trump, New York 2018.

4 Romy Jaster u. Daniel Lanius, Die Wahrheit schafft sich ab. Wie Fake News Politik machen, Berlin 2019.

5 Ebd. S. 97 ff.; Michelle A. Amazeen, Revisiting the Epistemology of Fact-Checking', in: Critical Review Jg. 27 (2014), H. 1, S. 1–22.; Kakutani.

Demokratie lebt von dem Streit der Meinungen über die Bedeutung der Fakten.

In diesem Aufsatz werde ich mich um eine breite und allgemein zugängliche Diskussion des Faktencheckphänomens bemühen, wobei ich mich vor allem an Überlegungen der politischen Theoretikerin Hannah Arendt zum Thema Wahrheit in der Politik orientieren werde. Weil die Problematik, die hier diskutiert wird, hochaktuell ist, will ich versuchen, meinen Beitrag in der derzeitigen Debatte zum Thema Fakes und Faktenchecks zu verankern. Zunächst werden der Ausgangspunkt des Textes festgelegt und die Möglichkeiten und Begrenzungen des Faktenchecks erforscht. Anschließend soll das Verhältnis zwischen Fakten und Demokratie beleuchtet werden.

EINE WELT, IN DER ES FAKTEN GIBT

Der Politiker und Soziologe Patrick Moynihan (1927–2003) ist bekannt für die Aussage, dass jeder seine eigene Meinung haben dürfe, aber dass niemand berechtigt sei, seine eigenen Fakten zu schaffen[6]. Der Satz hört sich intuitiv wahr an. Ohne Fakten wäre es sinnlos, in einer Demokratie politische Debatten zu führen. Warum versuchen, jemandem etwas zu erklären, jemanden zu überzeugen oder jemandem zu widersprechen, wenn die ganze Grundlage des Gesprächs völlig fließend und substanzlos wäre? Das hat schon Hannah Arendt in einem bekannten Essay über die Lüge in der Politik konstatiert: Laut Arendt basiert die »wesentliche politische Freiheit« ganz wesentlich auf dem »Recht auf nicht manipulierte Tatsacheninformation, ohne welche die ganze Meinungsfreiheit zu einem entsetzlichen Schwindel wird«[7]. In diesem Sinne lassen sich die Fakten also als etwas, das unumgänglich, nachweisbar vorhanden und geschehen ist, verstehen.

Auch in der gegenwärtigen Debatte über Fakes wird die Zugänglichkeit objektiver Fakten als ein Wesenszug der Demokratie beschrieben. Die Pulitzerpreisempfängerin Michiko Kakutani schreibt in ihrem Bestsellerbuch *The Death of Truth*, dass »truth is a cornerstone of our democracy«, und sie fügt hinzu, dass Wahrheit »is one of the things that separates us from an autocracy«[8]. Die USA, so Kakutani, geraten aber jetzt in einen Zustand, in dem es scheint, dass »facts« und »informed debate« zum Fenster hinausgeworfen sind[9].

In der derzeitigen deutschen Debatte wird ebenfalls hervorgehoben, dass die Manipulation von Fakten einen kraftvollen Angriff gegen die Demokratie darstellt, wie z. B. bei den Politologen Romy Jaster und David Lanius, die in ihrem Buch *Die Wahrheit schafft sich ab* ein ziemlich finsteres Bild der Zukunft zeichnen:

6 Dieser Satz wurde erstmals 1946 vom Politikberater Bernard Baruch (1870–1965) geäußert (Toledo Blade 1946), wird aber meist Moynihan zugeschrieben (Kakutani, S. 17; Steven R. Weisman, An American Original, in: Vanity Fair, 06.10.2010.)

7 Hannah Arendt, Wahrheit und Lüge in der Politik. Zwei Essays, Berlin 2013, S. 42.

8 Kakutani, S. 19.

9 Ebd. S. 23.

»Durch kalkuliertes Streuen von Falschheiten und Irreführungen sollen Gesellschaften gespalten, das Vertrauen in Demokratie, Medien, Rechtsstaat und Wissenschaft zerstört und letztlich das politische System zu Fall gebracht werden«[10].

Jaster und Lanius setzen sich deshalb – wie auch Kakutani und viele andere – für Faktenchecks ein. »Faktenchecks«, schreiben sie, »sind wichtige Säulen im Kampf gegen Fake News, weil sie Menschen in die Lage versetzen, Meldungen zu überprüfen und Fake News von Tatsachenberichten zu unterscheiden«[11].

Wir können also feststellen, dass die bereits erwähnten, gegenwärtigen Autoren auf eine Welt bestehen, in der es objektive Fakten gibt, und zweitens, dass sie Faktenchecks eine wichtige Rolle in unserer Gesellschaft zuschreiben. Damit unterscheiden sie sich deutlich von Relativisten und radikalen Sozialkonstruktivisten, die behaupten, dass es gar keine unabhängigen Fakten geben könne[12].

Man braucht aber nicht zu leugnen, dass es objektive Fakten gibt – und deswegen kein Relativist zu sein –, um den eifrigen Forderungen nach Faktenchecks skeptisch gegenüberzustehen. Denn erkennt man erstmal an – und das ist hier der Ausgangspunkt –, dass es sowohl gute pragmatische als auch epistemische Gründe dafür gibt, eine Welt anzunehmen, in der es Fakten tatsächlich gibt[13], heißt das nicht gleichzeitig, dass solche Fakten sich leicht enthüllen lassen bzw. eindeutig zugänglich sind. Hier ist der Historikerin Sophia Rosenfeld, zuzustimmen, die konstatiert: »one can be an absolutist about the nature of truth and a skeptic about the possession of truth«[14]. Damit ist auch angedeutet, dass es wichtig zu klären ist, welche Fakten sich überhaupt enthüllen lassen, und welche epistemischen Herausforderungen dabei auftauchen.

FAKTENCHECKS: EINE DEFINITION UND ZWEI BEISPIELE

Faktenchecks werden am häufigsten von Medien und Journalisten vorgenommen[15]; daher erscheint es sinnvoll, eine Definition zu verwenden, die in jener Branche vorherrschend ist. Hier bietet sich die Definition des amerikanischen Presseinstituts an, da diese den Vorteil hat, dass sie auch in den akademischen Debatten über Faktenchecks benutzt wird[16].

Laut dem Presseinstitut kann der Faktencheck so definiert werden: »Fact checkers investigate verifiable facts, and their work is free of partisanship, advocacy and rhetoric. The goal of fact-checking should be to provide clear and rigorously vetted information to consumers so that they may use the facts to make fully cognizant choices in voting and other essential decisions.«[17]

10 Jaster u. Lanius, S. 86

11 Ebd. S. 97.

12 Relativisten meinen, in den Worten des Philosophen Paul Boghossians, dass »necessarily, all facts are description-dependent … [and that] there are many radically different, yet ›equally valid‹ ways of knowing the word« (Paul Boghossian, Fear of Knowledge. Against Relativism and Constructivism, Oxford 2006, S. 28). Diese Sichtweise ist heutzutage nicht nur in den Geistes- und Sozialwissenschaften weit verbreitet (ebd., S. 5; Alan Sokal u. Jean Bricmont, Fashionable Nonsense: Postmodern Intellectuals' Abuse of Science, New York 1997; Noretta Koertge, Postmodernism and the Problem of Scientific Literacy, in: Dies., House Built on Sand: Exposing Postmodernist Myths about Science, S. 257–271, Centra 1998), sondern auch in der Bevölkerung. Neueren Forschungen zufolge sind immer mehrere Bürgerinnen und Bürger davon überzeugt, »that thare are no such things these days as impartial, consensual facts« (Rosenfeld, S. 9).

13 Paul Boghossian, Fear of Knowledge. Against Relativism and Constructivism, Oxford 2006.

14 Rosenfeld, S. 183

15 Joseph E. Uscinski u. Ryden W. Butler, The Epistemology of Fact Checking', in: Critical Review, Jg. 25 (2013), H. 2, S. 162–180.

16 Amazeen.

Laut dieser Definition ist es zunächst wichtig, sich klar zu machen, dass es bei Faktenchecks um die Überprüfung von *verifizierbaren Fakten* und die Vermittlung *klares Wissens* geht[18]. Ein aktuelles Beispiel dafür wäre die Behauptung des amerikanischen Präsidenten Donald Trump, sein »Flaggschiffgebäude«, der Trump Tower, habe 68 Etagen, obwohl die richtige Etagenanzahl 58 ist[19]. Die Anzahl der Etagen des Gebäudes kann gezählt und ziemlich eindeutig weitervermittelt werden, und die Aussage des Präsidenten kann demnach als »falsch« oder »wahr« bezeichnet werden. Diese binäre Codierung *»falsch* oder *wahr«* macht somit also den Referenzpunkt des Faktenchecks aus[20].

Auch historische Ereignisse können verifiziert werden. In ihrem schlagkräftigen Essay *Wahrheit und Politik* gibt Hannah Arendt zwar zu, dass »die Etablierung von [historischen] Tatbeständen so außerordentlich unsicher ist; man braucht Augenzeugen, die notorisch unzuverlässig sind, oder Dokumente, Aufzeichnungen, Denkmäler aller Art, die insgesamt eines gemeinsam haben, nämlich dass sie gefälscht werden können«[21]. Auf der anderen Seite besteht sie aber darauf, dass es gewisse »elementare Daten« gibt, die unumstößlich sind, wie zum Beispiel, dass künftige Historiker nie sagen würden, dass Belgien im August 1914 in Deutschland einfiel[22].

Mit diesen zwei Beispielen soll also die unmittelbare Nützlichkeit des Faktenchecks verdeutlicht werden: Faktenchecks korrigieren falsche Aussagen und vermitteln dabei sowohl verifizierbare Daten als auch klares und genaues Wissen darüber. In einer öffentlichen Debatte, in die *Fakes* ständig einfließen und weiterverbreitet werden, bietet der Faktencheck sich somit als attraktiver Problemlöser unserer Zeit an.

Dieser Problemlöser scheint aber an mehreren Stellen in Schwierigkeiten zu geraten. Gehen wir lediglich von dem Beispiel Trumps aus, so erscheint es natürlich verlockend anzunehmen, dass das bloße Aufzählen empirischer Phänomenen ein relativ simples Unterfangen ist. Dies ist jedoch kaum der Fall, denn sogar gesellschaftliche Sachverhalte, die den Anschein vermitteln, sich unmittelbar verstehen zu lassen, sind oft epistemisch viel herausfordernder als man denken würde.

Das hebt z. B. Bernd Stegemann in seinem Buch *Die Moralfalle* hervor, indem er von der Schwierigkeit der bloßen Feststellung der Anzahl von Muslimen in Deutschland berichtet[23]. Im Gegensatz zu dem, was unsere alltägliche Intuition uns sagt, gibt es keine eindeutige (oder gar offizielle) Definition davon, was ein Muslim ist. Deshalb muss erstmal geklärt werden, wie man das Phänomen der Religionszugehörigkeit treffend messen kann, und danach muss diese Vermessung in der Praxis ausgeführt werden. Reicht es, aus

17 Jane Elizabeth, Who are you calling a fact-checker?, American Press Institute 2014, URL: Americanpressinstitute.org. Übersetzung der Redaktion: »Fakten-Checker untersuchen verifizierbare Fakten. Ihre Arbeit ist dabei frei von Parteilichkeit, Lobbyarbeit und Rhetorik. Ziel der Sachverhaltsprüfung sollte es sein, den Verbrauchern und Verbraucherinnen klare(s) und streng geprüfte(s) Informationen/Wissen zur Verfügung zu stellen, damit sie die Fakten nutzen können, um bei Abstimmungen und anderen wesentlichen Entscheidungen voll bewusste Entscheidungen zu treffen.«

18 Ich werde später auf andere Teile der Definition zurückkommen. Einigen Teilen, die zwar problematisch scheinen, werde ich aber keine Zeit widmen, wie z. B. die auf den ersten Blick fragwürdige Behauptung, dass Faktenchecks ohne die Anwendung von Rhetorik ermittelt werden können. Fragwürdig, weil in der Sprache rhetorische Werkzeuge immer benutzt werden müssen, um gar eine Botschaft kundgeben zu können.

19 Kakutani, S. 81.

20 Uscinski u. Butler.

21 Arendt, S. 65.

22 Ebd., S. 58.

23 Bernd Stegemann, Die Moralfalle. Für eine Befreiung linker Politik, Berlin 2018, S. 203.

einem überwiegend muslimischen Land zu stammen, um als Muslim bezeichnet zu werden? Muss man Mitglied einer formellen muslimischen Glaubensgemeinschaft sein oder genügt es, sich selbst als Muslim zu identifizieren oder an religiösen Feiern teilzunehmen? Und wie zählt man letzten Endes? All diese Fragen machen die Angaben unsicher und bieten Raum für sowohl berechtigte als auch unberechtigte Zweifel[24]. Hieran wird deutlich, dass das Aufzählen, sobald wir den Bereich der einfachen Mathematik oder Geometrie verlassen, kaum einen simplen Sachverhalt darstellt. Eine Unmenge von gesellschaftlichen Phänomenen ist, noch bevor sie gezählt werden können, ungeheuer umstritten. Deshalb hängen die Antworten auf viele Fragen, die auf solche Phänomene Bezug nehmen, oft davon ab, wie die Eigenschaften des jeweiligen Phänomens in erster Reihe definiert und ausgewählt sind. In diesen Fällen kann ein Faktencheck nie »die objektiven Fakten« oder klares und genaues Wissen anbieten, weil er in dem Versuch, dies hervorzubringen, unvermeidlich ein Teil eines interpretativen gesellschaftlichen Konflikts wird[25].

Wenden wir uns dem anderen Beispiel zu, das oben erwähnt wurde – die Behauptung Arendts von der Existenz gewisser »elementarer Daten«. Grundsätzlich scheint es dabei unumgänglich, dass man diese Behauptung annehmen muss, wenn man nicht die ganze Faktizität der Gegenwart und Vergangenheit bezweifeln will[26]. Der Fakt, dass Deutschland im August 1914 in Belgien einfiel, ist auf die gleiche Weise wahr, wie die Tatsache, dass Wilhelm II. während des Krieges Kaiser war, oder dass Donald Trump zurzeit Präsident der USA ist.

Nehmen wir eine Welt, in der es objektive Fakten gibt, an – und das ist wie bereits erwähnt der Ausgangspunkt dieses Textes –, dann wäre es also möglich, solche Tatsachen zu verifizieren und genaues Wissen darüber weiterzuvermitteln. Kurz gesagt kann der Faktencheck in diesen Fällen prinzipiell leisten, was er – gemäß seiner Definition – verspricht.

Laut Arendt ist die Feststellung solcher Tatbestände »an sich nicht politisch«[27]. Damit meint sie, dass solche Tatsachenfeststellungen von Meinungen und Interpretationen unabhängig sind. Sie fügt aber sogleich hinzu, dass der Abstand zwischen einer Tatsache und einer Meinung oft sehr kurz sei, und dass die Wandlung von einem Fakt in eine Meinung vorkomme, sobald »man ihn in einen entsprechenden Zusammenhang stellt«[28]. Das heißt, dass wir den Bereich der »elementaren Daten« verlassen, indem wir z.B. damit anfangen, darüber nachzudenken, warum etwas geschah. Schon der bescheidenste Versuch zu erklären, *warum* Deutschland 1914 in Belgien einfiel, gehört nicht länger dem Bereich der reinen Fakten an. Hier drängen sich allerlei Meinungen und Interpretationen auf.

24 Laura Cwiertnia u. Kolja Rudzio, Wie viele Muslime leben in Deutschland?, in: Die Zeit, 19.04.2018.

25 An dieser Stelle lohnt es zu bemerken, dass die bisherige Diskussion nicht gegen die Möglichkeit einer qualifizierten Debatte spricht. Das ist im Grunde eine andere Angelegenheit als die, die hier diskutiert wird. Hier geht es um Faktenchecks und deren Ambitionen, Fakten zu verifizieren und klares Wissen darüber festzustellen (vgl. die obengenannte Definition). Ich werde später auf dieses Thema zurückkommen.

26 Vgl. Boghossian, S. 18–19 u. S. 28.

27 Arendt, S. 72

28 Ebd., S. 73.

EMPIRISCHE FAKTENCHECKS UND WEITERE BEGRENZUNGEN

Interessanterweise lassen sich die Organisationen, die sich mit Faktenchecks beschäftigen, davon aber nicht zurückhalten. Faktenchecks werden häufig auch dann eingesetzt, wenn es gar nicht um verifizierbare Fakten und genaues Wissen geht[29]. In den USA wurde beispielsweise mittels Faktenchecks

29 Joseph E. Uscinski, The Epistemology of Fact Checking (Is Still Naïve): Rejoinder to Amazeen, in: Critical Review, Jg. (2015), H. 2, S. 243–252.

zu überprüfen versucht, ob Obama »Sozialist« sei, was – wegen der essenziel bestreitbaren Natur ideologischer Begriffe – niemals eindeutig festgestellt werden kann[30].

Zudem sind Faktenchecks nicht nur von den interpretativen Herausforderungen der sozialen Welt begrenzt. Es gibt auch Behauptungen, die logisch nicht überprüft werden können – wie z. B. Äußerungen, welche die Zukunft betreffen. Weil die Zukunft noch zu erwarten ist, kann sie nie erforscht werden, und dies fügt somit dem Faktencheck eine weitere Beschränkung hinzu.

Nichtsdestotrotz zeichnete *PolitiFact*, ein führendes Faktencheckunternehmen, eine Aussage des ehemaligen Präsidentschaftskandidaten, Mitt Romney, mit »*Der Lüge des Jahres*« aus, weil er 2012 geäußert hatte, Obama »sold Chrystler to Italians who are going to build Jeeps in China at the cost of American jobs«[31]. Laut der Faktencheckorganisation sei die Aussage »obviously false«. Ironischerweise kündigte der neue italienische Besitzer wenige Wochen nach der Preisverleihung an, dass die Produktion von mindestens 100.000 Jeeps in China stattfinden solle[32].

Romneys Äußerung – das Umsiedeln der Jeep-Produktion koste amerikanische Arbeitsplätze – ist außerdem eine Kausalbehauptung, und Kausalität kann – wenn überhaupt – nur selten und unter vielen Vorbehalten in den Sozialwissenschaften enthüllt werden[33]. In der sozialwissenschaftlichen Forschung sind die eventuellen Kausalmechanismen der Gesellschaft zum großen Teil immer noch unbekannt, und es liegt weit außerhalb des Möglichkeitsbereiches des journalistischen Faktenchecks, kausale Behauptungen zu überprüfen[34]. Wir stoßen auch hier auf eine epistemologische Begrenzung des Faktenchecks.

Kurz gesagt: Der Faktencheck ist ein in epistemischer Hinsicht sehr leicht anfechtbares Instrument, wenn wir den Bereich der einfachen Mathematik und der bloßen Feststellung eines historischen Tatbestands verlassen. Interpretative, künftige und kausale Angelegenheiten befinden sich außerhalb des Rahmens des Faktenchecks, aber dies hält prominente Faktencheckorganisationen nicht davon ab, solche Angelegenheiten zu »überprüfen«.

Dabei besteht eine erhebliche Gefahr, auf die Joseph E. Uscinski uns aufmerksam macht: »By ignoring the epistemological defects of fact checking, [fact checkers] are unwittingly proposing that we make a trade: let us propagate untruths about politicians ›untruths‹«[35]. In diesen Fällen erweist sich der Faktencheck, der sich als Problemlöser unserer Zeit anbietet, aus einer demokratischen Perspektive als sehr problematisch: Er verursacht das, was er bekämpfen will.

30 Uscinksi u. Butler, S. 174.

31 Zitiert in Uscinski, S. 246.

32 Vgl. ebd,

33 G. King u. a., Designing Social Inquiry. Scientific Inference in Qualitative Research, Princeton 1994; Lars Bo Kaspersen, Hvad er god politologi? Hvad er den rigtige politologi?, in: MED ANDRE ORD, H. 2/2014, S. 6–7.

34 Uscinksi u. Butler.

35 Uscinski, S. 250. Übersetzung der Redaktion: »Indem sie die erkenntnistheoretischen/epistemologischen Fehler der Tatsachenprüfung ignorieren, schlagen die [Fakten-Checker] unabsichtlich vor, dass wir einen Handel machen: Lasst uns Unwahrheiten über Politiker verbreiten, die »Unwahrheiten« sind.

FAKTEN IN DER DEMOKRATIE

Damit ist das Verhältnis von Demokratie und Faktenwahrheit angesprochen, das im Folgenden näher beleuchtet werden soll. Die bereits zitierte Publizistin Michiko Kakutani vertritt die These, dass Wahrheit einer der essentiellsten Bestandteile der Demokratie sei – ein Bestandteil, der Demokratie von Autokratie unterscheide. Fakten und Demokratie sind ihrer Auffassung nach eng miteinander verbunden, und ihr Buch enthält eine wütende Klage über die angeblich abnehmende Rolle der Fakten und Experten in der Politik[36]. Laut Kakutani sollen Fakten uns nicht nur zur Verfügung stehen. Sie sollen auch – mithilfe eines Expertenstabes – eine so ausschlaggebende Rolle in der Demokratie spielen, dass die Politik selbst von Fakten definiert wird – die Politik solle »rational« und »faktenbasiert« sein[37].

Diese Sichtweise scheint aber zu ignorieren, dass Fakten – insofern sie sich überhaupt feststellen lassen – eine sehr zweideutige Rolle in der Demokratie einnehmen. Wie es Hannah Arendt auf den Punkt gebracht hat, sind Fakten nicht nur demokratisch notwendig und erstrebenswert, sondern auch problematisch, weil

»Tatsachenwahrheit wie alle Wahrheit einen Gültigkeitsanspruch stellt, der jede Debatte ausschließt, und die Diskussion, der Austausch und Streit der Meinungen, macht das eigentliche Wesen allen politischen Lebens aus«[38].

Fakten *an sich* können nicht diskutiert werden, und deshalb stehen sie außerhalb des demokratisch-politischen Bereichs. So betrachtet verstummt die Demokratie, wenn sie sich den reinen Fakten unterwirft[39].

Demokratie ist natürlich ein mehrdeutiger Begriff, der viele – und häufig umstrittene – Konnotationen hat. Festzustellen ist aber, dass viele einflussreiche Denker, die aus ganz unterschiedlichen Traditionen der politischen Philosophie kommen, sich an dieser Stelle mit Arendt einig sind. Auch ihrer Meinung nach macht der ständige öffentliche Streit der Meinungen einen Wesenszug der Demokratie aus[40].

Dennoch würde keiner von diesen Denkern behaupten, dass Fakten für die politischen Debatten in einer Demokratie völlig irrelevant seien. Ohne Fakten – oder »elementare Daten« (Arendt) –, auf welche die Beteiligten sich stützen könnten, wäre es, wie gesagt, sinnlos, eine Debatte zu führen. Und eben aus diesem Grund befindet sich die demokratische Politik in der interessanten, aber stets unangenehmen Lage, dass Fakten weder überhöht noch außer Kraft gesetzt werden können. Fakten sind notwendig, aber nie hinreichend in der Demokratie.

36 Kakutani, S. 23 u. S. 30–31.

37 Ebd. S. 31.

38 Arendt, S. 61

39 Grundsätzlich sind Fakten nur in einer Technokratie den Meinungen der Bürger und Bürgerinnen übergeordnet, vgl. Daniele Caramani, Will vs. Reason: The Populist and Technocratic Forms of Political Representation and Their Critique to Party Government«. In: American Political Science Review, Jg. 111(2017), H. 1, S. 54–67; Jason Brennan, Against Democracy, New Jersey 2017.

40 Vgl. etwa Claude Lefort, Democracy and Political Theory, Minneapolis 1988, S. 17–18; Robert A. Dahl, Democracy and Its Critics, New Haven 1989, S. 97–118; Jürgen Habermas, Civil Society and the Constitutional State«, in: Sang-Jin Han (Hg.), Habermas and the Korean Debate on Critical Theory. Seoul 1998, S. 273–288 und Arendt, S. 61 u. S. 72–75.

Der öffentliche Streit der Meinungen trägt dazu bei, festzulegen, was wir – Bürgerinnen und Bürger – mit unserer Gesellschaft und den Fakten anfangen wollen. Welche Ziele sind erstrebenswert? Wie könnten und sollten sie erreicht werden? Und wie verstehen wir überhaupt unsere Gegenwart? Solche Fragen involvieren nicht nur Fakten, sondern auch politische und moralische Werturteile. Sogar Entscheidungen über rein technische Sachangelegenheiten wie z. B. die Feststellung von Schadstoffgrenzen in Lebensmitteln oder in der Luft enthalten fundamentale Werturteile[41]. Sind wir beispielsweise dazu bereit, einige gesundheitliche Risiken einzugehen, wenn wir Essen viel billiger produzieren könnten, und das Geld, das übrigbleibt, für andere Zwecke verwenden könnten? Fragen wie diese können nicht ein für alle Mal beantwortet werden, und deswegen ragt die demokratische Debatte immer über einen »rationalen« und »faktenbasierten« Prozess der Politikgestaltung hinaus, von dem Kakutani träumt.

Dies wird noch deutlicher, wenn man einen Wesenszug des Menschen betrachtet, den auch Arendt immer wieder hervorhebt: dass er immer etwas Neues anfängt. Um etwas Neues anfangen zu können, muss das, was gerade ist, zur Seite geschoben oder gar zerstört werden. Menschen handeln nicht nur aufgrund der gegenwärtigen Fakten und Umstände, sondern auch im Gegensatz zu ihnen – selbst wenn es irrational erscheint.

Vor dem 20. Jahrhundert gab es weder Sozialdemokratismus noch einen Sozialstaat, und beide Phänomene sind entstanden, weil Menschen sich von der bestehenden Realität entfernt und etwas Neues geschaffen haben[42]. Sie haben – in den Worten Arendts – sich vorgestellt, »dass die Dinge auch anders sein könnten, als sie tatsächlich sind«[43], und heutzutage befinden wir uns in einer neuen Wirklichkeit, die von diesen Akteuren trotz aller damaligen Fakten und herrschenden Vernunftüberzeugungen initiiert worden ist.

Anhänger der Demokratie brauchen sich aus diesen Gründen nicht davor zu fürchten, dass die Demokratie wegen einer mangelhaften Faktenlage oder dergleichen zum Schweigen gebracht wird. Erstens ist es – wie wir es gesehen haben – häufig sehr anspruchsvoll, Fakten überhaupt festzustellen. Zweitens sprechen Fakten in der Demokratie nie für sich selbst. Sie erhalten erst ihre demokratische Relevanz, indem sie in einem gewissen – und meistens umstrittenen – Kontext dargestellt werden; und aus Fakten entstehen dann Interpretationen und Meinungen. Sophia Rosenfeld hat dies auf den Punkt gebracht, indem sie betont, dass »there may be a single correct answer to ›Does North Korea have nuclear weapons?‹ but there is no single answer to ›Is their existence a danger and to whom?‹«[44].

41 Patrizia Nanz, Die Gefahr ist, dass das Politische überhaupt aus der Welt verschwindet, in: Hannah Arendt u. dies., Hannah Arendt und Patrizia Nanz über Wahrheit und Politik. Berlin 2006, S. 85.

42 Vgl. z. B. Sven Steinmo, The Evolution of Modern States: Sweden, Japan, and the United States. New York 2010, S. 30–87.

43 Arendt, S. 8

44 Sophia Rosenfeld, Democracy and Truth. A Short History. Philadelphia 2019, S. 19.

Damit kommen wir wieder zu der Frage vom Verhältnis zwischen Fakten und Interpretationen. In diesem Zusammenhang drängt sich rasch eine störende Frage auf: Wenn es keine Interpretationen geben kann, die als wahr zu bezeichnen sind, erwächst daraus dann die entmutigende Konsequenz, dass jede Behauptung relativ und deshalb *gleich* gültig ist?

Eine solche Schlussfolgerung wäre allzu voreilig. Denn der Umstand, dass Fakten verschieden interpretiert werden können, bedeutet letztendlich nicht, dass jede Interpretation genauso gut wie jede andere ist. Zwar verlassen wir bei den Interpretationen die binäre Codierung »*wahr* oder *falsch*«, auf der der Faktencheck beruht, aber allgemeine Kriterien wie Plausibilität und Konsistenz sind immer noch von großer Bedeutung. Und eben dieser Gedanke fehlt in den sonst hervorragenden kritischen Analysen des Faktenchecks, die Uscinski und Butler formuliert haben[45]. Die Leserin oder der Leser erfährt bei ihnen nur etwas über die Schwierigkeiten, in die der Faktencheck gerät, aber nichts von dem, was stattdessen möglich und zu machen ist.

Ein guter Faktencheck kann feststellen, dass es wahr ist, dass Nordkorea nukleare Waffen besitzt, während eine plausible Interpretation danach feststellen kann, dass dieser Sachverhalt für Südkorea viel gefährlicher ist als z.B. für die Schweiz. Diese Interpretation - und auch ihr Gegenteil - kann nie durch einen Faktencheck geprüft werden. Demokratisch ermutigend ist aber, dass man trotzdem viele überzeugende, sprich plausible und konsistente, Gründe dafür geben kann, dass der Urheber der Behauptung, die Schweiz sei von den nuklearen Waffen Nordkoreas mehr gefährdet als Südkorea, sich irrt.

KONKLUSION

Wer vom Faktencheck als Retter der Demokratie träumt, muss sich darin üben, besser zu träumen. Zwar sind Fakten in der Demokratie notwendig, aber sie erhalten meistens ihre demokratische Relevanz, indem sie in einem interpretativen - und deswegen umstrittenen - Zusammenhang dargestellt werden. Demokratisch gesehen sprechen Fakten nie für sich selbst und sogar rein technische Angelegenheiten und Problemstellungen erfordern Urteile, die allein auf der Basis von objektiven Fakten an sich nicht gefällt werden können. Das hat schon Arendt erkannt: »Wer nichts will als die Wahrheit sagen, steht außerhalb des politischen Kampfes«[46].

Angesichts dieser Betrachtungen erweist sich Patrick Moynihans Schlagwort, jeder dürfe seine eigene Meinung haben, aber niemand sei berechtigt, seine eigene Fakten zu schaffen, als eine Binsenweisheit, die im schlimmsten Fall demokratisch schädlich wird. Sein Schlagwort wirkt in erster Linie reizend, weil es eine Eindeutigkeit vorgibt, die bei vielen gesellschaftlichen

45 Ucsinski u. Butler, S. 169–70; Uscinski.

46 Arendt, S. 86.

Phänomenen nicht existiert: Interpretative, kausale und zukunftsgerichtete Fragen des sozialen Lebens befinden sich außerhalb des Bereichs der Fakten. Zudem verschleiert das Schlagwort die Tatsache, dass demokratische Gültigkeit immer jenseits der Fakten liegt, dass die Demokratie vom pluralistischen Streit über die soziale Bedeutung der Fakten lebt.

Nimmt man trotzdem die Eindeutigkeit des Schlagwortes ernst, kann es grelle Konsequenzen haben. Eben dies erfahren wir, wenn prominente Faktencheckorganisationen sich nicht davon zurückhalten lassen, Angelegenheiten zu überprüfen, die gar nicht überprüft werden können. Somit wird der Faktencheck – der sonst gelobte Problemlöser unserer Zeit – selbst problematisch: Mittels Faktencheck wird dann versucht, Fakes mithilfe von Fakten, die nicht als Fakten gelten können, zu verjagen. Das Ergebnis ist ein Pyrrhussieg: Um die Wahrheit zu retten, wird sie versäumt.

Einleitend wurde konstatiert, dass das gemeinsame Vorstellungsvermögen ein essentieller Motor der Demokratie sei. Die vorliegende Analyse weist diese Behauptung auch nicht zurück. Sie deutet aber darauf, dass man sich verirrt, wenn man hauptsächlich denkt, dass eine Faktensäuberung der politischen Debatte – insofern eine solche überhaupt möglich ist – das gemeinsame Vorstellungsvermögen erheblich befördert. Weil die ständige, interpretative Darstellung vieler sozialer Fakten unumgänglich und überaus zentral in der Demokratie ist, wird die Fähigkeit, sich in die Lage der Anderen versetzen zu können, umso wichtiger für das Vorstellungsvermögen. Und eben diese Fähigkeit kann nicht als eine einfache Reinigungsübung entwickelt werden. Daraus ergibt sich eine Lehre, die gleichzeitig banal und essentiell, aber auch ungeheuer schwierig zu verwirklichen ist: Es ist an der Zeit, dass wir alle uns in der Fähigkeit üben, Fakten und soziale Phänomene durch die Augen der politischen Gegner zu sehen, wenn wir uns tatsächlich um das gemeinsame Vorstellungsvermögen sorgen. Dieses Postulat steht aber gewissermaßen ganz im Gegensatz zur Definition des Faktenchecks, der zufolge Parteilichkeit und Meinungsäußerungen gerade vermieden werden sollen.

Philip Larsen, geb. 1991, hat Politikwissenschaft und Skandinavistik studiert. Er hat als Lehrer, Redakteur und Forschungshilfskraft am Institut für Politikwissenschaft, Universität Kopenhagen, gearbeitet. Seit 2017 schreibt er als freier Publizist bei der dänischen Zeitung Dagbladet Information.

POLITISCHER HÖHEPUNKT EINER POLITIKWISSEN-SCHAFTLICHEN KARRIERE

KLAUS VON BEYME UND DIE STUDENTENREVOLTE 1969

Ξ Isabelle-Christine Panreck

DIE REVOLUTION! PROTEST IM »LÄNDLE«

Das Jahr 1968 hat sich tief in die Historiographie der Bundesrepublik Deutschland eingegraben. Die Zahl der Artikel in den Feuilletons der Zeitungen und Fachzeitschriften zum »Jubiläum« 1968 ist Legion.[1] Auffällig ist dabei die Konzentration auf die Epizentren des Protests, etwa Berlin oder Frankfurt. Kurzum: Ist der Verlauf des Aufbegehrens insbesondere in jenen Städten bereits seit Jahren Gegenstand der Forschung,[2] nimmt selbige über die Provinz erst langsam an Fahrt auf.[3] Wer den Blick über die Tübinger Unruhen schweifen lässt, stößt auf die zentrale Rolle der Sozialwissenschaften als Ort des Streits. Zunächst rückte dabei die Soziologie – und mit ihr Friedrich Tenbruck – ins Zentrum der Entrüstung. Wenig später mussten sich auch die einzigen politikwissenschaftlichen Ordinarien Theodor Eschenburg und Klaus von Beyme den studentischen Forderungen stellen. Besonders letztgenannter geriet unter Beschuss – im wahrsten Sinne des Wortes mit Viktualien. Warum rieben sich die »Revoluzzer« besonders am jungen Beyme – damals gerade in seinen 30ern?

Wer über den studentischen Protest schreibt, kommt nicht umhin, den gesellschaftlichen Kontext sowie die Ereignisse an den Universitäten zu beachten. Auf eine kurze Erläuterung der damaligen Umstände an der Universität Tübingen folgt die Analyse der Faktoren für die Sichtbarkeit Beymes, wobei besonderes Augenmerk dem (partei-)politischen Engagement des frisch ernannten Hochschullehrers zukommt. Im Mittelpunkt steht der Zeitraum 1968/69 und damit die Phase der breiten Mobilisierung, bevor sich die Studentenbewegung Anfang der 1970er zersplitterte und (in Teilen) radikalisierte. Als Quellen dienen zeitgenössische Zeitungsdebatten, Protokolle, Briefwechsel und Memoiren ebenso wie Zeitzeugeninterviews. Der Ausblick erörtert Beymes Übergang an die Universität Heidelberg, dessen Turbulenzen durchaus (auch) auf das politische Engagement Beymes zurückzuführen sind.

1 Ein Überblick findet sich bei Eckhard Jesse, Sammelrezension: 1968–50 Jahre danach, in: Jahrbuch Extremismus & Demokratie, Jg. 31 (2019). i. E. Bereits im Jahr 2009 deutete sich die Flut an Texten an, vgl. Kristin Wesemann, Im Westen nichts Neues: Die 1968er-Forschung entdeckt Osteuropa, in: Jahrbuch Extremismus & Demokratie, Jg. 21 (2009), S. 259–281.

2 Vgl. statt vieler Martin Wildermuth, Reform und Konflikt am Otto-Suhr-Institut 1968 bis 1972, in: Gerhard Göhler u. Bodo Zeuner (Hg.), Kontinuitäten und Brüche in der deutschen Politikwissenschaft, Baden-Baden 1991, S. 199–220.

3 Vgl. etwa Hans-Gerd Schmidt, Die 68er-Bewegung in der Provinz. Vom Rock'n'Roll und Beat bis zur Gründung der Grünen in Lippe, Detmold 2013; Thomas Großbölting, 1968 in Westfalen. Akteure, Formen und Nachwirkungen einer Protestbewegung, Münster 2018; ferner zu Tübingen: Bernd Jürgen Warneken, Mein 68 begann 65. Eine Tübinger Retrospektive, Tübingen 2018.

1969 IN TÜBINGEN – SONDERFALL?

Das jugendliche Aufbegehren fügte sich in ein Mosaik des gesellschaftlichen Protests ein, dessen Hauptträger über die Grenzen der Bundesrepublik hinaus die Universitäten waren.[4] Gelten Berlin, Frankfurt und Heidelberg als Hochburgen des Protests, hängt Tübingen ein beschaulicher Ruf an[5] – vielleicht auch deshalb sind die Umbrüche in der schwäbischen Provinz kaum erforscht.[6] Bereits im Jahr 2002 widmete sich Anselm Doering-Manteuffel der Frage, warum sich Tübingen nicht zum Epizentrum des Revoluzzertums mauserte. Drei Punkte erscheinen ihm evident: erstens das Profil der Universität, die mit Ernst Bloch zwar einen Marxisten, nicht aber einen Anhänger der Neuen Linken beschäftigte. Zweitens stünden die Theologien quer zur Transzendenzfeindschaft der neomarxistischen Hauptströmung in der Studentenschaft, und drittens habe sich die Universität bereits früh der jüngsten deutschen Vergangenheit gestellt.[7] Die Argumente Doering-Manteuffels adressieren recht grob die Universität im Allgemeinen, nur der zweite Punkt richtet sich konkret an die Tübinger Theologie. Überzeugen die Punkte eins und drei auch im Fall der Sozialwissenschaften, die von den studentischen Protesten besonders betroffen waren? Mit Blick auf die Rolle Blochs ist einzuwenden: Zwar hatte dieser die »Revoluzzer« im Konkreten und die Neue Linke im Allgemeinen nicht blind unterstützt, ein Bezugspunkt war er für die sozialwissenschaftlichen Studenten dennoch.[8]

Die frühe Auseinandersetzung mit der nationalsozialistischen Vergangenheit – Doering-Manteuffels dritter Punkt – begann im Wintersemester 1963/64 auf Drängen der Studentenschaft. Als Hauptanliegen formulierte diese die Frage, warum aus der NS-Zeit belastete Personen an der Hochschule lehren durften. In einem von Rektor D. Herrmann Diem – ein über Kierkegaard forschender Theologe – initiierten Aufruf an die Tübinger Studenten antwortete die Professorenschaft, die strengen Grundsätze der Entnazifizierung hätten sich nicht auf Dauer durchhalten lassen. Da die öffentliche Meinung die Maßnahmen kritisierte, kein einheitliches Vorgehen zwischen den Besatzungszonen herbeizuführen war und früheren Hochschullehrern durch eine rechtliche Bestimmung aus dem Jahr 1951 Anspruch auf »Wiederverwertung« zugesprochen wurde, habe sich die Hochschulleitung für eine Wiedereinstellung entschieden, aber versucht, belastete Personen aus dem Lehrbetrieb fernzuhalten.[9] Anders als in Berlin, wo eine ähnliche Fragestellung Zündstoff barg,[10] entsprang aus dem Disput die gemeinsame Idee einer Ringvorlesung im Wintersemester 1964/65 unter dem Titel »Deutsches Geistesleben und Nationalsozialismus«, wobei die Umsetzung wohl der damaligen AStA-Vorsitzenden Christel Lörcher zu verdanken ist.[11] Das politikwissenschaftliche

4 Vgl. Ingrid Gilcher-Holtey, Die 68er Bewegung. Deutschland, Westeuropa, USA, München 2008, S. 11–13.

5 Vgl. Warneken, S. 77f.

6 Vgl. Michael Wischnath, Studentenbewegung und studentischer Protest in Tübingen »1968« – eine Chronik, Tübingen 2009, S. 7.

7 Vgl. Anselm Doering-Manteuffel, Ein Spiegel unserer Zeit. Die Universität Tübingen und die Bundesrepublik Deutschland, in: Tübinger Universitätsreden (Hg.), 525 Jahre Eberhard Karls Universität Tübingen. 50 Jahre Baden-Württemberg. Ansprachen zu den Festakten am 4. und 7. Juli 2002 im Festsaal der Neuen Aula, Tübingen 2002, S. 23–49, hier: S. 39f.

8 Vgl. Rudi Schmidt, Der Einfluss der Soziologie auf die Studentenbewegung der 60er Jahre und vice versa, in: Hans-Georg Soeffner (Hg.), Unsichere Zeiten. Herausforderungen gesellschaftlicher Transformationen. Verhandlungen des 34. Kongresses der Deutschen Gesellschaft für Soziologie in Jena 2008. Band 2, Wiesbaden 2010, S. 661–680, hier S. 670.

9 Vgl. Hermann Diem, Nachwort des Rektors der Universität Tübingen im Amtsjahr 1964/65, in: Andreas Flitner (Hg.), Deutsches Geistesleben und Nationalsozialismus, Tübingen 1965, S. 237–240.

10 Vgl. Gilcher-Holtey, S. 13–40.

11 Vgl. Warneken, S. 23f.

und das soziologische Seminar steuerten Vorträge von Theodor Eschenburg und Ralf Dahrendorf zur Ringvorlesung bei, deren Ergebnisse in die Publikation eines Sammelbandes mündeten.[12] Doering-Manteuffel ist zuzustimmen: Die Kompromissbereitschaft des Rektorats 1964/65 steuerte den Konflikt zunächst in ruhige Gewässer, dennoch: Zu den Hochzeiten der Unruhen 1969 war ein Jahrfünft vergangen, die meisten Studenten der Zeit hatten die Universität bereits wieder verlassen. So seien diese ersten Versuche weitgehend in Vergessenheit geraten, erinnert sich der damalige »Revoluzzer« Michael Kuckenburg.[13]

Neben den großen gesellschaftlichen Fragen beschäftigte die Universität Tübingen ihr eigenes Wachstum. Die Studentenzahlen schnellten im Zuge der Bildungsoffensive der 1960er in die Höhe und (über-)forderten die Administration. Zwischen 1966 und 1973 stieg die Zahl in Tübingen von 10.353 (7.389 männlich, 2.964 weiblich) auf 14.445 (9.933 männlich, 4.512 weiblich) an. Wenngleich diese Zahlen im Vergleich zur Summe von insgesamt 26.937 (11.288 männlich, 15.649 weiblich) im Jahr 2017 gering erscheinen, ist das Wachstum von etwa vierzig Prozent in der kurzen Periode 1966 bis 1973 doch enorm.[14]

PROFESSOREN IM VISIER – SUCHE NACH URSACHEN

Das rasante Wachstum der Universität und das gesellschaftliche Klima der späten 1960er Jahre blieben der Tübinger Professorenschaft nicht verborgen. Doch wie sollten die Hochschullehrer reagieren? Hatten die Proteste in Berlin 1967 nicht ein Schreckensbild gemalt, das in Tübingen zu vermeiden sei? Die Frage spaltete die Sozialwissenschaften. Im Februar 1969 entluden sich die Spannungen öffentlichkeitswirksam in einer emotional geführten Debatte in der überregionalen *Stuttgarter Zeitung*. Friedrich Tenbruck – prägende Figur im kurz darauf gegründeten Bund Freiheit der Wissenschaft[15] – eröffnete die Kontroverse in Form einer scharfen Kritik an der Studentenschaft.[16] Er schrieb der Bewegung zerstörerisches Potenzial zu – nicht nur für die Universität, sondern auch für die gesamte Gesellschaft. Durch Reformen spitze sich die Situation nur weiter zu.[17] Erntete Tenbruck einige Unterstützung, besonders von Wilhelm Hennis und Manfred Hättich, trat ihm als ärgster Widersacher der ebenfalls in Tübingen lehrende Klaus von Beyme entgegen. Dieser gehörte zu den von Tenbruck gescholtenen Reformern. In seiner Antwort an den Soziologen nahm er kein Blatt vor den Mund: Dessen Warnung, die Studentenrevolte führe zu einem gesamtgesellschaftlichen Bewusstseinswandel, wischte der junge Professor kurzerhand beiseite – durchaus polemisierend: »Die Behauptung, dass der Bewusstseinsänderungsprozess unaufhaltsam

12 Vgl. Andreas Flitner (Hg.), Deutsches Geistesleben und Nationalsozialismus, Tübingen 1965.

13 Vgl. Interview Isabelle-Christine Panreck mit Michael Kuckenburg, Tübingen 2019.

14 Zahlen der Studierendenstatistik: Universität Tübingen, Alte Studentenstatistiken, URL: https://www.uni-tuebingen.de/einrichtungen/verwaltung-dezernate/ii-studium-und-lehre/studentenabteilung/statistik-und-datenerfassung/alte-studentenstatistiken.html [eingesehen am 23.08.2017]; Universität Tübingen, Studentenstatistiken vom Sommersemester 2003 bis zum Sommersemester 2017, URL: https://www.uni-tuebingen.de/einrichtungen/verwaltung-dezernate/ii-studium-und-lehre/studentenabteilung/statistik-und-datenerfassung.html [eingesehen am 23.08.2017].

15 Vgl. Svea Koischwitz, Der Bund Freiheit der Wissenschaft in den Jahren 1970–1976. Ein Interessenverband zwischen Studentenbewegung und Hochschulreform, Köln 2017.

16 Vgl. ausführlich zur Debatte Isabelle-Christine Panreck, Ende der Universität? Professorale Kontroverse und studentische Reaktionen in Tübingen 1968/69, in: Sebastian Liebold u. a. (Hg.), Demokratie in unruhigen Zeiten. Festschrift für Eckhard Jesse, Baden-Baden 2018, S. 65–74;

17 Friedrich H. Tenbruck, Bereits mit programmiertem Bewusstsein an die Universität, in: Stuttgarter Zeitung, 26.02.1969.

sei, gehört in den Bereich der Self-fulfilling prophecy, in dem auch die Voraussagen der Radikalen über die unaufhaltsame ›Faschisierung‹ unserer Gesellschaft zu Hause sind.«[18]

Ein in der Wolle gefärbter Sympathisant der Revolution war Beyme indes nicht. Gegenüber gewaltbereiten Unruhestiftern zeigte er Unverständnis. Auch erschienen ihm deren Vorschläge in Teilen so abstrus, dass sich der Verdacht regte, sie sollten gar nicht erfüllt werden. Polizeiliche Mittel gegen Radikal-Linke lehnte Beyme dennoch ab: Sie verbauten den Weg zurück in die Mitte der Gesellschaft und führten zu einer Verhärtung der Fronten. Schließlich steige die Solidarität mit den gewalttätigen Studenten immer dann, wenn die Professorenschaft unverhältnismäßig hart gegen die Radikalen vorginge.[19]

Wer den Tenor der beiden Artikel vergleicht, erkennt zügig: Zieht sich Wut durch Tenbrucks Zeilen, offenbaren Beymes Worte eine gewisse Gelassenheit. Dabei stand Beyme 1969 mehr noch als Tenbruck im Fadenkreuz der »Revoluzzer«. Sollte nicht der reformerische Beyme beliebter gewesen sein als der konservative Tenbruck? Wie lässt sich die zentrale Rolle Beymes erklären? Erst Ende 1968 nahm der Konflikt zwischen dem jungen Professor und seinen Studenten an Fahrt auf. Das politikwissenschaftliche Institut beschäftigte mit Theodor Eschenburg und Beyme nur zwei Lehrstuhlinhaber. Wie sich Beyme erinnert, verweigerte der ältere Ordinarius den Studenten die Debatte und stellte die betroffenen Veranstaltungen schließlich ein.[20] Ohnehin geriet Eschenburg aufgrund seines Alters und seines als ewig gestrig empfundenen Konservatismus kaum ins Fadenkreuz der Studentenschaft.[21]

Wie sich Eschenburg zurückzog, rückte Beyme ins Scheinwerferlicht. Er führte nicht nur seine Lehrveranstaltungen fort, sondern übernahm auch die exponierende Funktion des Institutsdirektors. Zudem sorgte Beymes Wissenschaftsverständnis zumindest bei Teilen der Studentenschaft für Empörung. So heißt es im Artikel eines Autorenkollektivs in der Studentenzeitung *Notizen*, für den Politikwissenschaftler fielen die Wissenschaftsbereiche positiv auseinander, innere Bezüge würden so negiert. Über die von Beyme postulierte Wertfreiheit sei Wissenschaft nur noch eine dem Effektivitätsstreben gehorchende Ware.[22] Aus Perspektive des Autorenkollektivs sollte Wissenschaft jedoch eng – ganz in neomarxistischer Manier – mit den gesellschaftlichen Bedürfnissen verknüpft sein: »[S]ie wendet sich aufklärend den Emanzipationsbedürfnissen der beherrschten Klasse zu, um sich von diesen zuallererst als revolutionäre Wissenschaft konstituieren zu lassen.«[23] Eine fachliche Kritik über paradigmatische Anmerkungen zum

18 Klaus von Beyme, Eine Lanze für die »Gruppenuniversität« von morgen. Experimente der Demokratisierung anstatt doktrinärer Demokratie, in: Stuttgarter Zeitung, 08.05.1969.

19 Vgl. ebd.

20 Vgl. Klaus von Beyme, Bruchstücke der Erinnerungen eines Sozialwissenschaftlers, Wiesbaden 2016, S. 135.

21 Vgl. Interview Isabelle-Christine Panreck mit Michael Kuckenburg.

22 Vgl. Hans-Dieter Bahr u. a., Die Unduldsamkeit der liberalen Toleranz. Eine Lanze gegen die ›Gruppenuniversität‹ des Herrn von Beyme, in: Notizen, 16.05.1969, S. 2 f.

23 Ebd., S. 7.

Wissenschaftsverständnis blieb darüber hinaus aus. Wie sich der damalige Student Kuckenburg erinnert, habe kein Student Beyme inhaltlich das Wasser reichen können. Als Fachmann seiner Disziplin habe die Autorität Beymes nicht infrage gestanden.[24]

Doch Beyme war nicht nur Hochschullehrer – das politische Engagement des Politikwissenschaftlers erreichte 1969 seinen Höhepunkt. Ab Mitte der 1960er mischte er öffentlichkeitswirksam in der Debatte um die Bildungsoffensive mit. So hatte der Sozialdemokrat nicht nur in der *Stuttgarter Zeitung*, sondern auch im Wochenmagazin *Spiegel* für Reformen der Hochschule geworben:[25] Einerseits müsse die Mitbestimmung der Studentenschaft ausgebaut, andererseits der strikte Rangunterschied im Lehrkörper aufgehoben werden. Ein Freifahrtsschein für die Studenten stellte Beyme indes nicht aus: Zwar begrüßte er drittelparitätische Gremien, da diese integrierend wirken konnten, und hielt er die studentische Forderung der Vorlesungskritik für sinnvoll. Doch lehnte er den Anspruch der Studenten ab, über Vorlesungsinhalte entscheiden zu dürfen. Angemessen erschien Beyme überdies die Idee der Sektionen: Die Überschneidung der einzelnen geistes- und sozialwissenschaftlichen Disziplinen sollte sich stärker in der universitären Struktur widerspiegeln. Die Organisation fachübergreifender Seminare mit den Nachbardisziplinen Philosophie und Soziologie konnte nur ein erster Schritt sein. Zusätzlich sollten die Assistenten nicht mehr den Lehrstühlen, sondern den Sektionen zugeteilt werden. Überdies müssten die Baukommissionen die Bau- und Reformvorhaben wie die Universitätsbibliotheken besser koordinieren, eine Unterscheidung in soziologische und politikwissenschaftliche Bibliothek greife kurz.[26] Beymes Vorschlag, das Studium weniger starr zu organisieren, entsprach der Sektionsidee: Die meisten Absolventen schlügen den Weg des Sozialkundelehrers ein.[27] Sie bräuchten andere Lehrpläne als Absolventen, die in Parteien, Verbänden, den Medien und der politischen Bildung arbeiteten. Das Baukastensystem Ernst von Weizsäckers hielt Beyme daher für beachtenswert.[28]

Er bezog sich damit auf den kurz zuvor veröffentlichten Plan der baden-württembergischen SPD zur Reform der Hochschule, erarbeitet von einer Kommission rund um den späteren Biologie-Professor Ernst von Weizsäcker, von 1968 bis 1972 Mitglied des SPD-Landesvorstands Baden-Württemberg. Beyme und Weizsäcker, einander bekannt, standen sich politisch nah.[29] Nach einem Zwischenbericht im Mai 1969 erschien im November 1969 – kurz vor dem Abdruck von Beymes Stellungnahme im *Spiegel* – der Abschlussbericht Weizsäckers mit dem Titel »Entwurf einer Baukasten-Gesamthochschule«[30]. Der Bericht barg Sprengstoff: Vertrat die SPD vehement die Idee

24 Vgl. Interview Isabelle-Christine Panreck mit Michael Kuckenburg.

25 Vgl. Klaus von Beyme, »Neue Impulse für Forschung und Lehre«, in: Der Spiegel, 17.11.1969.

26 Vgl. Notizen, Mit allen Mitteln einer Pressure Group. Notizen-Gespräch mit Prof. von Beyme. In: Notizen, 81 (1968), S. 5.

27 Bis in die 1960er Jahre diente das Fach überwiegend der Lehrerausbildung. Erst später war die Lehrerausbildung nur noch eine Sparte, die sich weitgehend vom Rest des Faches abkapselte, vgl. Wilhelm Bleek, Geschichte der Politikwissenschaft in Deutschland, München 2001, S. 315–325.

28 Vgl. Beyme, »Neue Impulse für Forschung und Lehre«.

29 Vgl. Korrespondenz Klaus von Beyme mit der Autorin, Email vom 22. Juni 2017.

30 Vgl. Ernst von Weizsäcker, Entwurf einer Baukasten-Gesamthochschule. Bericht der Arbeitsgruppe »Unkonventionelle Möglichkeiten der Studienplatzvermehrung«, Stuttgart 1969.

einer Gesamthochschule im Anschluss an die Gesamtschule, lehnte die Union den Plan ebenso grundsätzlich ab.[31] Sie sah in der Gesamthochschule einerseits einen Angriff auf die bildungspolitische Unabhängigkeit der Länder, andererseits das Einlenken der sozialliberalen Regierung »in das Fahrwasser ideologisch geprägter linker Gesellschaftskritik und Systemveränderung.«[32] Kompromisse lagen damit außer Reichweite.[33]

Es war gerade diese reformerische Perspektive Beymes, die ihn bei den »Revoluzzern« verdächtig machte. Ähnlich zu der kommunistischen Kritik an den Sozialdemokraten in der Weimarer Republik interpretierten sie Beymes Ansätze als einen perfiden Versuch, die Revolution einzuhegen und

31 Vgl. Protokoll Nr. 16, 5. Juli 1971, in: Günter Buchstab u. a. (Hg.), Barzel: »Unsere Alternativen für die Zeit der Opposition«. Die Protokolle des CDU-Bundesvorstands 1969–1973, Düsseldorf 2009, S. 392–457, hier S. 414.

32 Buchstab u. a., S. XXVII.

33 Vgl. zum Beispiel Deutscher Bundestag, Schriftlicher Bericht des Ausschusses für Bildung und Wissenschaft (16. Ausschuss) über den Bericht der Bundesregierung zur Bildungspolitik. Drucksache VI/925. Bericht der Abgeordneten Dr. Gölter und Hansen, Bonn 1971. Wenngleich das Baukastensystem hohen Zuspruch durch die sozialliberale Regierungskoalition erfuhr, blieb es zunächst ein Luftschloss.

den Systemwechsel zu verhindern.[34] Veranstaltungsstörungen sollten den »Scheiss-Liberale[n]«[35], den »Agent[en] der Monopolbourgeoisie [und die] Charaktermaske«[36] zur Aufgabe bewegen.

Öl ins Feuer goss Beymes (gescheiterte) Bundestagskandidatur im selben Jahr. Der linke Flügel der SPD versuchte, den jungen Professor 1969 gegen den Staatssekretär Friedrich Schäfer, ein Verfechter der Notstandsgesetze, durchzusetzen. Mit welchem Programm ging Beyme damals in den innerparteilichen Wettstreit? War er bereits mit hochschulpolitischen Forderungen in Erscheinung getreten, nennt Beyme rückblickend die Abschaffung der Großdeutschland-Romantik, die Anerkennung der Oder-Neiße-Grenze und der DDR als seine Ziele.[37] Die Position zur Oder-Neiße-Grenze mag mit Blick auf Beymes schlesische Herkunft überraschen. Gab der Einfluss seines Lehrers Carl Joachim Friedrich den Ausschlag? Der Deutsch-Amerikaner hatte diese Position schon 1958 vertreten.[38] Als relevant bewertet Beyme seine frühen Reisen in die ehemaligen deutschen Ostgebiete in den 1950er Jahren: Die Rückkehr der Deutschen schien ihm unmöglich, da die Dörfer bereits neu besiedelt waren. Demokratien könnten und dürften sich keine erneute Vertreibung erlauben.[39] Die Sichtweise Beymes war bereits recht verbreitet: Die 1970 vom *Spiegel* veröffentlichte Studie des IfaK-Instituts offenbarte eine Trendwende in der Frage der deutschen Ostgrenze. War die Hoffnung auf Rückkehr in die Heimat bei den Ostvertriebenen nach Ende des Zweiten Weltkriegs noch groß, änderte sich dies Ende der 1960er.[40]

AUSBLICK: ENGAGEMENT MIT UNGEWÜNSCHTER STRAHLKRAFT?

Die Präsenz in der Lehre, die Rückzüge der »älteren« Ordinarien, Beymes Schlagfertigkeit gegenüber revolutionären Parolen, das empirisch-szientistische Wissenschaftsverständnis sowie der (gescheiterte) Versuch der Bundestagskandidatur: Die Liste der Gründe für Beyme als Zielscheibe des studentischen Protests ist lang. Mit Blick auf das Jahr 1969 fällt besonders das politische Engagement Beymes ins Gewicht. Als möglicher Bundestagskandidat galt er nicht länger nur als Hochschullehrer, sondern auch als genuin politischer Gegner.

Das politische Engagement der Zeit entfaltete Strahlkraft bis in das Berufungsverfahren Beymes an seine langjährige Wirkungsstätte in Heidelberg. Nicht das akademische Profil des Wissenschaftlers, sondern seine Rolle in der Studentenrevolte und seine politischen Äußerungen erwiesen sich als Stolpersteine. Es brauchte zwei Anläufe, ehe Beyme die Nachfolge Dolf Sternbergers anzutreten vermochte. Aus dem ersten Verfahren 1972 ging zunächst Erwin Faul siegreich hervor, obwohl die Kommission Beyme favorisiert hatte.[41] Das

34 Vgl. SDS Tübingen, Go-In. Studienreform mit eiserner Hand in neuen Maschinenhallen, Tübingen 1968, S. 1.

35 Beyme, Bruchstücke der Erinnerungen eines Sozialwissenschaftlers, S. 134.

36 So erinnert sich Kuckenburg, sei Beyme von einem Teil der Studentenschaft bezeichnet worden, Interview Isabelle-Christine Panreck mit Michael Kuckenburg. Ferner Wischnath, S. 40.

37 Vgl. Beyme, Bruchstücke der Erinnerungen eines Sozialwissenschaftlers, S. 143.

38 Vgl. Klaus von Beyme, Carl Joachim Friedrich (1901–1984), in: Eckhard Jesse/Sebastian Liebold (Hg.), Deutsche Politikwissenschaftler – Werk und Wirkung. Von Abendroth bis Zellentin, Baden-Baden 2014, S. 275–288, hier S. 283.

39 Vgl. Interview Isabelle-Christine Panreck mit Klaus von Beyme, Heidelberg 2017.

40 Vgl. Der Spiegel, Umfragen. Oder-Neiße-Grenze, in: Der Spiegel, 26.10.1970, S. 124.

41 Vgl. Aktennotiz über die Sitzungen der Berufungskommission Nachfolge Sternberger vom 10. Mai 1972, Universitätsarchiv Heidelberg, Akte Rep. 140/248; Korrespondenz der Philosophisch-Historischen Fakultät der Universität Heidelberg mit dem Kultusministerium des Landes Baden-Württemberg, Brief vom 24. Mai 1972, Universitätsarchiv Heidelberg, Akte Rep. 140/248.

Ministerium folgte der Listenreihung nicht – und erteilte Faul den Ruf, der diesen allerdings ablehnte. War Faul zu diesem Schritt gedrängt worden, wie der Heidelberger Ordinarius Hans-Joachim Arndt vermutete?[42]

Statt nun Beyme zu berufen, spielte der damalige Kultusminister Wilhelm Hahn den Ball an die Heidelberger Fakultät zurück: »Für Professor von Beyme war ein politischer Grund ausschlaggebend, den an ihn ergangenen Ruf nach Frankfurt abzulehnen und den Ruf nach Heidelberg anzustreben, wie er in seinem [an] [Name durch Archiv geschwärzt] gerichteten bekannten Brief aufführt. Er bringt darin eindeutig und ausführlich zum Ausdruck, dass er seine Aufgabe darin sehe, einen politischen Kampf gegen die derzeitige Mehrheit im Landtag und das Kultusministerium zu führen.«[43] Hahn bezog sich auf ein scharf formuliertes Schreiben Beymes, das dieser im Zuge der Rufabsage nach Frankfurt am Main verfasst hatte. In dem auf unklarem Wege nach Stuttgart geratenen Brief hatte Beyme festgehalten: »Ich bitte Sie, meine Entscheidung als politisch motiviert zu akzeptieren. Der Versuch des baden-württembergischen Kultusministers, mich möglichst aus Heidelberg fernzuhalten (wobei er seine eigenen Mitarbeiter überging, die mir bereits mündlich die Erteilung des Rufes zugesagt hatten) – und die letzten Erfahrungen an baden-württembergischen Universitäten, dass ›konzertierte Aktionen‹ konservativer Hochschullehrer und Ministerium versuchen, jede Liste nach ihren politischen Wünschen umzudrehen und zu beeinflussen, haben mir klar gemacht, dass ich mit meinem hochschulpolitischen Engagement in Frankfurt nur suboptimal eingesetzt wäre. Angesichts der ›Bavarisierung‹ der baden-württembergischen Hochschulpolitik und der Restauration auf allen Ebenen im Gefolge der absoluten Mehrheit, die die Landtagswahlen für die CDU brachten, erscheint mir ein Fortgang aus diesem Lande nicht mehr so vertretbar wie vor einem Jahr, als ich mich […] in Frankfurt bewarb. […] In Frankfurt müsste ich vermutlich meine Zeit damit verschwenden, ganz unangemessene seitenverkehrte Auseinandersetzungen mit der extremen Linken zu führen, während es in diesem Lande nur noch einen gefährlichen Gegner gibt: den Gegner von rechts.«[44]

Hatte sich Beyme durch dieses Schreiben für einen Lehrstuhl disqualifiziert? Keinesfalls, meinten der Tübinger Universitätspräsident Adolf Theis, der DVPW-Vorsitzende Winfried Steffani (ein CDU-Mitglied), der Dekan der Philosophisch-Historischen Fakultät in Heidelberg Dieter Henrich sowie der Senat der Universität Heidelberg. Hahns Einmischung verstanden sie als Kompetenzüberschreitung des Kultusministers, vehement pochten sie auf die universitäre Unabhängigkeit.[45] Da sich Hahn nicht erweichen ließ, wurde eine Neuausschreibung unumgänglich.[46]

42 Vgl. Niederschrift über die nichtöffentliche Sitzung der erweiterten Fakultätskonferenz am 24. Mai 1972 im Sitzungsraum der Fakultät, Universitätsarchiv Heidelberg, Akte Rep. 140/248.

43 Pressemitteilung Nr. 234/1972 des Kultusministeriums Baden-Württemberg vom 30. November 1972, Universitätsarchiv Heidelberg, Akte Rep 140/248.

44 Korrespondenz Klaus von Beyme mit der Universität Frankfurt (exakter Adressat geschwärzt), Brief vom 24. Juli 1972, Universitätsarchiv Heidelberg, Akte Rep 140/248.

45 Vgl. für die in den Kopien der Akte geschwärzten Namen Beyme, Bruchstücke der Erinnerungen eines Sozialwissenschaftlers, S. 153–155. Siehe auch Protestschreiben der Philosophisch-Historischen Fakultät der Universität Heidelberg vom 29. November 1972, Unterzeichner geschwärzt, Universitätsarchiv Heidelberg, Akte Rep. 140/248 sowie Korrespondenz der DVPW, Unterzeichner geschwärzt, mit dem Baden-Württembergischen Kultusminister Herrn Prof. Dr. Wilhelm Hahn, Brief vom 6. Dezember 1972, Universitätsarchiv Heidelberg, Rep 140/248, Korrespondenz Klaus von Beyme mit dem Präsidenten der Universität Tübingen, Brief vom 29. Oktober 1973, Universitätsarchiv Heidelberg, Akte PA 12213.

46 Vgl. Niederschrift über die nichtöffentliche Sitzung der erweiterten Fakultätskonferenz am 24. Mai 1972 im Sitzungsraum der Fakultät, Universitätsarchiv Heidelberg, Akte Rep. 140/248.

Erhebliche Zerwürfnisse prägten die Berufungskommission im zweiten Verfahren. Beyme gelangte dennoch – es war inzwischen ein Jahr verstrichen – erneut auf Platz eins der Liste.[47] Mit Wolf-Dieter Narr hatte der Historiker Dieter Groh einen Kollegen ins Spiel gebracht, der als deutlich weiter links galt als Beyme. Neben Narr sollen der Salzburger Assistent Anton Pelinka, Georg Geismann, der den vakanten Lehrstuhl 1973 vertrat, und der Oldenburger Assistent Schapour Ravasani in die engere Wahl gekommen sein. Ravasani galt als Kandidat der Studenten.[48] Sollte die Strategie der Beyme-Unterstützer aufgehen, die Liste so »links« zu gestalten, dass Beyme als das »geringere Übel« schien? Nach langem Hin und Her ereilte der Ruf Beyme im Sommersemester 1973 – Mitte Dezember im selben Jahr erfolgte schließlich die formelle Übertragung der ordentlichen Professur.[49]

Die Turbulenzen um 1968/69 und ihre Folgen hinterließen Spuren, gesellschaftlich und bei den Beteiligten. Die hier genannten Hochschullehrer Eschenburg, Tenbruck und Beyme trafen die Anfeindungen ganz unterschiedlich. Wurde Eschenburg im Zuge der Unruhen Anfang der 1970er emeritiert, schlugen die Angriffe beim Soziologen Tenbruck tiefe Wunden – verheilt seien sie nie, so Hans Maier.[50] Beyme indes blickt in seinen Memoiren recht gelassen auf die unruhigen Zeiten zurück – trotz der Widrigkeiten im Zuge der Berufungsverfahren.[51] Dass er seinem parteipolitischen Engagement mit dem Wechsel nach Heidelberg abschwor, erscheint ihm – noch immer SPD-Mitglied – nicht als Verlust. Letztlich pflichtet er seinem einstigen Gegenkandidaten Schäfer bei, der ihm geraten hatte: »›Bleiben Sie nur in Ihrem Elfenbeinturm der Wissenschaft, Sie werden Strategie und Taktik von Wahlkämpfen nie begreifen‹. Er hatte Recht, und ich blieb fortan im wissenschaftlichen Elfenbeinturm.«[52]

47 Vgl. Korrespondenz der Philosophisch-historischen Fakultät Heidelberg mit dem Kultusministerium des Landes Baden-Württemberg, Brief vom 13. Juni 1973, Universitätsarchiv Heidelberg, Akte Rep. 140/339.

48 Die ungeschwärzte Einsichtnahme der Akten zum Vorgang der Nachfolge Dolf Sternbergers verweigerte das Universitätsarchiv Heidelberg aufgrund datenschutzrechtlicher Vorschriften. Wer auf der Berufungsliste stand, ist somit nur über die Erinnerung von Zeitzeugen und durch Presseartikel zu erschließen, vgl. NRF-Gruppe verhindert erneut Berufungsberatungen vom 26.4.1973, unbekannte Zeitung, Universitätsarchiv Heidelberg, Akte ZA I a 1973.

49 Vgl. Korrespondenz Prof. Dr. M. Theunissen mit dem Kanzler der Universität Heidelberg, Brief vom 8. Oktober 1973, Universitätsarchiv Heidelberg, Akte PA 12213; Korrespondenz Staatsministerium Baden-Württemberg mit Klaus von Beyme, Brief vom 14. Dezember 1973, Nr. 1510/1, Universitätsarchiv Heidelberg, Akte PA 12213.

50 Vgl. Hans Maier, zitiert nach Koischwitz, S. 232.

51 Vgl. Beyme, Bruchstücke der Erinnerungen eines Sozialwissenschaftlers, S. 140.

52 Ebd., S. 144.

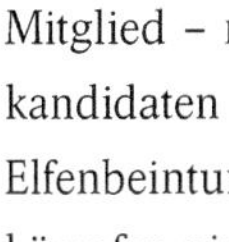

Isabelle-Christine Panreck, geb. 1990, ist Visiting Fellow an der London School of Economics and Political Science (LSE). 2016 wurde sie an der TU Chemnitz promoviert. In Kürze erscheint ihre Werkbiographie über den Heidelberger Politikwissenschaftler Klaus von Beyme.

INDES
ZEITSCHRIFT FÜR POLITIK UND GESELLSCHAFT

Herausgegeben durch das Institut für Demokratieforschung der Georg-August-Universität Göttingen.

Redaktion:
Dr. Felix Butzlaff, Alexander Deycke, Jens Gmeiner, Julia Bleckmann, Danny Michelsen, Dr. Robert Lorenz, Luisa Rolfes.

Konzeption dieser Ausgabe: Marika Przybilla-Voß.

Redaktionsleitung:
Dr. Matthias Micus (verantw. i. S. des niedersächs. Pressegesetzes), Michael Lühmann, Marika Przybilla-Voß.

Redaktionsanschrift:
Redaktion INDES
c/o Göttinger Institut für Demokratieforschung
Weender Landstraße 14, 37073 Göttingen,
redaktion@indes-online.de
Online-Auftritt:
www.indes-online.de

Anfragen und Manuskriptangebote schicken Sie bitte an diese Adresse, möglichst per E-Mail. – Die Rücksendung oder Besprechung unverlangt eingesandter Bücher kann nicht gewährleistet werden.

INDES erscheint viermal jährlich.
Bestellung durch jede Buchhandlung, unter v-r-journals@hgv-online.de (Bestellungen und Abonnementverwaltung) oder unter abo@indes-online.de.
Jahresbezugspreis print + online € 73,– D/€ 75,10 A; ermäßigter Preis für Studierende/Auszubildende (gegen Bescheinigung, befristet auf drei Jahre) € 41,80 D/€ 43,– A;
Inst.-Preis print + online ab € 137,– D/ab € 140,90 A
Inst. Preis online ab € 151,–
Einzelheftpreis € 21,– D/€ 22,– A.
Jeweils zzgl. Versandkosten. Preisänderungen vorbehalten. Die Bezugsdauer verlängert sich jeweils um ein Jahr, wenn nicht eine Abbestellung bis zum 1.10. erfolgt.

Verlag:
Vandenhoeck & Ruprecht GmbH & Co. KG,
Theaterstr. 13, D-37073 Göttingen.

ISBN 978-3-525-80030-0

ISSN 2191-995X

Gestaltung, Satz und Lithografie:
SchwabScantechnik, Göttingen

BEBILDERUNG

Kommt die Sprache auf Spitzel, Spione und Geheimdienste, so schwebt stets eine Ungewissheit mit. Wer oder was sind ebenjene Akteure? Was tun sie zu welchem Zweck? Wo sind sie zu finden? Fragen, deren Antworten oftmals ins Leere laufen. Denn gerade der Funktion und Absicht dieser Akteure und Institutionen wohnt inne, dass die Antworten nicht öffentlich sind. Ein klar ersichtlicher Spion, eine enttarnte Agentin und ein offen nach außen kommunizierender Geheimdienst erscheinen nutzlos und ihrem jeweiligen Sinn zu widersprechen. Und so bleibt das Unbehagliche, hervorgerufen durch Unwissen und somit Vermutungen samt nicht valider Theorien, bestehen. So werden Spitzel, Spione und Geheimdienste, Ohren und Augen der Akteure und Institutionen an allen möglichen Stellen und Orten vermutet – an jeder Ecke, in jedem Café, Haus, Park oder Büro könnten sie lauern. Nichts ist sicher, oder vielleicht doch? Ein Knacken in der Leitung, eine auffällig unauffällig in beige gekleidete Person oder die sich bewegende Kamera im öffentlichen Raum können Anlass für Vermutungen und Bedenken und nicht zuletzt überzogene Interpretationen des Umgebenen sein. Ungewissheit herrscht auch hier, doch wodurch hervorgerufen?

Bildnachweise:
Titelbild: Nordreisender/photocase.de
Alle Illustrationen der Ausgabe: photocase.de
Portrait Imanuel Baumann: Foto: Sandra Kühnapfel
Portrait Nils Zurawski: privat, @Barbara Dombrowski 2018
Portrait Rolf Gössner: Michael Bahlo